価値共創のサービスイノベーション実践論

「サービスモデル」で考える
７つの経営革新

編著
村上 輝康
松井 拓己

サービス産業生産性協議会 協力

生産性出版

はじめに

　新型コロナウイルス感染の第2波と第3波のはざまをついて、2020年10月27日に行われた第3回日本サービス大賞の表彰式。内閣総理大臣や各省大臣の臨席を得た式典では、コロナのピンチをチャンスに変えるサービスイノベーションへの期待が示されました。

　第3回日本サービス大賞は、内閣総理大臣賞のコマツの「スマートコンストラクション」をはじめ、経済産業、地方創生、総務、厚生労働、農林水産、国土交通の各大臣賞、さらにJETRO理事長賞、優秀賞など計30の組織が受賞しました。このうち「AI問診ユビー」のUbieが、厚生労働大臣賞および審査員特別賞をダブル受賞しました。これらが、まさに日本のサービスイノベーションの最前線を示す企業群です。

　表彰式において、第3回日本サービス大賞委員会の委員長としての挨拶の中で、筆者はこれらの受賞組織の付加価値を概算して足し合わせると、年率約10％で成長していた、ということを少し興奮気味に話しました。というのは、主催する公益財団法人日本生産性本部のサービス産業生産性協議会(略称：SPRING)が標榜する「サービスイノベーションの全面展開」が実現し、もし、日本中のサービス産業が日本サービス大賞の受賞組織のような企業ばかりになれば、GDPの7割をサービス産業が占めることから、その他の産業がゼロ成長だとしても、日本経済は年率7％で成長するからです。

　もちろん7％成長は夢物語ですが、サービス産業生産性協議会が、2007年に日本最初の(そして、唯一の)サービス産業の生産性向上とイノベーションの推進を目的とする産学官のプラットフォームである推進組織として設立されて以来、ハイ・サービス日本300選や、これまで2回にわたる日本サービス大賞の表彰を通じて、日本のサービスイノベーションの模範事例を産業界に紹介し続けてきました。

　イノベーションは模倣からはじまります。たとえ模倣だとしても、

3

これらのサービスイノベーションの模範事例の紹介によって、少しでも日本のサービス産業の生産性向上とイノベーションに貢献したいからです。ただ、模倣には限界があります。サービスイノベーションの模範企業と模倣しようとする企業の間には、人材や資源、経営環境などさまざまな相違があります。ただ部分的な経営革新を模倣するだけでは、木に竹を接ぐ結果になりかねません。

必要なことは、単なる「模倣」より、これら模範企業のサービスイノベーションのメカニズムを理解して自組織に取り込んでいく「学習」であり、勘と経験による取り組みを超えて、ロジックと科学的なアプローチによるサービスイノベーションへの挑戦です。

日本経済のGDPの7割はサービス産業によって担われていることは産業界の常識となっていますが、そのサービス産業の生産性は、米国産業の約50％位の水準でしかありません。これを抜本的に向上していく「サービスイノベーションの全面展開」こそ、日本企業が、そして日本経済全体が取り組むべき最重要の課題であるというのがSPRINGの主張ですが、それを部分の「模倣」ではなく、メカニズムの「学習」によって成し遂げられないだろうか、という目標を設定して取り組んだのが本書です。

では、何を拠り所として「学習」していくかですが、本書では、21世紀になって登場したサービスに対する科学的・工学的アプローチ、特に、サービソロジー（サービス学）の知見にそれを求めています。

サービスの分野では、2004年に2つの革命が起こりました。第1は、全米競争力協議会という経済団体による、パルミサーノ・レポートと呼ばれる報告書において、これまで蒸気機関車やテレビ、抗生物質といった、モノを中心に発展してきた「サイエンス」の歴史上初めて、目に見えない「サービス」という言葉が付いて「サービスサイエンス」という概念が誕生しました。当初は、米国でも一握りしかなかったサービスサイエンスを研究する機関は、2009年には、すでに250を超えているということがOECDで報告されており、その後も日本を含め、世

界中に燎原に火が広がるように増えています。

　同じ2004年には、VargoとLuschという2人の経営学者が、サービスを顧客との価値共創ととらえ、モノではなくサービスこそが経済取引の中心にあり、モノはサービスの価値を実現するための手段の一部である、という革命的な考え方をもった「サービスドミナント・ロジック」を発表しました。

　SPRINGの設立は、この2つの革命の影響も受けていますが、日本ではその後、2010年から国のサービスサイエンス研究開発「問題解決型サービス科学研究開発プログラム」が7年間実施され、2012年には東京でサービス学の国際学会組織Society for Serviceologyが発足しました。それらのサービスに対する科学的・工学的アプローチの蓄積は、そろそろ経営の現場に活用可能になりつつあるのです。

　本書は、そのような知見の中から、ニコニコ図と称される「価値共創のサービスモデル」を取り上げ、一貫してそのサービスモデルで第3回日本サービス大賞の大臣賞受賞サービスを中心とした17のサービスイノベーションを分析することによって、「サービスイノベーションはどのように起きているか」を実例に即して明らかにしています。

　そのような分析を通じて、サービスイノベーションには必ず、イノベーションの起点となり、それがなければイノベーションが起こらなかったであろうという、他にあまり類例を見ない「イノベーションの的」にあたる経営革新が存在することがわかりました。そして、その候補となりうる経営革新が7つのパターンを持つこともわかってきました。

　本書は、サービスイノベーションに取り組もうとしているビジネスや行政分野の実務家に向けて書かれたものです。そのため、価値共創のサービスモデルを用いて、①「サービスイノベーションはどのように起きているか」というメカニズムを理解しようとするだけでなく、その理解の上にたって、「どのようにサービスイノベーションを起こすか」という構想の実装化についても突っ込んだ検討を行いました。

つまり、②「どのようなサービスイノベーションを起こすか」という目標像を設定して、その中から③標的となる「イノベーションの的」をどう定めるか、④その「イノベーションの的」を他の経営革新と連結して、いかにイノベーションを強化するか、さらには⑤どのようにそれらを統合してサービスイノベーションを持続可能にするかについて、17のサービスイノベーションの最前線から学べるマネジメントノウハウを整理しました。

それら一連のサービスイノベーションへの取り組みの出発点となるのは、自社の事業における価値共創のサービスモデル、つまりニコニコ図を描いてみることです。日本のサービスモデルの原型は、呉服屋や両替屋や悉皆屋（着物の加工全般を扱う業者）のように江戸時代からあるものや、欧米に存在した銀行や保険会社などのサービスモデルを明治維新後に模倣したもの、スーパーマーケットやファーストフードのように戦後に米国からコンセプトが輸入されたものに、その大半が淵源を持ちます。

今存在するサービス企業は、それに何らかのサービスイノベーションを重ねて今日まで生き延びてきているでしょうし、サービスモデルを変えないまでも、優れたビジネスモデルの革新を重ねていくことによって現在の地歩を築いているのかもしれません。しかし、激しい競争や経営環境変化の中で、その生存が危うくなりつつあるとすれば、永らくサービスイノベーションを行なっていないのかもしれません。その場合は、そのサービスモデルの一部、または全部を変革することによって、新たなサービスイノベーションへの挑戦を行うべきでしょう。

本書は、序章で、日本のサービスイノベーションの最前線事例としての第3回日本サービス大賞受賞サービスを紹介し、第1章では、価値共創のサービスモデルを用いて「サービスイノベーションはどのように起きているか」を解説します。そして、第2章で17のサービスイノベーションの最前線事例について、その詳細を説明しています。さ

らに、第3章で「サービスイノベーションをどのように起こすか」についてのマネジメントノウハウをまとめています。

　その意味で、本書は受賞組織の応募なしにはあり得ないものでした。また、背景には総応募件数762におよぶ数多くの応募組織があります。本書は、応募いただいた全組織、そして応募に際して特段の協力をいただいた関係経済団体、経済産業省をはじめとする関係府省、そしてこの事業を推進した日本生産性本部、サービス産業生産性協議会、日本サービス大賞事務局の協力なしにはありえませんでした。あらためて深い謝意を表しておきたいと思います。

　本書の中核となる第2章は、第3回日本サービス大賞の選考専門委員会の委員として新型コロナ危機という不測事態のもと、3,500ページ以上の審査資料を読み込んで、1年半にわたり審査活動をともにしてきた7人によって執筆されています。そして、それは本書の協力者であるサービス産業生産性協議会の支援のもと、受賞組織との度重なる質疑のやり取りや現地調査によって磨かれていきましたが、その出発点になったのは、日本サービス大賞への応募資料です。その意味では、第2章の影の執筆者は、日本サービス大賞の応募資料の担当者であり、インタビューに対応していただいた方々でもあります。また、本書の第2章については、受賞組織に内容確認をいただきました。この場を借りて、厚くお礼申し上げます。また、第2章の本文以外の記述(サービスモデルの特色)は、編著者による解釈をふまえたものであり、もしそこに誤りがあるとすれば、すべてその責は、編著者に帰するべきものであることをお断りしておきます。

　本書は、編著者による、価値共創のサービスモデルを用いてサービスイノベーションの全面展開に貢献しようとする第1章・第2章の「サービスモデルの特色」・第3章に、最前線事例としての第3回日本サービス大賞受賞サービスを紹介する序章が加わって、できあがっています。特に筆者による、価値共創のサービスモデルに関わる理論的な部分は、国のサービスサイエンス研究開発のマネジメントチーム、

新井民夫氏をはじめとするサービス学会の創設メンバーなど、日本のサービソロジーを生み出してきた同志からの学びや、ニコニコ図の原型となるものを発展させていく際の、サービスドミナント・ロジックのStephen Vargoハワイ大学教授による、背中への一押しなしにはありえませんでした。あらためて深く感謝申し上げます。

　サービスイノベーションの最前線事例だけに関心のある読者は、第2章を読んでいただけばよいのですが、本書は、通り一遍のイノベーションの紹介本ではありません。少し骨が折れますが、ぜひ全体を通して読んでいただきたいと思います。

　最後に研究者の読者にもコメントしておきたいと思います。本書はあくまでも実務家向けのフレームワークを書いたもので、サービスイノベーションの理論を展開したものではありません。日本のサービスイノベーションの最前線事例という縦糸に、価値共創のサービスモデルというフレームワークの横糸を通したものです。サービソロジーは、現在も発展途上にあり、まだ多くのtheory borrowingを行わなければならない状況にあります。産業界に身を置く者としては、ぜひ、この分野の研究者には、サービソロジーの中で「サービスイノベーションをどのように起こすか」を完結して論じられるような状況に向けて奮起をお願いしたいと思いますし、隣接分野の研究者には、この21世紀の日本経済の命運を分けるかもしれないエッセンシャルドメインに、どんどん入ってきていただきたいと思います。

2021年9月

村上　輝康

目次

第2章
日本のサービスイノベーション最前線

第 3 章
サービスイノベーションを実践する

序 章

SERVICE INNOVATION

日本の革新的な優れたサービス

1 日本最高峰のサービス表彰制度

　日本サービス大賞は、日本初、日本最高峰のサービスの表彰制度として、2015年にスタートしました。最優秀賞である内閣総理大臣賞をはじめ、経済産業大臣賞、地方創生大臣賞、総務大臣賞、厚生労働大臣賞、農林水産大臣賞、国土交通大臣賞、JETRO理事長賞など、国内のすべてのサービス事業者を対象に、多種多様なサービスを共通の尺度で評価し、革新的で優れたサービスを幅広く表彰しています。日本の優れたサービスのベストプラクティスを収集・普及するとともに、表彰を通じてサービス事業者の士気向上や切磋琢磨を促し、社会や地域経済の活性化への貢献、市場の成長や雇用の創出などを通してサービス産業界をさらに活性化し、日本経済全体を底上げしていくことが創設のねらいです。

　これまでに表彰された79のサービスは、農林水産、製造、卸売・小売、運輸・交通、建築・不動産、管理、清掃、医療・福祉・保育、金融、保険、エンターテイメント、旅行・観光、生活、飲食、食品、教育、情報・通信、人材派遣、シェアリングサービスなど、実に幅広いジャンルから選ばれています。地域や事業規模、知名度もさまざまで、B to Cサービスばかりでなく、B to Bサービスもあり、サービスのすそ野が全産業におよんでいることがわかります。このように業種横断で評価され、日本サービス大賞を受賞したサービスは、まさにその時々の「日本のサービスイノベーションの最前線」を示すものだといえます。

　2014年、政府による「日本再興戦略改訂2014」の中で、「サービス産業生産性協議会における高付加価値型のサービス事業モデルに関するベストプラクティスの分析と日本サービス大賞の創設による普及」が明記されました。翌2015年、内閣総理大臣の自らの言葉で、内閣総理大臣表彰「日本サービス大賞」の創設が発表されます。

　本書の冒頭で述べた通り、サービス産業は今や日本のGDPと雇用の7割を占めており、加えて製造業のサービス化や農林水産業の6次産業化など、サービス経済はますます拡大が見込まれています。一方で日本のサービスは、ものづくりの分野に比べて生産性が低いことを長年指摘されています。人口減少社会に突入した日本では、持続的な経済成長を続けていく観点からも、多くの雇用を抱えるサービス産業の生産性の向上や新たな市場創出が期待されています。そのような社会背景の中、サービス産業のイノベーションと生産性向上を推進する目的で設立されたサービス産業生産性協議会(SPRING)により、日本初、日本最高峰のサービス表彰制度である日本サービス大賞(図表序-1)が創設されたのです。

図表序-1　日本サービス大賞の概要

主　　　　催	公益財団法人日本生産性本部　サービス産業生産性協議会(SPRING)
事　務　局	サービス産業生産性協議会日本サービス大賞事務局
表　　彰※	内閣総理大臣賞、経済産業大臣賞、地方創生大臣賞、総務大臣賞、厚生労働大臣賞、農林水産大臣賞、国土交通大臣賞、JETRO理事長賞、優秀賞、審査員特別賞 ※第1回は全31件、第2回は全18件、第3回は全30件を表彰
表　彰　対　象	「革新的な優れたサービス」
審　査　基　準	・顧客から見たサービスの良さ ・「サービスをつくりとどけるしくみ」の良さ ・成果 ・サービスイノベーションを通じた社会の発展への寄与(モデルとしての期待)
審　査　方　法	一次審査(書類審査)、二次審査(書類審査)、現地審査、最終選考
応　募　対　象	国内のすべてのサービス提供事業者(行政サービスは除く)
委　　　　員	第3回日本サービス大賞委員会委員長　村上 輝康(産業戦略研究所 代表) および経営者、学識者などの有識者によって構成、選考専門委員会がサポート ※第1回、第2回委員長 野中 郁次郎(一橋大学 名誉教授)
開　　　　催	隔年開催 (第1回:2015年度、第2回:2017年度、第3回:2019年度、第4回:2021年度予定)

　第3回日本サービス大賞では、サービスの本質である価値共創の考え方を軸にして、サービスそのものの価値だけでなく、それをつくりとどけるしくみ、その成果や社会への波及効果に至るまで、立体的に

評価しています。この厳しい評価を経て選出されているのも、受賞サービスが「日本のサービスイノベーションの最前線」だと呼ばれる所以です。それでは最新の第3回サービス大賞の事例を取り上げる前に、どのようなサービスが第2回までの日本サービス大賞を受賞しているのか、その一部をご紹介します。

2　日本におけるサービスイノベーション

　経営環境の変化にともなって、革新的で優れたサービスの姿は俊敏に変化していきます。その時々の先端サービスを示すのが日本サービス大賞の受賞サービスですが、その根底には変わらない革新的で優れたサービスの本質的な特性が見られます。

■1 新たな市場を生み出した革新的なサービス────────

　第1回で内閣総理大臣賞を受賞したのは、九州旅客鉄道株式会社（JR九州）が展開する、クルーズトレイン「ななつ星in九州」です。最新の鉄道技術と日本芸術を結集した豪華な車両から眺める風景は「30億円の額縁」と呼ばれ、大変な注目を集めました。また「九州発、世界一のクルーズトレイン」というコンセプトは九州各地からの共感を集め、各地域の住民が自主的に旗を振ったり、沿線に花を植えたり、利用者とのふれあいによって、数々の感動のストーリーを生み出します。鉄道会社は輸送業ではなくサービス業だと意識を大転換して生み出されたクルーズトレインは、日本の鉄道業界に革命を起こしました。これを機に、受賞後も鉄道各社によるクルーズトレインの開発が相次いでおり、鉄道業界に新たな市場を創出したのです。

　他にも、2011年に初めて国内最大のクラウドファンディングサービスを立ち上げたのがREADYFOR（第1回優秀賞）です。寄付文化が根付きにくいといわれる日本において、寄付ではなく購入型のモデルを構

築することで、社会貢献型事業がインターネットを通じて多くの人から資金調達を行うクラウドファンディング事業を成長させました。今では日本国内に数々の同サービスが立ち上がり、身近な言葉になってきていますが、READYFORはこのクラウドファンディング市場を確立した先導企業的な存在なのです。

　このように、日本サービス大賞を受賞したサービスの中には、新たな市場を生み出す創造的なサービスがあります。

2 他社のロールモデルとなった優れたサービス ——————

　第2回内閣総理大臣賞を受賞したのは、三菱地所株式会社の「街のブランド化に向けた丸の内再構築の地域協働型プロデュース」です。東京の丸の内エリアのビジネスセンターとしての価値を再定義して、「世界で最もインタラクションが活発な街」をコンセプトに、デベロッパーの枠を越えて公的空間までも含めた丸の内エリアの街全体の変革を、公共と民間が密に連携することで、トータルプロデュースしました。この公民連携によるエリアの再開発は、全国の都市や市街の再構築のロールモデルとして注目され、多くの視察受け入れや、再開発事業への助言・支援を行うまでに発展しています。

　このように、多くの事業者のロールモデルとなるような優れたサービスの受賞は他にもあります。第1回での総務大臣賞を受賞した石川県の社会医療法人財団董仙会恵寿総合病院は、統合電子カルテによる患者情報の一元管理と、コールセンター窓口である"けいじゅサービスセンター"の整備により、医療、介護、福祉、保健を統合するヘルスケアのワンストップサービスの仕組みを構築しています。これにより、高齢化が進む日本各地の地域包括医療の先進事例として、受賞後も国内外から多くの視察者が訪れています。

　次に紹介するのは、第1回で地方創生大臣賞を受賞した、動物の本能を魅せる「行動展示」で有名な北海道旭川市の旭山動物園です。一時、年間26万人にまで来園者が減少して閉園の危機におちいった旭山

動物園は、動物を単に展示するのではなく、動物本来の仕草や能力を活かした行動を見せる「行動展示」を確立して、動物園としての付加価値を革新しました。これにより、来園者は毎年160万人以上と、日本で一番集客力のある動物園と評されています。その後も、別種の動物を同じ空間で展示する「共生展示」にチャレンジするなど進化を続けており、日本中の動物園に大きな影響を与えています。

　世界中から注目されている新幹線の清掃会社、株式会社JR東日本テクノハートTESSEIは、第2回での国土交通大臣賞を受賞しています。駅や新幹線車両をステージに見立て、高い技術とチームワークで魅せる清掃を行う姿は、国内では「新幹線劇場」と呼ばれ、海外からは「セブンミニッツミラクル」と評されています。単なる清掃ではなく、「旅の思い出を提供できる清掃サービス」へと革新を遂げた同社の変革ストーリーは注目を集め、国内外から年間100社以上が視察に訪れており、ハーバード大学の教材やミュージカルにもなっているほどです。

　第2回での総務大臣賞を受賞した株式会社陣屋は、今や旅館業界のIT化のシンボルともいえる存在です。かつては、多額の負債を抱えて倒産の危機に瀕した「湯元陣屋」は、アナログな世界であった旅館の業務と情報共有をITの力で迅速化して、顧客への付加価値提供に専念できる仕組みを構築し、高い成長をはたしました。その仕組みを「陣屋コネクト」というITパッケージにして、300を超える他社施設の利用に供しています。さらには、陣屋コネクトのネットワークをつなぐことで、食材や人材、備品などといった、不足したリソースを旅館同士で交換・共同購買する「JINYA EXPO」というマッチングサービスまで展開をはじめています。このサービスの仕組みによって、陣屋は旅館業界の生産性向上に大きく貢献しています。

❸ 日本発のサービスをグローバルに展開するサービス ——

ビジネスモデルイノベーションの事例として有名な理美容サービス

「QBハウス」を展開するキュービーネットホールディングス株式会社は、日本式カイゼン教育で国による文化や制度の違いを乗り越えて、グローバルに均質なサービス展開を成功させたとして、第2回でのJETRO理事長賞を受賞しています。同社は、「ビジネスモデルだけで成長は持続できない」という問題意識のもと、これまで感覚に頼っていたカット技術を論理化した「ロジスカット」として体系化して展開しています。さらにはサービスまでもモデル化するチャレンジを行なっています。ビジネスモデルのトップランナーは、サービスモデルによる進化へと歩みを進めているのです。

　同様に第2回での経済産業大臣賞を受賞した株式会社ヤクルト本社も、日本発の宅配型サービスをモデル化して38の国と地域に展開しています。それを支えるヤクルトレディは、国内外で8万人超が活躍しています。まさに、日本にとどまらない女性活躍を促進しているのです。

4 新たな価値を生み出す独創的なサービス ──────────

　日本サービス大賞を受賞したサービスは、すでに有名なものや大企業のサービスばかりではありません。日本サービス大賞の受賞によって、多くの人に知られるようになったサービスもたくさんあります。

　第1回での地方創生大臣賞を受賞した、東北で生まれたサービス「食べる通信」は、生産者の想いとストーリーが詰まった情報誌に、生産者の作物を付録として付けて読者に届ける史上初の"食べ物つき情報誌"です。2011年の東日本大震災の際に都会から復興支援に来てくれた人々に恩返しがしたい、そんな思いで生産者と都会に暮らす消費者をつなげるために誕生したのがこのサービスです。生産者のストーリーに触れた読者は、生産者や他の読者と交流するコミュニティに参加したり、通信をパスポートのように持って生産者に会いに行ったり、天災で被害にあった生産者を読者達が手伝いに行ったりと、単なる情報の共有にとどまらないつながりを生み出しています。食べる通信は

生産者と読者のコミュニケーションの質を重視して、購読者が1,500名に達した時点で新規入会を停止します。上限人数をもっと増やさないのかと質問した時に、代表の高橋博之氏は、「今、都会の消費者は心から"いただきます"と思って食事をしている人は少ないのではないか。我々は、食直しは世直しだという思いがある。だからこそ、商売で勝っても社会を変えられなかったら意味がないのです」と語ってくれました。この思いに共感した読者が、東北以外の各地で食べる通信の立ち上げ側に回って、日本全国各地に食べる通信が拡大しており、通信誌を起点として地域おこしに貢献しています。

　同じく、家づくりを物語に変えるサービス「工房信州の家」で第1回地方創生大臣賞を受賞したのは、長野県の株式会社フォレストコーポレーションです。せっかく家族で一生に一度の家づくりをするのであれば、山に入って自分の家に使う木を一本選んで伐るところから参加しましょうと、家づくりのプロセスを家族づくりの物語に変えるサービスモデルを構築しています。これによって顧客とのエンゲージメントが高まり、事業は8年で3倍に成長、従業員の働きがいランキングにも何度もランクインしています。このサービスモデルの特徴を活かして、今度はB to Bのオフィスづくりにも展開して、「仲間との絆」を生み出す森の中の"サードオフィス"と題したオフィス事業を立ち上げました。これがコロナ禍によってワークスタイルの変化と合致して、長野へのオフィス移転やワークプレイス増設の相談が集まっています。

　軽トラックに生活用品や生鮮品を積んで過疎地の買い物難民や買い物弱者に届ける社会貢献型移動スーパー「とくし丸」（第1回農林水産大臣賞）は、従来の移動販売とは一線を画すサービスモデルを構築しています。1商品につき10円をプラスする価格設定で地域の利用者も事業運営を支える仕組みになっていたり、地域の小規模商店との共存のために300メートル以内では顧客開拓をしないルールを設けていたりと、顧客や地域の事業者と共存を目指したサービスを設計しているの

です。とくし丸の周りには人が集まり、地域コミュニティが復活していきます。今では、とくし丸が地域の見守り隊の役割も担うようになっています。徳島県の人口比で70％のエリアをカバーし、全国にも展開が加速しており、受賞当時で売上は3年間で10倍に伸長しています。

このように、実にさまざまな業界の中から、日本のサービスイノベーションの最前線に相応しいサービスの数々がこれまで日本サービス大賞を受賞してきました。

3　最新のサービスイノベーション事例

2019年にはじまった第3回日本サービス大賞には、762件もの応募がありました。応募されたサービスはどれも熱意にあふれ、甲乙つけがたい革新的で優れたサービスばかり。粒ぞろいのサービスの中から受賞サービスを選出する過程は難航し、第3回日本サービス大賞委員会による議論が重ねられました。その結果、第3回日本サービス大賞の受賞に至ったサービスは次頁の図表序-2の通りです。これらは具体的にどんなサービスなのでしょうか。そして受賞サービスがサービスイノベーションを実現できた鍵は何なのでしょうか。次章からはいよいよ、日本のサービスイノベーションの最前線である第3回日本サービス大賞を受賞した17の事例をひも解き、サービスイノベーションのメカニズムとその実践といったサービスイノベーションの本質に迫ります。

図表序-2 【第3回日本サービス大賞】受賞サービス一覧

内閣総理大臣賞	
コマツ(東京都)	土木建設サービス全体のデジタル業態革新「スマートコンストラクション」

経済産業大臣賞	
(株)セコマ(北海道)	顧客満足第一の北海道のライフライン「セイコーマート」
(株)スプリックス(新潟県)	AIが講師として教える第三の学習塾業態「自立学習RED」
がんこフードサービス(株)(大阪府)	おもてなし×サービス工学による懐石料理サービス「屋敷シリーズ」
徳武産業(株)(香川県)	「歩ける喜び」を届ける介護シューズ　真心と感動のサービス

地方創生大臣賞	
イーグルバス(株)(埼玉県)	ICTと地域観光興しによる持続可能な交通まちづくり
大里綜合管理(株)(千葉県)	人も本業も地域も伸ばす300を超える交流型地域活動
(株)ハクブン(神奈川県)	過疎地や離島でもシルバーの人生を豊かに　安近短の理美容室「IWASAKI」
スタービレッジ阿智誘客促進協議会(長野県)	日本一の星空　長野県阿智村「天空の楽園 ナイトツアー」
つばめタクシーグループ(愛知県)	タクシー・介護士・警備員が街中に　地域を支える「あんしんネットワーク」
(有)ゑびや(三重県)	ITを活用した徹底的な「見える化」で経営を再建した老舗「ゑびや大食堂」

総務大臣賞	
(株)SKIYAKI(東京都)	熱量データでファンクラブを活性化　創作者のプラットフォーム「Bitfan」
森ビル(株)／チームラボ(株)(東京都)	さまよい、探索し、発見する　共創型「デジタルアートミュージアム」

厚生労働大臣賞	
(株)ビースタイルホールディングス(東京都)	主婦に特化した日本最大級の求人サイト「しゅふJOBパート」
Ubie(株)(東京都)	医師が患者と向き合う時間を創出　事前問診システム「AI問診ユビー」※審査員特別賞も受賞

農林水産大臣賞	
(株)クラダシ(東京都)	日本初・最大級の社会貢献型フードシェアリングプラットフォーム

国土交通大臣賞	
(株)星野リゾート(長野県)	地域の魅力を掘りおこし新たな旅を創造する「ホスピタリティ・イノベーター」

JETRO 理事長賞	
(株)ミスミグループ本社 (東京都)	製造業における部品調達の AI・デジタル革命「meviy」(メヴィー)
優秀賞	
(株)wash-plus (千葉県)	世界初 洗剤レスのコインランドリー　水だけで洗う「人にやさしい洗濯」
(株)asken (東京都)	栄養学と IT の力で明日の健康を広く届ける　食生活改善アプリ「あすけん」
(株)Easy Communications (東京都)	16 万頭のペットが里親と出会った場所　里親募集サイト「ペットのおうち」
(株)オークネット (東京都)	計画的な仕入れ・作付けを可能にする花きの「お取寄取引」
(株)ティーケーピー (東京都)	空間の価値を再生・流通させるフレキシブルなオフィスサービス
(株)トリドールホールディングス (東京都)	チェーンストアの常識を覆した「丸亀製麺」の手づくり・できたて食体験
(株)旅籠屋 (東京都)	車社会のインフラとしての日本型 MOTEL チェーンの全国展開
(株)アシックス (兵庫県)	3 次元足形計測を基点とした価値協創サービス
農業法人 (株)D&T ファーム (岡山県)	革新的技術で熱帯農産物を国産に　農業をサービス化する栽培パッケージ
ラクサス・テクノロジーズ (株) (広島県)	世界初、ブランドバッグのサブスクリプション型シェアリングサービス
(株)ジャパネットコミュニケーションズ (福岡県)	顧客中心主義で一歩踏み込む「ジャパネット」のコールセンター
(株)再春館製薬所 (熊本県)	日本から日本品質を届ける「グローバル通販」のありたい姿の実現

第 **1** 章

SERVICE INNOVATION

サービスイノベーションを構想する

　本書は、サービスイノベーションの構造とメカニズムを理解し、そのうえにたって、サービスイノベーションの実装をどのように行うべきかを、日本サービス大賞の17の受賞事例を用いて論ずることを目的にしたものです。同時に、自社（自組織）のサービスイノベーションをどのように推進すべきかを真剣に考えている読者が、本書を読み進みながら、自社のサービスイノベーション実装の基本構想をかためていくのに資するように設計されています。

　第1章は、自社のサービスイノベーション推進の基本方向についてのビッグピクチャーを構想する章です。そのためにまず必要なのは、サービスイノベーションの構造とメカニズムを理解することです。本書では、21世紀になって誕生したサービソロジー（サービス学）などのサービスへの科学的・工学的アプローチからの学びを活用し、「価値共創」の概念を拠り所とした取り組みを行なっていきます。

　そのために、ニコニコ図と称する「価値共創のサービスモデル」を用いて、サービスイノベーションがどのように起こっているかを理解していきます。その際には、提供者の視点に立つビジネスモデルよりも、利用者の視点も加味した「サービスモデル」が重要になります。

　本書の最終目的は、サービスイノベーションを理解、分析するだけでなく、実装することです。このため、第2章以下にむけて、価値共創のサービスモデルから導出される「7つの経営革新」と「イノベーションの的」の概念を用いて、サービスイノベーションの全体を構想していきます。

1 サービスイノベーションとは

■1 サービスイノベーションの定義 ————————

　これまでサービス産業は永らく、勘と経験によって経営される傾向が指摘されてきました。サービス産業での付加価値の抜本的向上、つまりサービスイノベーションに、「もう少し科学的にアプローチする」ことはできないかという疑問が本書の出発点です。

　日本サービス大賞を主催するサービス産業生産性協議会では、これまでサービスイノベーションの模範事例となるものを産業界に広く紹介する活動を行なってきました。2007年から3年間にわたり模範事例を紹介したハイ・サービス日本300選にはじまり、2015年からはじまった日本サービス大賞は第3回を迎え、合計79社が表彰されています。

　これまでは、サービスイノベーションを多様な分野で模倣したり、何らかのヒントを得てもらうことを期待し、これらの普及活動を展開してきました。そこで、「もう少し科学的にアプローチする」、つまり事例を「模倣」するだけでなく、これらの事例の背後にあるサービスイノベーションに共通する構造やメカニズムから原理的な「学び」ができないか、という点にフォーカスしていくべきとの認識が強まってきました。

　本章では、サービスイノベーションがどのように起きているかを明らかにします。その際に拠り所になるものが必要ですので、最初に、基本的な考え方や方法論の拠り所となるものに触れていきたいと思います。

　冒頭に、サービスイノベーションの定義を示しておきます。本書は、読み進むにつれて理解が進んでいくように構成されています。時々、この定義に戻りながら読み進めてください。

2 価値共創の視点でサービスイノベーションを見る ───────

　これまでモノ中心に展開されていたサイエンスが、21世紀になって、サービスに対しても科学的・工学的アプローチによって、その企画や開発、提供の仕方を考えるようになりました。2004年、米国の経済団体である全米競争力評議会が、形のない経済活動である「サービス」に「サイエンス」[1]という言葉をつけて、「サービスサイエンス」という概念を誕生させました。そして、サービスサイエンス、サービス工学、サービスデザインといった、サービスに対して科学的・工学的アプローチを行う分野が、企業経営にも貢献しはじめるようになりました。

　同じ2004年には、VargoとLuschという2人の経営学者が、「サービスドミナント・ロジック」という経済や経営の新しいパラダイムをマーケティングの分野で提唱しました(図表1-1)。これは、サービスを提供者と利用者の間の「価値共創(value co-creation)」であるととらえ、経済はモノの取引で動いているのではなく、サービスこそが経済・産業・企業活動の中心にあって、モノはサービスの価値の実現手段の1つと考えるべきとするサービス重視の考え方です。

　ここでは、「はじめに」でふれた拠り所となるものを、より詳しく見ていきましょう。

　モノづくり重視の「グッズドミナント・ロジック」では、提供者である企業が、世界最軽量や最も高解像度、先鋭なデザインといった、自らが大切であると考える価値をモノの中に創り込むことで、価値を創造し生産すると考えます。それに対して、サービスドミナント・ロジックでは、提供者である企業ができるのは、利用者に価値を提案(価

図表1-1　グッズドミナント・ロジックとサービスドミナント・ロジック

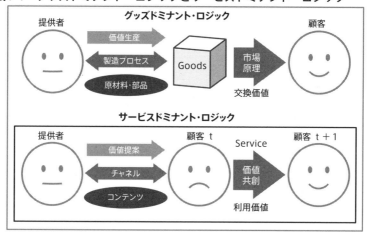

値提案)することだけであり、価値は自分たちで創造したり生産したり
できるものではない、と考えます。価値は、あくまで顧客の中にあり、
提供者は顧客とともに価値を実現する、つまり、「価値共創する[2]」、
と考えます。それによって、顧客がある状態から、よりよい状態に変
化しないと価値は実現したことにならないと考えるのです。半世紀に
もわたってモノづくり中心の価値観が産業界に根強い日本では、なか
なかなじみにくい考え方ですが、本書では、このような価値共創の考
え方の上にたって、日本のサービスイノベーションの最前線を見てい
きます。

　サービスの世界に科学的・工学的アプローチをしてサービスイノ
ベーションを推進しようという考え方は、21世紀に入ってから、グロー
バルレベルで活発になってきています。2004年には数えるほどしかな
かった、サービスに対して科学的・工学的アプローチを行おうとする
研究機関が、2009年には、すでにOECDにおいて、その数が250を超
えたという報告があります。現在では日本や発展途上国も含めて、全
世界でそれをはるかに上回る数になっています。この分野を専門に研

図表1-2　本書のサービスイノベーションに対する見方

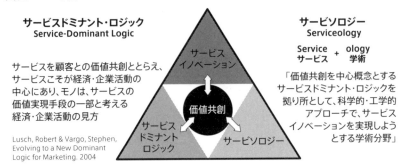

サービスドミナント・ロジック
Service-Dominant Logic

サービスを顧客との価値共創ととらえ、サービスこそが経済・企業活動の中心にあり、モノは、サービスの価値実現手段の一部と考える経済・企業活動の見方

Lusch, Robert & Vargo, Stephen, Evolving to a New Dominant Logic for Marketing. 2004

サービソロジー
Serviceology

Service ＋ ology
サービス 　　学術

「価値共創を中心概念とするサービスドミナント・ロジックを拠り所として、科学的・工学的アプローチで、サービスイノベーションを実現しようとする学術分野」

究する学会活動も着実に活発化しています。

　日本でも2007年に、サービスイノベーション推進のための産学官連携のプラットフォームとしてサービス産業生産性協議会が設立されました。2008年には、経済産業省系の産業技術総合研究所にサービス工学研究センターが設置され、文部科学省でもサービスイノベーション人材育成推進プログラムを開始するなどの取り組みがはじまりました。2010年からは、JST科学技術振興機構において、国のサービスサイエンス研究開発「問題解決型サービス科学研究開発プログラム」が動きはじめ、並行して、2012年には国際学会としてのSociety for Serviceologyが東京に「サービス学会」として創設されました。これによって「サービソロジー（サービス学）」という領域が立ち上がり、サービスデザインやサービスマネジメントといった分野とも融合しながら、企業がその成果を活用できる環境が用意されてきています（図表1-2）。

　本書は、そのようなサービスに対する科学的・工学的アプローチ（サービソロジー）の流れの延長線上にたって、価値共創の考え方を拠り所として「サービスイノベーションがどのように起きているか」を理解し、それをふまえて「サービスイノベーションをどのように起こすか」を、日本サービス大賞の受賞事例によって学ぼうとするものです。

3 「サービスモデル」とビジネスモデル ─────────

　本書が価値共創の考え方を拠り所とするということは、何でもない
ように聞こえますが、日本企業にとっては、大きな意味を持っていま
す。それは、日本経済が永らく、グッズドミナント・ロジックの強い
影響下にあり、ものづくりを重視してきたからです。サービスドミナ
ント・ロジックは企業の企業活動全体に対する見方を根本的に変える
ものです。

　戦後の日本経済は重化学工業化にはじまり、輸出型の製造業に牽引
されて高度経済成長を達成しました。1973年の第一次オイルショック
で成長率は下方屈折しますが、その後の世界的な省エネルギー・省資
源の流れの中で、日本の製造業は再び息を吹き返しました。1980年代
には、自動車産業やエレクトロニクス産業の国際競争力が一気に高ま
り、日本経済は黄金期を迎えました。このような製造業の国際競争力
の高さの経験の中から、1979年に発刊されたエズラ・ヴォーゲルの
『Japan as No. 1』の影響もあって、日本経済は製造業が牽引すると
いう通念が、成功体験として日本の産業界に広く定着していきました。

　1990年代後半のバブル経済崩壊後の低成長期に入っても、製造業の
再生に対する期待は強く、1999年には、ものづくり基盤技術振興基本
法も制定されました。現在でも「ものづくりの復権」に対する期待は、
産業界に根強く残っています。一時期、モノづくりからコトづくりへ
の転換ということがしきりにいわれましたが、コトづくりもモノづく
りも、「つくり」であることに変わりはなく、コトを提供者と利用者
が共創するのでなく、コトを提供者が生産し（つくり）、消費者に届け
るという、グッズドミナントな発想法が根底にあることには変わりは
ありません。むしろ、すでに日本にある製造業の多くは、研究開発サー
ビス産業とか、グローバルマーケティング・サービス企業といったほ
うがよい状況になっているという認識を持つことが重要なのではない
でしょうか。

　そして、そのような環境下では、サービス産業としてひとくくりに

されることもある、卸・小売業をはじめとする多様な第3次産業は、製造業がけん引する日本経済を支える副次的な存在として位置付けられてきました。価値共創の考え方を拠り所とするということは、そのような通念とは真逆で、経済はモノで動いているのではなく、「経済はサービスで動いている」という見方をすることであり、製造業が生み出すモノは、サービスの価値を生み出すための手段の1つであると考えるということです。この視点の転換は、ビジネスに対する見方にも根本的な変化をもたらします。

1990年代の中頃から日本の産業界では、ビジネスモデルの重要性が頻繁に指摘されるようになりました。ビジネスモデルは、本質的に提供者である企業が、どのようにして収益を上げ、利益を生むかをモデル化したものです。その根底には、企業は株主のものであり、株主の利益を最大化することが企業活動の目的であると考える、いわゆる株主中心主義があり、株主還元の原資となる税引後純利益を拡大し、株価の上昇に寄与する売上高の成長率や、株価で企業価値を測る時価総額を高めることが、企業経営の重要な評価指標となります。誰に対して、どのような価値を、どのように提供して、どう対価を得るかを示すのがビジネスモデルですが、その根底には、価値は企業が創造し、消費者に提供するという発想があり、一般的に、グッズドミナント・ロジックになじみやすいものとなっています。

それに対して、価値共創の考え方を拠り所とする本書では、ビジネスモデルでなく、「サービスモデル」に着目します。図表1-3に示すようにグッズドミナント・ロジックを拠り所とするビジネスモデルは、提供者の利益を最大化することを目的としますが、サービスドミナント・ロジックではサービスを価値共創と考えるので、サービスイノベーションという大きな目的のもとで、利用者の求める価値に着目し、利用者と提供者との間の価値共創を最適化することを目指します。

サービスモデルは、提供者である企業の利益だけでなく、そのサービスが、利用者である顧客が実現したい価値をどの程度実現している

図表1-3　ビジネスモデルとサービスモデルの基本概念

	ビジネスモデル	サービスモデル
目標	前期より規模を拡大・成長	付加価値拡大による生産性向上
主体	株主・企業	利用者・提供者
手段	利益の最大化	ダイナミックな価値共創
目的	株主還元の拡大 （税収の拡大） （株価・配当・自社株購入、法人税収）	多様なステークホルダーへの 付加価値の適正配分 （含、未来のステークホルダーへの投資）
指標	売上高成長率・純利益額	付加価値／人・未来への投資

のかを重視します。いくら提供者が儲かっても、利用者が満足していなければ、そのサービスは長続きしません。だからといって、いわゆる消費者至上主義のように、常に消費者のニーズ充足を最大化しようとするのではなく、提供者からの価値提案と利用者の持つ事前期待との間のダイナミックなやり取りの中から、双方にとって納得できる価値共創が行われているかどうかを重視します。そしてそれが、サービスイノベーションの実現につながっていきます。

　ビジネスモデルは、純利益に着目しますが、サービスモデルは、企業が他から購入したモノやサービスを差し引いて、当該年度の企業活動で純粋に生み出した価値である「付加価値」に着目します。サービスイノベーションとは、1人当りの付加価値、つまり生産性を抜本的に向上させることです。生産性の向上は、分母のインプットである労働投入を減らすことでも実現可能ですが、本書で扱うサービスイノベーションは、アウトプットである分子の付加価値を拡大することによって実現する生産性の向上です。したがって、ビジネスモデルが株主中心主義にたって売上の成長率を高めて純利益を拡大し、利益を最大化するのを目的とするのに対して、サービスモデルでは、研究開発投資やシステム開発投資、人材開発投資などの未来への投資によって付加価値を拡大させることで、1人当りの付加価値を向上させることを目指します。その目的は、提供者のためだけでなく、利用者と提供者によるダイナミックな価値共創です。

新型コロナ危機前の2019年8月、米国の経済団体であるBusiness Roundtableが、突然、企業の目的は、顧客、従業員、サプライヤー、コミュニティ、そして株主の利益のために活動することであると、すべてのステークホルダーの利益を強調し、株主をその一番最後にもってくる宣言を行なったことが、世界中を驚かせました。なぜかといえば、1997年にBusiness Roundtableは、企業の目的は株主の利益に貢献することであり、株主に比べれば、他のステークホルダーの利益は副次的なものであると、高々と株主中心主義を宣言した経済団体だったからです。

　実は、サービス産業生産性協議会は、その9カ月前の2018年11月に、日本生産性本部から「労働力喪失時代の『スマートエコノミー』をめざして」[3]という提言を発表し、企業は、現在の株主の利益のためだけでなく、労働者、国や地域コミュニティ、関連業界、そして未来のステークホルダーなど、より広いステークホルダーの利益のために活動すべきであるとする「スマートエコノミー構想」の実現を提唱しています。スマートエコノミー構想は、株主利益と他のステークホルダーの利益を対置して、ステークホルダー全体の利益を強調するBusinness Roundtableの宣言より一歩踏み込んで、現在のステークホルダーと未来のステークホルダーを対置して、現在の企業活動は、現在のステークホルダーの利益への貢献とともに、未来のステークホルダーへの貢献も考えるべきであるとしているところに特色があります。

　本書におけるサービスモデル重視の考え方は、このような株主中心主義からステークホルダー主義に向かう、資本主義の将来についての骨太な考え方の転換の基本方向を先取りしたものともなっているのです。近江商人の経営哲学を表す言葉として、「売り手によし、買い手によし、世間によし」という言葉がありますが、その意味では、本書がめざすサービスイノベーションは、「提供者によし、利用者によし、社会によし、未来にもよし」の「四方よし」の資本主義を目指すものであるといえます。

　サービスは、一回限りのモノの取引とは本質的に異なっており、くり返し行われることを前提として組み立てられます。そのようなサービスにおいては、提供者と利用者の間の持続可能な関係性が重要な価値を持っています。最適な価値共創は、利用者にとって最大ではないかもしれませんが、次々に新たな満足の形が追求され最適な満足度を実現します。提供者にとっても、最大の利益をもたらすものではないかもしれませんが、持続可能な関係性の中で、利益の持続的な蓄積を可能にするものです。そういう意味では、最適な価値共創は、持続的なサービスイノベーションによって長期の持続可能な成長を可能にする価値共創なのです。

　では、サービスモデルが実現しようとする、最適な価値共創とは、どのような姿をしているのでしょうか。

2　価値共創のサービスモデル：ニコニコ図

　価値共創のあるべき姿については、サービスドミナント・ロジックの提唱者であるVargoとLuschが、2004年の発表以来、継続的・発展的に研究を続けていますが、その姿は、研究が進むにつれて、変化し続けています。2004年にサービスドミナント・ロジックは、8つのFP(基本的前提Fundamental premises)を持つ、目の覚めるように斬新な経営のパラダイムとして発表されました。しかしながら、それ以降、経営や経済以外の社会科学の多くの分野と接触することによって、何年おきかにそのFPは改訂され、スコープが拡大するにつれて、FPの数も増加していきました。

　2006年には、FP6の「顧客は常に共同生産者である」という表現が、「顧客は常に価値の共創者である」と、価値共創の概念が導入され、FP9として、「組織は細かく専門化されたコンピタンスを市場で求められる複雑なサービシーズに統合したり変換したりするために存在し

ている」と、顧客接点での「サービス」だけでなく、個々のサービス（servicesと複数形で表現します）の事業を推進する「組織」の視点が入りました。

　ここまでは、企業経営の枠組みでサービスを再定義するという流れだったVargo と Luschのサービスドミナント・ロジックは、2008年以降、企業組織があり顧客がいるという、経営や行政の現場の手触り感のあるサービスから、より抽象的なサービス一般を扱いはじめており、実務家向けの本書の検討の枠外に出てしまった感があります[4]。

　したがって、本書はあくまでサービスドミナント・ロジックを拠り所とはしますが、それは、2006年段階の企業経営の枠内でのサービスドミナント・ロジックです。ただし、その後のより抽象化、一般化されていくサービスドミナント・ロジックについても、サービスである限り、その原理的思考は本書でも踏襲しており矛盾するところはありません。

　ただ、サービスイノベーションに挑戦しようとする企業人が、サービスイノベーションはどのように起こっているかを理解するという本章の目的からは、図表1-4に示す2006年段階のサービスドミナント・ロジックでも、サービスモデルが実現しようとする最適な価値共創の姿をとらえるのに用いるには、抽象的すぎます。それぞれのFPは、企業活動のどの側面をとらえるかという視点は希薄で、あくまでサービスというものの特性を定義していくという問題意識にたって記述されており、企業人からみると、距離感のある表現になっていることは否めません。

　そのような中で、サービスイノベーションという大きな目的のもとでの、利用者と提供者との間の価値共創の最適化のサービスモデルを具体的に考えていくのに適した概念的枠組みとして本書が用いるのは、サービソロジーの分野で開発され、すでに随所で活用されているサービスの「価値共創フレームワーク」です。

　これは、2010年から2017年にかけて行われた国のサービスサイエン

図表1-4　サービスドミナント・ロジックの基本的前提

FP1	専門化されたスキルとナレッジの応用が交換の基本単位(unit)である。
FP2	間接的な交換は交換の基本的単位を見えなくする。
FP3	グッズは、サービス供給のための伝達手段である。
FP4	ナレッジは競争優位の基本的源泉である。
FP5	すべての経済はサービシーズ(services)経済である。
FP6	顧客は常に価値の共創者である。
FP7	企業は価値提案しかできない。
FP8	サービス中心の考え方は顧客志向的であり、関係的である。
FP9	組織はこまかく専門化されたコンピタンスを市場で求められる複雑なサービシーズ(services)に統合したり変換したりするために存在している。

出典：井上崇通監訳、庄司真人、田口尚史訳『サービスドミナント・ロジックの発想と応用』同文舘出版 (2016)
出所：Vargo, S .L. & Lusch, R. F., (2006) "Service-Dominant Logic: What it is, what it is not, what it might be" in R. F. Lusch & S. L. Bargo(eds.) The Service-Dominant Logic of Marketing, Dialog, Debate and Directions(43-56), Almonk, N.Y.:ME Sharp

ス研究開発の過程で、サービスサイエンスがどのようなテーマを対象とし、それぞれの研究開発プロジェクトが全体像の中でどのように位置づけられ、今後、どのようなテーマの研究が必要になるかを考えるために開発された概念的な枠組みです。その原型は、本書の筆者の1人である村上輝康が、その研究開発プログラム推進の総括補佐という立場にあった時に提案したものです。

　価値共創という視点から見ると、提供者は利用者に対して価値提案を行い、利用者と価値共創します。価値共創によって、利用者が、よりよい状態に変化しないとサービスは実現したことになりません。利用者が、よりよくなることによって、提供者にもイノベーションが起こり、よりよくなるのがサービスイノベーションです。このサービスの価値共創フレームワークは、サービスドミナント・ロジックをふまえて、サービスイノベーションにおいて最適化されるべき価値共創の姿を表していることから、本書では、これを「価値共創のサービスモデル」と呼び、スマイルマークを用いて表現しているので、便宜的にニコニコ図と称します(図表1-5)。

　この価値共創のサービスモデルは、当然ながら価値共創の考え方を

拠り所として組み立てられています。基本的にやろうとしていること
はBargoとLuschと同じですが、サービスドミナント・ロジックの9
つのFPの示す抽象的な理論(Theory)だけで、現実の企業を動かすこと
は難しいでしょう。具体的な経営現象の理解をふまえて、企業人にも
手触り感のあるフレームワーク[6]に仕立て上げ直すことができれば、
企業や経営者が実践できます。その意味では、価値共創のサービスモ
デルは、2006年段階の「理論」としてのサービスドミナント・ロジッ
クを、企業人のための「フレームワーク」に再構成[7]して実践に適す
るものにしたものであるといえます。

　この価値共創のサービスモデルを図の形で表すニコニコ図では、左
側が送り手であるサービスの提供者サイド、右側が受け手のサービス
の利用者サイドで、その間の下部に両者が出会い、企業経営が行われ
る市場サイドが位置付けられています。具体的には、利用者サイドは、
サービスの「顧客接点」にあたりますが、提供者サイドは、このサー
ビスを提供する「事業組織」ということになります。サービスが需給
や価格で定量的にとらえられる市場では、このサービスを提供する「企
業経営」全体が対象とされています。

　通常、サービスを見る時には顧客接点を見ますが、サービスイノベー
ションという大きな目的を持ってサービスを見ていた国のサービスサ
イエンス研究開発においてわかったことは、サービスイノベーション
は、顧客接点だけ見ていてはわからないということです。サービスド
ミナント・ロジックでは、組織の持つ経営資源を、建物や什器のよう
な有形で静態的な資源(オペランド資源)と、知識やスキルのような無形
で動態的な資源(オペラント資源)に分けて考えますが、サービスイノ
ベーションには、顧客接点で観察された、新たなイノベーションへの
ヒントを、事業組織の中で、具体的なイノベーションにつながる無形
(オペラント)資源に仕立て上げるプロセスが不可欠です。

　さらに、サービスの事業組織で育まれた無形(オペラント)資源は、
企業経営の中でイノベーションを具体化する研究開発・システム開

図表1-5　価値共創のサービスモデル(ニコニコ図)

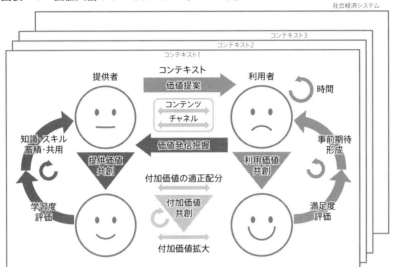

出所：村上輝康、新井民夫、JST/RISTEX編『サービソロジーへの招待〜価値共創によるサービスイノベーション』東京大学出版会(2019)を一部修正

発・人材開発などの未来への投資によって、具体的に、顧客接点で提案できるサービスメニュー(利用できるサービスの項目)や、事業組織でのサービススキーム(サービスを提供する仕組み)、企業の間のSLA：サービスレベル・アグリーメント(サービスの水準についての合意)などの形にしていく必要があります。このため、このニコニコ図は利用サイドに顧客接点、提供サイドに事業組織、市場サイドに企業経営を配する形になっているのです。ここでのサービスメニューは、レストランのメニューのような顧客接点で提供者から利用者に提示されるサービス内容の選択肢であり、サービススキームは、スーパーマーケットのレジカウンターのような提供者によるサービス提供の仕組みであり、SLAは、賃貸オフィスのメンテナンス契約書のような、B to Bのサービスにおいて顧客に提示されるサービスの提供条件についての合意書で、いずれも顧客に示される具体的なサービスの姿を示します。

　価値共創の考え方を拠り所にして、サービスイノベーションの実現

を目指す価値共創のサービスモデルは、18の構成概念(Constituent Concept：構成概念)、つまり概念的な構成要素と、それらの構成要素間にある10の関係、すなわち10の構造概念(SC: Structural Concept)から成っています[8]。10の構造概念を定義として簡潔に表現したものを図表1-6に示します。50頁の図表1-8では、ニコニコ図を、**SC1**から**SC10**までの一連のフローとして示しています。10のSCの定義を含め、これらについてより詳しく理解したい読者は、今のところ日本で唯一のサービソロジーの入門書であり解説書である「サービソロジーへの招待」[9]を参照してください。

3　サービスイノベーションはどのように起きているか

■1 サービスイノベーションを　価値共創のサービスモデルで見る ─────────

　では、この価値共創のサービスモデルを用いて、サービスイノベーションがどのように起きているかについて説明していきます。このサービスモデルの10のSCは、国のサービスサイエンス研究開発で対象とされたサービスイノベーションへの取り組みの10のタイプを示しています[10]が、これはとりもなおさず、サービスイノベーションが企業活動のどの部分で、どのように起きているかを示すものです。

　以下、図表1-5のニコニコ図と図表1-6の概念定義で示される10のSCを、18の構成概念を用いて順次説明することによって、サービスイノベーションの構造とメカニズムを詳しく見ていきます。**SC1**から**SC10**への流れについては、図表1-8のニコニコフロー図も適宜、参照してください。なお、本節では新しい概念が初出する時には鉤括弧で囲み、付近に定義を配します。

　このニコニコ図は、価値共創の考え方を拠り所として組み立てられているので、「提供者」である企業は、価値を生産したり、創造した

図表1-6　価値共創のサービスモデルの10のSC（構造概念）

SC1	**【価値提案】**サービスの提供者は、特定のコンテンツを特定のチャネルを通じて、利用者に価値提案する
SC2	**【コンテキスト】**サービスの提供者による価値提案は、顧客接点において常に特定の社会経済システムのもとで、特定のコンテキストを束ねて行われる
SC3	**【利用価値共創】**サービスの利用者は、提供者の価値提案を受けて、自らの事前期待を満たす利用価値を提供者と共創する
SC4	**【満足度評価】**サービスの利用者は、価値共創の結果に対して、必ず満足、あるいは不満足という満足度評価を行う
SC5	**【事前期待形成】**サービスの利用者は、サービスの満足度評価の結果を、次のサービスにむけての事前期待形成につなげる
SC6	**【価値発信把握】**サービスの提供者は、顧客接点における、次の価値提案につながりそうな利用者の価値発信を全力で把握し、提供サイドに伝達する
SC7	**【提供価値共創】**サービスの提供者は、利用者からの価値発信を受けて、新たな価値提案につながる提供価値を、事業組織の中で共創する
SC8	**【学習度評価】**サービスの提供者は、利用者との間での提供価値共創の結果に対して事業組織の中で学習度評価を行う
SC9	**【知識・スキルの蓄積・共有】**サービスの提供者は、学習度評価の結果を、次の価値提案の源泉となる知識・スキルとして蓄積し、全社で共有する
SC10	**【付加価値共創】**企業経営における付加価値の最適配分により付加価値を共創し、未来への投資を行なって付加価値を拡大させ、サービスを持続可能にする

※注）SC: Structural Concept 構造概念（CC: Constituent Concept 構成概念）
出所：村上輝康、新井民夫、JST/RISTEX編『サービソロジーへの招待〜価値共創によるサービスイノベーション』東京大学出版会(2017)を一部修正。

図表1-7　「サービスとは何か」：新井・下村モデル

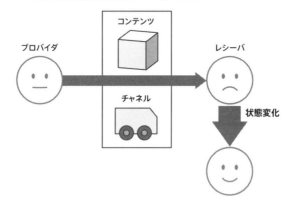

※注）5つの構成概念：プロバイダ、レシーバ、コンテンツ、チャネル、状態変化
　　　2つの構造概念：①プロバイダはレシーバに、チャネルを通じて、コンテンツを提供する
　　　　　　　　　　②サービスの提供によってレシーバは、より良い状態へ変化する
出所：新井民夫、下村芳樹「サービス工学—製品のサービス化をいかに加速するか」一橋ビジネスレビューVol54、No2(2006)

りするのではなく、顧客である「利用者」に「価値提案」します。つまり、提供者が、利用者に革新的で優れた価値を提供すると思うサービスを提案することが、すべてのサービスイノベーションの出発点になります。

　価値共創のサービスモデルの出発点の構造を、企業が実際にどこをどうすればサービスイノベーションにつながるかを具体的に考えやすい形で概念モデルとして示してくれたのは、サービスを５つの構成概念と２つの構造概念で定義する、いわゆる新井・下村モデル[11]でした (図表1-7)。サービスの定義については、それまでも多様な取り組みがあったのですが、新井・下村モデルは、サービスをオペレーショナル(操作的)なシステムととらえて定義したものとして優れていたからです。その価値提案は、かならず特定のサービスの内容である「コンテンツ」を、その内容を届ける経路である特定の「チャネル」を通じて利用者に対して行われます。そして新井・下村モデルは、その結果として、利用者がよりよい状態に変化することがサービスであるとしていました。

　価値共創のサービスモデルでは、基本的にサービスを、提供者と利用者との間で行われる価値に関わる情報や知識のコミュニケーションであると考えます。このため、コミュニケーションの３要素[12]の考え方のうえにたって、コンテンツ、チャネルにあたる **SC1** に対して、**SC2** では、サービスの行われる環境条件である「コンテキスト」が、価値提案の第３の要素として加わりました。したがって、価値提案は、常に時代によって異なる特定の社会経済システムのもとで、サービスに固有の特定のコンテキストを束ねて行われるものとなります。

　おそらく抽象的な話をしていたのでは、わかりにくいと思いますので、１つの事例を使いながら説明します。いまひとつ客足が伸びないフランス料理レストランが、思い切った差別化をするため、日本ではあまりなじみの薄い「ホロホロ鳥」料理を売り物にするレストランに転換するという仮想事例を取り上げます。これがどの程度、「革新的

で優れた」価値提案かは議論のあるところですが、できるだけ身近な
事例で説明したいと思います。

　レストランのイノベーションで、新たに提案するコンテンツは、
ホロホロ鳥のローストやフリカッセ、ワイン煮といった一連の新
しいメニューです。
　それに対するチャネルですが、フランス料理のレストランなら
ば、レストランの建物をはじめとして、ホロホロ鳥料理やそれに
合うワインについて深く理解して接客するギャルソンやソムリエ、
テーブルセッティング、シルバーのカトラリー、その他の什器、
備品などの店頭のしつらえといったものなど、要するにホロホロ
鳥料理というコンテンツを適切に顧客に届けるための手段のすべ
てがチャネルなのです。

　価値提案にはもう1つ、コンテキストという要素があります。新し
いサービスは、常に特定の時間、特定の空間で、特定の利用者の環境
条件のもとで行われますが、例えば誕生日や結婚記念日といった特別
な日に少し普段とは違う雰囲気を楽しもうとする場合もあれば、取引
にからむ重要な接待で利用する場合もあります。また提供者側の環境
条件、例えばそれが繁忙期か閑散期か、予約客中心か、飛び込みの客
が多いかといった環境条件の組み合わせに規定されるコンテキストの
もとで行われます。つまり、サービスは常に特定のコンテンツ、特定
のチャネル、特定のコンテキストで行われるということで、厳密にい
うと、価値提案はどれ1つとして同じものはないといっても過言では
ありません。

　したがって、このニコニコ図ではサービスをコンテキストの束
として表現しています。ですから、新しいコンテンツ、チャネル
を提案するときには、どういう束のコンテキストに対して提案す

るのかということが非常に重要です。

　たとえば、2月に近い閑散期に優良顧客向けの特別メニューとしてはじめるのか、ハイシーズンの接待顧客向けのキャンペーンメニューとして打ち出すのかといった、コンテキストの束ね方がサービスイノベーションを進めていくための最初の戦略的な分かれ目になってきます。

　このような提供者からの価値提案に対して、利用者はそれをそのまま受け入れるのではありません。利用者である顧客がサービスを受けようとする時には、必ず自分がそのサービスにおいてどのような価値を実現したいかを示す「事前期待」を持っています。一般には、顧客ニーズと表現されることが多いのですが、このサービスモデルでは、顧客ニーズというものがあらかじめ存在するのではなく、存在するのは、あくまで顧客の期待であると考えます。期待は、充足される場合も充足されない場合もあるため、「事前期待」という表現をします。

　この利用者の「事前期待形成」が、提供者の価値提案に出会って、両者の間に生まれるダイナミックな相互作用が、「利用価値共創」**SC3**のプロセスです。そこで、利用者が実現したかった価値が、提供者の価値提案の内容と折り合って実現します。このプロセスの設計の巧拙が、サービスイノベーションの成否を分けることになります。ここで実現する価値を、利用者が実現したかった価値に限りなく近いものとして「利用価値」と呼びます。

　事例のレストランのグルメな顧客は、そろそろ春先なのでホロホロ鳥を食べたいと思って来店するかもしれませんし、接待のホストは全く別で、ホロホロ鳥を話題にして場を盛り上げ、このランチでこの案件を絶対に決めるぞというような、いろいろな事前期待を持っています。それが、提供者からの新しいホロホロ鳥メニューという価値提案と出会って、その価値提案と事前期待の間

でさまざまなやり取りが起こります。事前に教育の行き届いた
ギャルソンがいれば、うんちくやウィットに富んだグルメ顧客と
のやり取りの中で、顧客は、ホロホロ鳥料理に合った、より高い
ワインを注文するかもしれません。また、事前に、WebやSNS
で大量のホロホロ鳥料理やホロホロ鳥の特色についての情報発信
が行き届いていれば、コース料理でなく、より高価な単品料理の
組み合わせに注文が変わるかもしれません。逆に、あまり知識の
ないアルバイトスタッフが対応する場合や、何の情報発信もして
いなければ、顧客は定番のセットメニューしか注文しないでしょ
うし、そもそもホロホロ鳥料理を選ばないかもしれません。

このような、提供者と利用者の間のダイナミックなやり取りを経て、
両者が折り合いをつけていくのが価値共創の過程です。ここで取り結
ばれるダイナミックな相互作用、それが利用価値の共創(co-creation)な
のです。

ですから、ホロホロ鳥料理が初めての顧客に、いかにWebや
SNSで基本的な知識を迅速に提供できるか、テーブルでのギャ
ルソンと顧客の間の非常にうんちくやウィットに富んだやりとり
ができるか、顧客の事前期待のタイプを前もって察知する仕組み
を持っているか、レストランサイドがそれに対して十分に応える
ことができるか、その結果、厨房で事前期待に適切なものづくり
で対応できるかということもありますし、そのできたものに対し
て顧客がどんな言葉を発するかということも利用価値の共創に含
まれているのです。そういう顧客とレストランとのやり取りのプ
ロセスのすべてが、利用価値の共創の過程です。

そこで折り合って実現する価値は、顧客があらかじめ持っていた事
前期待に限りなく近いものかもしれませんし、かなり企業側の価値提

図表1-8　持続的なサービスイノベーションのサービスモデル(ニコニコフロー図)

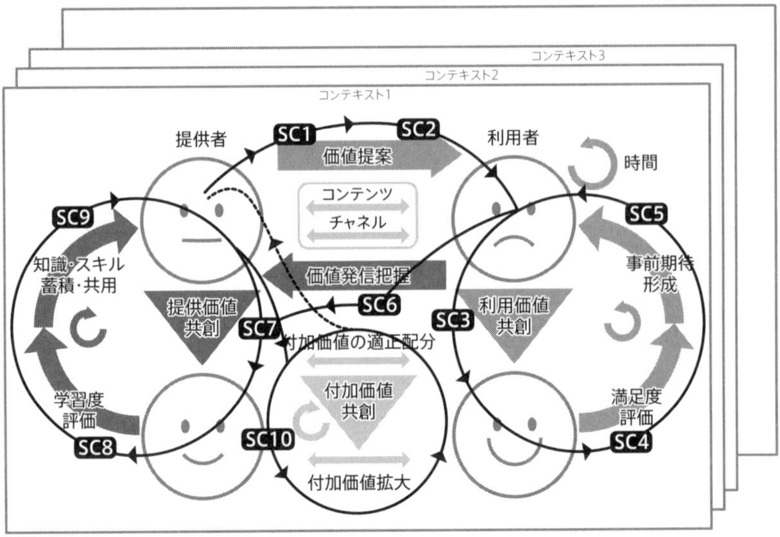

出所：村上輝康、新井民夫、JST/RISTEX編『サービソロジーへの招待～価値共創によるサービスイノベーション』東京大学出版会(2017)、一部修正。

案に寄ったものになるかもしれません。いずれにしても、事前期待と価値提案が折り合いをつけることによって実現するのが、利用者にとっての利用価値です。

　これで価値共創のプロセスは完了しますが、ビジネスとしてのサービスはここで終わるわけではありません。利用サイドの価値共創の結果に対して、必ず、顧客は満足だったか、あるいは不満足だったかという「満足度評価」SC4を行います。そして、その満足度評価の結果が、良好なものであれば、次のサービスに向けての「事前期待形成」SC5を行います。

　マーケットでは、サービスの価値の評価は、市場メカニズムにしたがって価格が高いか低いかによって規定されますが、価値共創におけるサービスの価値の評価は、顧客の満足度が高いか低いかで決まります。ですから、この満足度評価を行わないような提供者には、サービ

スイノベーションはあり得ないわけで、今ある状態以上に成長することもなければ、進化することもありません。したがって、顧客の満足度評価は、サービスイノベーションのプロセスの不可欠なステップです。

　その満足度評価がプラスであれば、次のラウンドのサービスに関わる事前期待の形成につながります。

　　もしこの顧客がホロホロ鳥の料理を気に入ったら、このレストランに対するロイヤリティにつながり、この顧客は近いうちに親しい友人と再度、訪れようと思い、今日はローストだったけれども次回はもうちょっと違う料理を試してみたい、というような新たな事前期待を持つかもしれません。

　　逆に、ホロホロ鳥のローストが気に入らなかった、もしくは食べたいと思って行ったのに、メニューになかったということになると、その顧客はひょっとしたら二度とこの店には現われないかもしれません。ここが大きな分かれ目になって、サービスイノベーションが途切れてしまうことになるかもしれません。

　この事前期待形成 **SC5** が行われる際の事前期待は、利用価値共創の **SC3** で、提供者の価値提案に出会った事前期待とは異なっています。その時の事前期待が、現在の事前期待だとすると、**SC5** の事前期待は、一回先のサービスに対する事前期待となります。つまり、ここで時間が一回分前に進んでおり、この事前期待は、一回先の新しい価値提案に出会って、新たな価値共創のプロセスに入り、ここに新しい利用価値共創のサイクルがはじまることになります。同じ事前期待ですが、現在と一回後のプロセスの間には時間の経過が組み込まれています。このため、このサービスモデルは２次元空間に記述されていますが、「時間」も構成概念の１つとして取り上げられている、動的(Dynamic)な概念モデルとなっています。

利用者側では、サービスが行われる度に利用サイドの価値共創のサイクルが回ります。その過程で利用者は、自分がそのサービスをめぐって感じるさまざまな価値についての発信を行います。その何度かの利用価値共創のサイクルの中で、提供者サイドは、利用者の価値発信を感性や知性を研ぎ澄まして察知する必要があります。そのプロセスで、提供者サイドは新たな事前期待の発見や、より優れたサービスについての着想・アイデアなどの、次の価値提案につながりそうな利用者の「価値発信を把握」 SC6 することが必須です。着想・アイデアの把握の最も重要な源泉は、顧客接点での利用者と提供者のスタッフのやり取りに求められますが、コンテキストの一番外側にある社会経済システムの変化による価値観の構造的な変化や大きな技術革新も、重要な源泉になります。それらの中から、新たな価値提案につながりそうな価値発信の把握が行われて、初めてこのフローは利用サイドから提供サイドにつながることになり、提供サイドの価値共創のプロセスがはじまるわけです。

　顧客は、ホロホロ鳥の料理について、さまざまな価値判断をします。それは、すぐ料理に対する賞讃や非難の言葉になるかもしれませんし、表情や仕草に現れるだけかもしれません。また、気に入った顧客は、すぐにブログにその料理について感想を載せるかもしれませんし、ツィートするかもしれません。また、インスタグラムにコメント付きで載せるかもしれませんし、クラブハウスのRoomができるかもしれません。

　スマート化社会、つまりデジタルなSNSが非常に活発になっている社会では、この価値発信の把握においてもデジタルなマーケットインテリジェンス、デジタルに価値発信をとらえる態勢を整えておくことも非常に大事になってきます。
　それだけではなく、例えば定期的に行われるフォーマルな顧客満足

度調査の結果や覆面のミステリーショッパーズ調査、POSデータの分析、店頭での顧客の非常に明確な謝辞、または苦情のつぶやきといったもの、あるいは店頭でのちょっとしたしぐさや表情の変化など、あらゆるものが利用者の価値発信の中身になってくるのです。それがどんなにかすかなものであろうと、提供者側は「知の探索」[13]を行い、その中に含まれる、新たな価値提案につながるヒントを必死で読み取る必要があるのです。

　このような新たな価値提案につながるような価値発信の把握に成功すれば、それが提供者サイドで出会うのは、提供者のこれまでの「知識・スキルの蓄積」です。次の価値提案につながりそうと察知した、利用サイドからの価値発信の把握結果が、提供サイドですでに蓄積されている知識・スキルのストックにはないものであれば、その両者の人や組織の間に、ダイナミックな相互作用が生まれることになります。その中から、新たな着想を次の具体的な価値提案となしうるサービスコンセプトにまで仕上げていくプロセスが提供サイドの価値共創です。そして、そこで実現するのは、提供者が次のサービスイノベーションを生み出す源泉となるサービスコンセプトとしての「提供価値」**SC7**です。

　つまり、提供者側での価値共創のプロセスとは、提供者がその事業組織の中で、顧客接点の利用者の多様な価値発信を受けながら、次の新たな価値提案につながる可能性のあるメッセージを把握し、①それらをすでに組織の中に蓄積し共有されている知識・スキルのストックで、その新規性をチェックし、②過去の知識・スキルから類推して、それが自社で実現可能性のある価値提案になりうるか、③競合相手に対して十分な競争優位性を持ちうるか、④適切に価値共創が行われているか、についての直感的評価を行なっていく「学び」のプロセスです。そして、そこで実現しようとしている提供価値は、自社の知識・スキルのストックに新規性のあるものを加え、次のラウンドのサービスの価値提案につながりうる「知識・スキル」です。

もし、価値発信の把握のプロセスで、例えばスタッフが「どうもホロホロ鳥を注文するお客さんは春先に多い」ということに気づくとします。それと、それまでのレストランの知識の蓄積を合わせて、店頭や厨房、オフィスなど、いろいろなところで議論が行われます。そういう中で、日本の料理ではどんなものも「旬」を大切にしますが、我々はフランス料理に「旬」があるとはあまり考えません。しかし、「どうも外国人にはホロホロ鳥を春先に食べたがる顧客が多い」と気づくことによって、ホロホロ鳥に関しては「旬」があるのではないかというような仮説が、自社の持つ知識の蓄積との相互作用の中で生まれてくるわけです。そうすると、その中から「それでは来年からは春先に『ホロホロ鳥月間』を訴求する大規模なキャンペーンをやったらどうか」というような、そのレストランにとっての新たなサービスコンセプトとなりうる考え方が湧き起こってきます。このような提供サイドの組織内での活発なやり取りのプロセスが提供価値の共創です。

　提供サイドにおける、提供価値共創の結果を評価するためには「学習度評価」が行われます。提供価値共創は、提供者の直感的な学びのプロセスですが、その結果が、これまで提供者が蓄積してしてきた知識・スキルのストックの中にどう位置付けられるか、その新たなサービスコンセプトは実現可能性や競争優位性を持つものか、そして、何より価値共創が適切に行われているかなどを事業組織として一定の基準を持って評価するのが、学習度評価**SC8**です。

　どの会社にも、形式知化されている、いないに関わらず、その会社なりの投資のフィージビリティの評価方法があるはずです。しかしながら、価値共創のサービスモデルにおける学習度評価では、利益を最大化するのではなく、価値共創を最適化しようとします。このため、得られた結果としてのサービスコンセプトの実現可能性や競争優位性

の評価だけでなく、価値共創のプロセスが適切なものであるか(価値共創性)の評価が重要な要因となります。そのサービスコンセプトは、顧客の事前期待に対して、顧客とのやり取りの相互作用が十分できるものになっているか、着想をサービスコンセプトに磨き上げていくプロセスでは、すでに蓄積されている知識・スキルとの間のやり取りの相互作用が担保されているか、といったことが価値共創性の評価です。

　「どうも春先に外国人でホロホロ鳥を注文する顧客が多い」ということを感じて、それを、「フランス料理にも旬があるのではないか」というように考えるスタッフの感性は鋭く、その学習は暗黙知を読み解く、とてもレベルの高いものです。そうでなければ、ただPOSデータが示す普通の注文の山と谷だと思って、新しい価値を見逃してしまいます。そのような次のサービスイノベーションに関連する知識・スキルの蓄積・共有につながるような学習ができたかどうかを組織として評価するのが、学習度評価です。
　また、そのような気づきを実際にそのレストランのキャンペーンに仕立て上げようとする時、それがそのレストランの実力や、持てる経営資源からして、実現可能性や競争優位性を持つものであるか、という冷静な判断も、学習度評価の重要な要素です。

　日本のサービス産業の会社は、今その多くが定期的な顧客満足度調査を行うようになりました。覆面のミステリーショッパーズ調査も普及してきています。しかしながら、これからはそれだけではなく、提供サイドの学習度評価を組織的にやるべきなのではないかというのが、ニコニコ図のサービスモデルの考え方です。ただ、顧客満足度調査はすでに長いマーケティング研究の歴史の中でその方法論が完成していますが、学習度評価についてはまだまだノウハウ、知見が体系化されていません。特に、価値共創が適切に行われているかどうかの評価は未踏領域にあたります。しかし、サービソロジー研

究においては、「知の深化」14のプロセスにあたる、この学習度評価の方法論を開発しようという機運がありますので、これから5年、10年たつと随分変わってくるのではないかと思われます。

そして、学習度評価の結果が良好なものであれば、その結果は、次の価値提案の源泉になる知識・スキルとして新たに加わり、全社で共有されて「知識・スキルの蓄積・共有」 **SC9** となります。

　ホロホロ鳥の料理が春先に多いとか、あるいはそれをさらに発展させて旬があるのではないかというような着想が生きるかどうかの分かれ目では、マネジメント層がその新規性の意義を認識するかどうかというビジネス上の目効きのレベルが重要です。そのレストランが全体としてどういう知識・スキルのストックを持っているかということの管理が、きちんとできているかということです。それは、ビッグデータの収集・分析体制を整備しただけでできるものではありません。会社全体の知識・スキルのストックの管理がきちんとできていなければ、「あ、そう」で終わってしまいます。しかし、「これはすごく新しい発見だ」ということを、マネジメント層が気づけば、それは来年の「ホロホロ鳥月間」の大規模キャンペーンという新たな革新のアイデアにつながっていくのです。

この新たなアイデアが加わった知識・スキルの蓄積は、全社で共有されることが重要です。全社共有の仕組みが機能していれば、また次のラウンドで新たな価値発信の把握結果があれば、全社が敏感に反応して、一部のスタッフの着想・アイデアを新しいサービスコンセプトにまで仕上げることができるようになるのです。

これで利用サイドの価値共創と提供サイドの価値共創が実現して、その組織における、次の価値提案に向けてのサービスコンセプトの具体化が終わりましたが、サービスイノベーションは、そこで終わるわ

けではありません。企業経営の場において、「付加価値の適正配分」が行われて、必要に応じて研究開発やシステム開発、人材育成などのオペラント資源を磨く「未来への投資」が行われ、その新たなサービスコンセプトが、新たなサービスメニューなどの具体的な価値提案に仕上がる必要があります。

　前節で述べたように、サービスにおける価値共創の考え方を拠り所とするニコニコ図では、売上や利益よりも、外部からの投入を差し引いて、そのサービスが純粋に生み出した価値である「付加価値」に着目します。

　サービスが生み出すのは、付加価値です。それは、前期に創出された付加価値の適正な配分のもとで、研究開発投資、システム開発投資や人材育成投資のような「未来への投資」を適正に行い、顧客が斬新な価値提案を受け、従業員が十分なモチベーションを発揮してイノベーションに向き合うことができるような報酬を受け、株主や地域コミュニティ・社会との関係も良好に保てるような形で「付加価値を拡大」できる企業活動によってもたらされます。このような、適切な付加価値の配分の中から、新たな付加価値が、顧客、株主、従業員、取引先、地域コミュニティ、社会経済システムなど多様なステークホルダーの協働によって生み出されていく企業経営のプロセスを「付加価値共創」と呼びます。この付加価値共創の過程で、新たな知識・スキルが、新たな価値提案として具現化 **SC10** していきます。

　そして、**SC10** から次期の新しい **SC1** につながり、次のラウンドの価値提案となって、この利用価値共創、提供価値共創、付加価値共創をつなぐ一回り大きいサービスイノベーションの次のサイクルが再び回りはじめることになります。つまり、ニコニコ図は、個別のサービスイノベーションが、企業活動のどの部分を、どのように革新するかを示すと同時に、**SC1** から **SC10** までのフローが、次のラウンドのサービスイノベーションにつながっていく持続的なサービスイノベーションの姿を示すことになります。

経営環境は、絶えず変化しています。経営環境の変化によって、事前期待も変化し、それにともなって、価値提案も柔軟に変化する必要があります。その意味では、サービスイノベーションは、経営環境の変化や利用者の価値観、提供サイドの技術革新などによって、絶え間なく起こさなければならない持続的なプロセスなのです。

　価値提案だけではありません。経営環境が絶えず変化し続けるものである以上、価値共創の構造も変化し続けます。企業にとって、一回限りの大きなイノベーションも重要ですが、絶え間ない価値共創の姿の変化にともなって、持続的にサービスイノベーションを行なっていかないと生き延びることも、成長し続けることもできません。その意味で、企業のサービスイノベーションにとって、真に重要なのは、持続的なサービスイノベーションの構造を創り込むことだといえます。

　価値共創のサービスモデルは、このニコニコ図が示す、利用価値共創、提供価値共創、付加価値共創のサイクルをつなぐ、ひとまわり大きなサイクルが示す構造です。つまり、適切に価値共創が行われ、持続的なサービスイノベーションを生み出す構造のことです。前節で述べたように、同様の概念にビジネスモデルがありますが、ビジネスモデルは、提供者がいかに売上を拡大し、コストを削減して利益を多く生み出すかの仕組みであるとすれば、サービスモデルは、提供者と利用者がいかに上手く価値共創するかの仕組みです。いかに利用者が、提供者とともに自分の価値を適切に実現し、そこから提供者がいかに新たな知識・スキルを学び、新たなサービスを生み出して、全体としてサービスがいかに持続可能になるかを示すものなのです。

■2 ７つの経営革新と「イノベーションの的」　――――――

　以上で、サービスイノベーションが「どのように起こっているか」を、ニコニコ図のサービスモデルを用いて見てきました。では実際にサービスイノベーションを起こそうとしている企業は、サービスイノベーションを「どのように起こす」のでしょうか。

　企業がサービスイノベーションを起こそうとする時には、闇雲に価値共創のサービスモデル全体を一気に革新しようとするとは思えませんし、それはとても難しい取り組みでしょう。現実的には、サービスイノベーションを効果的に進めていく際に鍵となる、サービスモデルの一部の領域（経営革新）を選別して標的と定め、そこを突破口にして、サービスイノベーションの全体を形づくっていくはずです。本書では、そのようなサービスイノベーションの起点となり、そのサービスイノベーションにとって必要不可欠となる、他にあまり類例のない経営革新を、「イノベーションの的」と呼びます。そして、それは必ず価値共創のサービスモデルの中の一部、または、まとまりのある一部を形成しています。

　ここでは「まとまりのある一部」という表現をしていますが、たとえば、**SC3**の「サービスの利用者は、提供者の価値提案を受けて、自らの事前期待を満たす利用価値共創を提供者と共創する」という利用価値共創は、1つのまとまりのある経営革新の標的になりえます。しかしながら、**SC2**の「サービスの提供者による価値提案は、常に特定の社会経済システムのもとで、特定のコンテキストを束ねて行われる」という「コンテキストの束ね」を単独でイノベーションの標的とするよりも、**SC1**の「サービスの提供者は、特定のコンテンツを特定のチャネルを通じて、利用者に価値提案する」という「コンテンツとチャネルの革新」と1つにまとめて、コンテンツとチャネルとコンテキストで価値提案を行うのを標的とする方が、現実的で合理的であると考えられます。

　本書では、このような考え方にたって、「価値共創のサービスモデル」の10のSCをベースにしてその一部を統合し、図表1-9に示すように、「イノベーションの的」の候補となりうる7つの経営革新としています。**SC1**と**SC2**、**SC4**と**SC5**、**SC8**と**SC9**をそれぞれまとめて1つの経営革新としています。「サービスイノベーションはどのように起きているか」というメカニズムを理解するには、**SC1**から**SC10**が

有効ですが、「どのようにサービスイノベーションを起こすか」とい
う実践に取り組むには、図表1-9にあるＴ（Target）１からＴ７までの、
７つの経営革新のほうが有効だからです。

図表1-9 「イノベーションの的」となる7つの経営革新

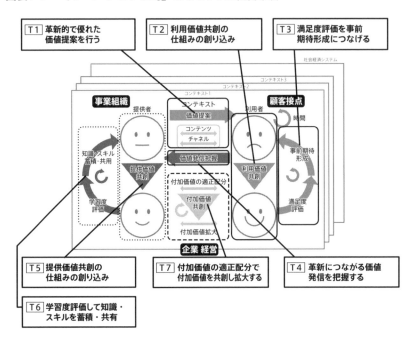

T1	革新的で優れた価値提案を行う	サービスの提供者は、革新的で優れた特定のコンテンツを、特定のチャネルを通じ、特定のコンテキストを束ねて、利用者に価値提案する
T2	利用価値共創の仕組みの創り込み	サービスの提供者の価値提案が利用者の事前期待に出会い、両者の動的な相互関係のもとで、利用価値を効果的に共創する仕組みを創り込む
T3	満足度評価を事前期待形成につなげる	サービスの提供者は、価値共創の結果に対して満足度評価を行い、その結果を次のサービスにむけての利用者の新たな事前期待の形成につなげる
T4	革新につながる価値発信を把握する	サービスの提供者は、顧客接点で利用者が行う多様な価値発信の中から、次の革新につながりそうな価値発信を全力で把握し、提供サイドに伝える

T5	提供価値共創の仕組みの創り込み	サービスの提供者は、価値発信の把握結果と、自らの蓄積する知識・スキルとの動的な相互関係のもとで、提供価値を効果的に共創する仕組みを創り込む
T6	学習度評価して知識・スキルを蓄積・共有	サービスの提供者は、提供価値共創の結果に対して学習度評価を行い、次の価値提案の源泉となる知識・スキルを知識・スキルの蓄積に加えて共有する
T7	付加価値の適正配分で付加価値を共創し拡大する	企業経営における付加価値の適正配分によって、付加価値を共創し、未来への投資を行って、付加価値を拡大させることによって、サービスを持続可能にする

　この「イノベーションの的」となりうる7つの経営革新は、サービスイノベーションを起こそうとするに際して、①顧客接点、②事業組織、③企業経営、というサービスイノベーションの3つの側面の、どの部分に対して、何をすればサービスイノベーションに必要不可欠な突破口になるかを、サービスモデルを7つの領域（T1〜T7）に分けています。1つずつ見ていきましょう。

　T1は、「革新的で優れた価値提案を行う」ことです。ニコニコ図のサービスモデルでは、価値提案SC1とコンテキストSC2が異なった段階として分かれていましたが、経営の実践においては価値提案、SC1とコンテキストSC2は一体的に行われ、サービスの提供者が、革新的で優れた特定のコンテンツを、特定のチャネルを通じ、特定のコンテキストを束ねて、利用者に革新的で優れた価値提案を行うことは、もっとも明快なサービスイノベーションの出発点です。

　T2は、効果的に「利用価値共創の仕組みを創り込む」ことです。価値提案SC1とコンテキストSC2の価値提案が、その時の事前期待に出会って生まれるダイナミックな相互作用が利用価値共創のSC3です。つまり、サービスの提供者の価値提案が利用者の事前期待に出会い、両者のダイナミックな相互作用のもとで、利用価値をできるだけ効果的に共創する仕組みを創り込むことが重要です。

　T3は、「満足度評価を新たな事前期待の形成につなげる」ことです。利用価値共創のSC3の結果に対して満足度評価SC4を行いますが、それは、単に評価を行うためではなく、新たな事前期待を生み出すSC5

ためです。実際の経営においては、満足度評価 **SC4** を事前期待形成 **SC5** につなげることに意味があります。サービスの提供者は、満足度評価を行い、その結果を次のサービスに向けての利用者の事前期待の形成につなげることによって、そのサービスの成長や持続可能性の向上が図られます。

　T4 は、「革新につながる価値発信を把握する」ことです。ニコニコ図は、日本で開発されたサービスモデルですが、その大きな特色は、価値共創は利用サイドの顧客接点だけでなく、供給サイドの事業組織でも起こる（さらに企業経営でも）と考えるところにあります。利用サイドの価値共創を、提供サイドの価値共創につなげるのが、価値発信把握 **SC6** です。サービスの提供者は、利用サイドでの価値共創の過程で利用者が行う多様な価値発信を把握して、その中から次の革新につながりそうな新しい着想・アイデアを事業組織に伝えることによって、新たなサービスイノベーションが具体化していきます。

　T5 は、効果的に「提供価値共創の仕組みを創り込む」です。価値発信把握 **SC6** が、それまでにその組織において形成されている知識・スキルの蓄積 **SC9** に出会って生まれる、ダイナミックな相互作用が提供価値共創 **SC7** です。サービスの提供者は、価値発信の把握の結果として得られる新たな着想と、自らの蓄積する知識・スキルのストックとの動的な相互作用のもとで、次の価値提案につながる提供価値を効果的に共創する仕組みを創り込むことによって、新たなサービスコンセプトを生み出します。

　T6 は、「学習度評価して知識・スキルを蓄積・共有」することです。提供価値共創 **SC7** の結果に対しては、事業組織としての学習度評価 **SC8** が行われますが、それは、サービスの現場での勘と経験から得られた新たな着想・アイデアから直感的に得られたサービスコンセプトが、知識・スキルの新たな蓄積 **SC9** に値する新規性や実現可能性、競争優位性や価値共創性を持ったサービスコンセプトであるかを評価するためです。サービスの提供者は、提供価値共創の結果に対して学習

度評価を行い、次の価値提案の源泉となる知識・スキルを、その組織の知識・スキル蓄積に加えて、全社で共有することが重要です。

T7 は、「付加価値の適正配分によって、付加価値を共創し拡大する」ことです。価値発信把握 SC6 から知識・スキルの蓄積 SC9 へのプロセスで生み出される新しいサービスコンセプトは、マーケットにおいて実際のサービスメニューなどの具体的な価値提案に仕立て上げる必要があります。企業経営における付加価値の適正な配分によって、多様なステークホルダーの間で付加価値を共創 SC10 し、その中で、研究開発やシステム開発、人材開発などの「未来への投資」を適切に組み込むことが必要です。それによって、次の革新的で優れた価値提案を実現させ、付加価値を拡大させてサービスを持続可能にすることができます。これは、売上を利益の最大化につなげればいいというこれまでの企業経営より、高次のステークホルダー経営を意味します。ニコニコ図は、この高次の企業経営を実現することこそが、真の持続的なサービスイノベーションを生み出すことになることを示すものです。

　以上が、「イノベーションの的」の候補となる7つの経営革新です。企業が行うサービスイノベーションは、それが真に革新的で優れたサービスイノベーションである限り、この7つの「イノベーションの的」のどれか1つに突出している「部分的」なものか、複数の経営革新がつながってサービスイノベーションになっている「連結的」なものか、7つの経営革新の全体を有機的につなげた「統合的」な姿か、どれかのパターンになります。

　これらのどのパターンになろうと、その経営革新がなければ、そのサービスイノベーションは起こらなかったであろう、必要不可欠で他にあまり類例を見ない経営革新が、「イノベーションの的」です。

　それが、単独の経営革新だけをねらった「部分的」なものであればわかりやすいのですが、複数の経営革新がからむ「連結的」なサービスイノベーションの場合には、その判別は途端に難しくなります。た

とえば、その「イノベーションの的」が、第2の経営革新である「利用サイドの価値共創の仕組みの創り込み」だからといって、そのサービスイノベーションが、第1の「革新的で優れた価値提案」がないということは考えにくいですし、優れた利用価値共創の仕組みがあれば、第3の「顧客満足評価を新たな事前期待の形成につなげる」にも優れている可能性は高いといえます。第1から第3まで、どの経営革新も起こっているのですが、それらは第2の「利用サイドの価値共創の仕組みの創り込み」がもしなければ起こりえないとした時には、その第2の経営革新が、そのサービスイノベーションの「イノベーションの的」ということになります。そして、それは、第1と第3の経営革新と連結することによって強化されています。

　同じことは、サービスモデル全体を新たに創造してしまう「統合的」なサービスイノベーションである場合も同じです。いかに「統合的」なものであっても、その創造活動には、かならず全体をつなぐきっかけになるものがあります。それが起点になって次々に関連する経営革新を「統合」し、イノベーション全体の持続性を高めることになります。そのような場合に、きっかけとなる起点が、「イノベーションの的」となるのです。

　いよいよ第2章では、日本のサービスイノベーションの最前線を第3回日本サービス大賞の受賞サービスの事例を用いて紹介していきますが、その際にはこの「イノベーションの的」を軸にして見ていきます。第2章では、それぞれのサービスイノベーションの「イノベーションの的」が、なぜ7つの経営革新のうちの、それにあたるのかについて疑問が生まれてくるかもしれませんが、本書では、サービスイノベーションの構想から実装にむけて、螺旋階段をのぼるようにして、理解を深めていきます。「イノベーションの的」については、再度、第3章でふれますので、かまわず第2章から第3章に読み進んでください。

日本のサービスイノベーション最前線

　いよいよ日本のサービスイノベーション最前線の事例について、「イノベーションの的」のタイプごとに見ていきましょう。

　本章では、個々の事例の新規性や競争優位性を見るだけでなく、各事例が全体としてどのような価値共創のサービスモデルになっているかを考えながら読んでいただきたいと思います。本章では、大臣賞受賞組織を中心に17の事例を紹介しています。その中には、グローバル化の検討も不可欠であるため、JETRO理事長賞受賞組織も入れています。

　各事例について、サービスイノベーションの詳細について述べたあとそれぞれの事例の末尾に、ニコニコ図を下敷きにして、その「サービスモデルの特色」をまとめてあります。

　17の事例のうち、部分的な革新の事例として森ビル／チームラボ、連結的な革新の例として徳武産業、統合的な革新の例としてコマツ（徳武産業は、統合的な革新の例でもあります）を取り上げ、価値共創のサービスモデルを掲げましたので、ニコニコ図を参照しながら、それぞれのサービスイノベーションの特色についての理解を深めてください。

※第2章の内容は2020年6月までに行なった調査やヒアリングをもとにしております。文中の役職名は、特に断らないかぎり、第3回日本サービス大賞受賞時（2020年10月）のものであり、文中の写真は、受賞組織から提供を受けたものです。

1

革新的で優れた価値提案

革新的で優れた価値提案を「イノベーションの的」と
する事例として、ここでは、森ビル／チームラボ世界初
で東京にしかない、21世紀の美術館「デジタルアート
ミュージアム」と、長野県の過疎の村である阿智村に輝
く日本一の星空を、エンターテイメントサービスに仕立
てた「天空の楽園　ナイトツアー」を取り上げます。

❶ 森ビル株式会社／チームラボ株式会社

——さまよい、探索し、発見する
共創型「デジタルアート ミュージアム」——

[サービスの概要]————
「Borderless」をコンセプトにアートとテクノロジーが融合し、従来の美術館とは全く異なる、境界のないアートに身体ごと没入する新たな体験の提供を創出している。

===== サービスイノベーションの特色 =====

◇作品はコンピュータプログラムによってリアルタイムで描かれ続け、部屋から出て移動し、他の作品と影響を受け合い、他の作品との境界線がなく、時には混ざり合う。作品は、鑑賞者の存在やふるまいによって変化する。境界のないアートに身体ごと没入し、他者とともに新しい世界を創り、発見していくアート体験を提供するサービスを確立。

◇SNSなどにより来場者の活発な情報発信が行われた結果、来館した訪日外国人の半数以上が「このミュージアムを目当てに東京に来た」と回答しており、東京の新たなグローバルな集客拠点となっている。

◇国内外の顧客がチケットを事前に直接購入したり、混雑を回避したりするよう入館スケジュールを最適化できるなど、顧客管理に関しても優れたIT システムを自社開発。コロナ禍にも柔軟に対応。

■1 訪日外国人にとっての東京の魅力─────────

　UNWTO(国連世界観光機関)によれば、新型コロナウイルス流行前の2019年の日本の国際観光客到着数ランキングは12位、国際観光収入では7位でした。そのうち、訪日外国人は東京都が全国1位であり、2019年には初めて約1,500万人に達しました。一方で、国際観光客の獲得は他国にとっても重要な経済政策の柱であり、東京と世界の主要都市間の国際競争も年々激化しています。

　そもそも訪日外国人は、東京の何に魅力を感じているのでしょうか。もちろん東京には、日本食やアニメ、先進的な技術、サービスなど、外国人から見ても他国にはないさまざまな魅力があるように思います。森記念財団の「世界の都市総合力ランキング」によると、首都・東京には「経済」力をはじめとする数々の強みがある一方で、文化やアートの発信力が課題であることが報告されています。

　東京を拠点とする大手ディベロッパー、森ビル株式会社の創業者、森泰吉郎は、戦争で荒廃した東京の街を見て、「ゆくゆくは焼け跡に、ビルを建てるつもりだ」と語り、1955年に前身となる森不動産を西新橋に設立しました。その後、森ビルは都心で多くの先進的な賃貸オフィスビルを展開しながら、1986年にはアークヒルズ、2003年には六本木ヒルズなど、いくつかの東京のランドマークとなる施設を開業しました。そのような事業を通して、森ビルは、「経済だけで文化のないような都市では世界の人々を惹きつけることができない」と考え、都市づくりに文化やアートを積極的に取り入れてきました。例えば、アークヒルズでは「世界一美しい響き」を掲げるサントリーホールを、六本木ヒルズでは「文化都心」のコンセプトのもと、タワーの最上部に「森美術館」を設置しました。また、さまざまなイベントを通して、東京から世界に向けて、先鋭的な現代アートを発信してきました。しかし、アートに関しては当然、他国にも歴史があり、かつ魅力的な美術館や博物館が多くあります。そのため単に新たに先進的な美術館や美しいビルを建てるだけでは世界には勝てません。東京が国際観光客

を魅了するアートを発信するには、きっと日本らしい何かが必要だったのです。

　アートに関して日本には、以前よりアニメやCG、電子音楽など、テクノロジーを活用したアートを創出する土壌がありました。そのような中、アート集団であるチームラボ株式会社は2001年に、東京大学と東京工業大学の卒業生ら5名によって設立され、当初より、デジタル技術を駆使したアートの制作に、世界に先駆けて取り組んでいました。2011年に台北のカイカイキキギャラリーにて、初めての個展を開催したことが、今の国際的なアートワールドでのアート活動への大きなきっかけとなりました。これまでの常識を大きく超える作品を多数創出することで、広く世界で高い評価を獲得していました。例えば、2014年にチームラボ初の単独アート展「チームラボ 踊る！アート展と、学ぶ！未来の遊園地」を東京で開催し、来場者数47万人を記録して、以降、ニューヨーク、ロンドン、パリ、シンガポール、シリコンバレー、北京、台北、メルボルンなど世界各地で常設展およびアート展を開催してきました。現在、猪子寿之氏が代表を務めるチームラボには、アーティスト、プログラマー、エンジニア、CGアニメーター、数学者、建築家など多様な人材が集まっています。企業として多様な人材を集め、チームでアート作品を制作するという方法は、個人のアーティストが中心だったこれまでのアートの世界にはなかったものです。

❷ 異業種連携による世界初のデジタルミュージアム―――

　東京をアートや文化の力で世界一の都市にしたいと願う森ビルと、デジタルテクノロジーによるアートという新たなアートの様式を生み出したチームラボの出会いは、すぐに大きな化学反応を起こしました。両社は2013年頃より、街を舞台にしたアートイベント「六本木アートナイト」や「Media Ambition Tokyo」などでコラボレーションを重ねてきました。そのような過程を経て、「2020年、そしてその先の未来に向けて、日本発、かつ、最先端の『文化』『アート』で世界をあっ

と驚かせたい」という思
いが合致し、デジタルテ
クノロジーによるアート
を対象とした世界初の
ミュージアムの構想が生
まれました。そして彼ら
が、これまでにない全く
新しいミュージアムの開

設場所として選んだのは、東京五輪やインバウンドの中心地として注
目を浴びていた湾岸エリア（お台場）でした。その後、ディベロッパー
とアート集団という人材も企業文化も違う2社が議論を重ね、2018年
6月、ついに「森ビル デジタルアート ミュージアム：エプソン チー
ムラボボーダレス」の開業が実現しました。

　このミュージアムは、面積1万㎡という圧倒的な規模を誇り、境界
なく連続する1つの世界をテーマにした「Borderless World」、複雑
で立体的な空間で、身体で世界をとらえ、世界を立体的に考える「運
動の森」、ランプの光が音色を響かせながら伝播していく「ランプの
森」など、5つの世界で構成されています。真っ暗な館内には順路が
存在せず、鑑賞者は身体を使って広大な空間をさまよいながら探索し、
作品を発見し、館内にいる他者とともにその日、その場でしか体験で
きないアートを堪能します。

　全体を貫くコンセプト、"Borderless"には「作品と作品」「作品と鑑
賞者」「自己と他者」すべての境界を曖昧にしていくという意味が込
められています。境界のないアートは、部屋から出て通路を移動しは
じめ、他の作品とコミュニケーションし、他の作品との境界がなく、
時には混ざり合います。また、作品と鑑賞者との間にも境界はなく、
人々は作品の中に没入します。さらには、他者の存在でアートが変化
したとき、他者もアートの一部になり、その場に居合わせた人々だけ
が見ることのできるアートが生み出されていきます。

筆者がこのミュージアムを体験させて頂いた際、案内いただいたチームラボのメンバーからこのコンセプトをお聞きしたとき、ふと「自他非分離」[15]という日本的、東洋的な概念に通じるものを感じました。これは、「場の研究所」所長の清水博の「場と共創」の中心的概念であり、自己と他者との境界があいまいな状況(場)をあえてつくり出すことによって、新しい知識や意味が自然に創出されることを意味しており、自己と他者、あるいは自己と世界を分離して考えることを基本としてきた西洋哲学とは一線を画す概念です。デジタルアートという現代的な手法ながら、このアートには日本的な発想の源流が流れているのだろうと思うと、何かそこに込められたアーティストの思いを感じることができました。例えば、『地形の記憶』の作品には、悠久な里山の景色が広がり、春には桜や菜の花の間をツバメが飛び回り、夏には青々とした稲にホタル、秋には頭を垂れる黄金色の稲穂と赤とんぼ、そして冬には椿に雪が現れます。このような作品は、日本人にはどこか懐かしい風景、外国人には異国の原風景を身体で感じることができるすばらしい体験になるでしょう。

3 さまよい、探索し、発見する21世紀型美術館

　このミュージアムの最大の特徴は、最先端テクノロジーを活用し、従来の美術館とは全く異なる、「身体ごと作品に没入する」体験を提供する点です。館内の作品は500台を超えるコンピュータとほぼ同数

の高精細プロジェクタ、無数のセンサーによって管理され、人が作品を触ったり、館内で飛び跳ねたりすると、その動きを察知したコンピュータアルゴリズムによって作品が次から次へと変化し

ます。また、高度な作品を実現するため、セイコーエプソン社はさまざまな種類の最新のプロジェクタを開発、提供しています。このような圧倒的な価値提案が、本サービスの「イノベーションの的」となっています。

　次に、ミュージアムの体験方法も、これまでに例を見ないものです。「作品と作品」「作品と鑑賞者」「自己と他者」の境界を曖昧にすることで、順路のない館内をさまよいながら自由に歩き回り、人々の存在によって変化する境界のない作品群に身体ごと没入する体験を実現しました。来訪者の動きや作品へのタッチによって、作品自体が動的に変化するため、インタラクションそのものが作品の一部となっています。このような仕組みは、国籍、性別、年齢を問わず、誰もが楽しめ、かつ、毎回全く違う体験を提供するため、何度来ても異なる体験や作品が楽しめる仕組みになっています。

4 東京に唯一無二のデスティネーション

　驚くべきことに、このミュージアムは開業初年度にも関わらず、年間で世界160以上の国と地域から約230万人が来場し、うち約半数が訪日外国人でした。この数字がいかに大変な数字であるかは、18世紀末から世界を代表する美術館として営々と活動してきたルーブル美術館の年間来場者数が740万人であり、20世紀を代表する美術館といわれるMOMA（ニューヨーク近代美術館）が300万人であることをみてもわかります。19世紀を代表するルーブルの3分の1、20世紀を代表するMOMAに近い来場者数を、開館してたった1年で達成したのです。

　このような成功の最大の要因の1つに来訪者の世界中でのSNSの発信があります。館内の作品はすべてが撮影可能であり、「ここでしかできない体験」を来館者がSNSなどに投稿することで、瞬く間に世界中に拡散していきました。また国内外のさまざまな著名人やセレブリティも多数来館し、自発的にSNSに投稿したことも大きな要因でした。そのような口コミは世界中のメディアも動かし、2019年には第37回

日経優秀製品・サービス賞(日本)、TIME誌「世界で最も素晴らしい場所 2019年度版」(米国)、世界の最も優れた文化施設に贈られる第25回ティア・アワード(米国)の優秀功績賞など世界からさまざまな賞を受賞しました。また、非常に興味深いことに、同館の来館者アンケートでは、訪日外国人の半数以上が、「この施設を目当てに東京に来た」と回答したそうです。つまり、このミュージアムは旅のデスティネーション(目的地)になったのです。国際観光客の獲得という都市レベルの競争において、アートに関して唯一無二のデスティネーションがあることは、日本全体にとっても大きな意味があるでしょう。

5 デジタルアート ミュージアムの
事業的成果と社会的貢献 ─────────────

　さらに、このミュージアムの成功は、自社の輝かしい集客実績とともに、お台場を含む臨海エリアへの来訪者増加にも寄与しました。最寄り駅である新交通ゆりかもめ「青海」駅の乗降者数は前年比で約1.5倍、隣接する商業施設「ヴィーナスフォート」の入館者数は約1.2倍に上昇したそうです。このような成果はディベロッパーである森ビルが目指してきた「都市を創り、都市を育む」ことにもつながっています。

　最後に、今後のミュージアムの展開として、「デジタル空間を用いた新たな教育作品」の開発についても言及されていました。すでに作品の中にも、子どもが作品のモチーフをつくったり、物を移動させたり、自分が関与することによって、世界が動的に変化する体験を提供できるようなものがあります。例えば、運動の森という空間は、複雑で立体的な「創造的運動空間」で、子どもが遊びながら作品や他の人ともインタラクティブに、空間認識能力を高めることができます。デジタル技術によって、非日常的な空間表現を体験できることは、新しいアートであるとともに、新たな学習になる可能性も持っています。

　そのような技法を用いて、今後、現実世界では想像できないような、新たな空間認識能力を学習することができないか、と語ってくれまし

た。最新のテクノロジーを用いたアートは今後、教育コンテンツとしても発展していくかもしれません。そして、また次のアーティストや技術者が生まれていくことが期待されます。

森ビル／チームラボのサービスモデルの特色

　このサービスイノベーションの最大の特色は、21世紀を代表することになるかもしれない全く新しい美術館「森ビルデジタルアートミュージアム：エプソン　チームラボボーダレス」という革新的で優れた価値提案を世界に向けて行なったことであり、それが「イノベーションの的」となっています。そのイノベーションは、改善や改革ではありえず、まさにこれまでどこにもなかったものを生み出した創造活動です。

　その提供者による価値提案は、利用者との密接な相互作用を前提としていて、利用者はミュージアムの利用を通じ、その場、その時、その人だけの、一度として同じもののないデジタルアート体験ができるようになっており、価値提案が、利用サイドの価値共創の仕組みを一体として組み込んでいる優れたものになっています。

　その結果として、利用者が高い満足を感じているのは、開館から1年間で国内外から約230万人の入場者を記録したことから明らかですが、その体験は、最初から撮影自由、SNSでの拡散自由というSNS時代に適合する仕組みによって強化され、世界中に伝達され膨大な口コミと高いロイヤリティを生み出したことは、訪日外国人の半分が、ここを目当てに東京を訪問したと答えていることからも明らかです。

　サービスイノベーションは、顧客接点でのサービスの革新だけではなく、それが事業組織の革新活動につながり、さらに企業全体としての付加価値共創につながることによって、持続的なサービスイノベーションのサイクルをつくり出していきますが、この

森ビルとチームラボの協働による「森ビルデジタルアートミュージアム：エプソン チームラボボーダレス」というサービスイノベーションは、サービスモデルとしては、顧客接点でのサービス革新に特化している、という特色をもっています。

　もともとチームラボは、デジタルテクノロジーによるアート分野で創造活動を行なっているアート集団です。このミュージアムもその創作活動の一環であり、おそらくその事業組織の革新、企業活動全体の革新を生み出す独自のサービスイノベーションの仕組みの体系を持っているものと思われます。また、それは森ビルにとっても同様で、ラフォーレ原宿、アークヒルズ、六本木ヒルズ、虎ノ門ヒルズなどによって、常に東京という国際都市の革新に取り組んできており、ほぼすべての活動が、創造活動となっています。つまり、両社とも、サービスイノベーション自体が仕事という特性を持っていることになります。

　この「森ビルデジタルアートミュージアム：エプソン チームラボボーダレス」というサービスイノベーションは、まさにこのディベロッパーとしての森ビルと、アート集団としてのチームラボの異業種間連携が実現したことによって、目覚ましい価値共創が行われた結果であるといえます。森ビル／チームラボのサービスモデルをニコニコ図に描いたものが図表2-1です。

　このサービスイノベーションは、大成功を実現した翌年、新型コロナ危機に直面することになりました。来場者の半分を占めていた海外からの来場者は、残念ながら期待できない状況となりましたが、新型コロナ危機に対していち早く、入場者を時間帯別に制限するチケッティングシステムを開発し、三密回避をしながら運営するという仕組みを構築。日本国内からの入場者を受け入れる体制を整備して持続可能性を追求しています。

　この顧客接点でのサービスイノベーションにおいて、間違いなく大きな成功を収めたサービスモデルが、森ビルとチームラボと

いう活動分野や事業形態の全く異なった組織の間の事業組織レベル、企業経営レベルで今後、また新たなサービスイノベーションを推進していくかどうかは、興味深い点です。

図表2-1 森ビル／チームラボのサービスモデルと「イノベーションの的」

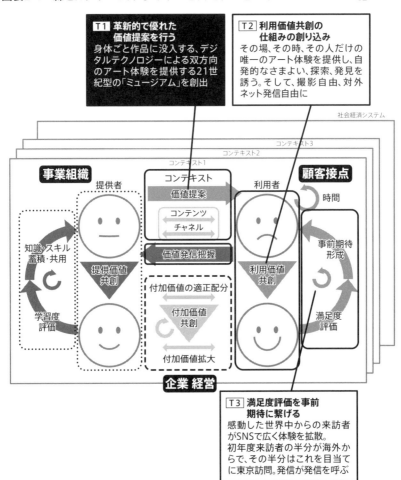

T1 革新的で優れた価値提案を行う
身体ごと作品に没入する、デジタルテクノロジーによる双方向のアート体験を提供する21世紀型の「ミュージアム」を創出

T2 利用価値共創の仕組みの創り込み
その場、その時、その人だけの唯一のアート体験を提供し、自発的なさまよい、探索、発見を誘う。そして、撮影自由、対外ネット発信自由に

社会経済システム

コンテキスト3
コンテキスト2
コンテキスト1

事業組織

提供者

顧客接点

コンテキスト

価値提案

コンテンツ
チャネル

価値発信把握

利用者

時間

知識・スキル
蓄積・共用

提供価値
共創

事前期待
形成

学習度
評価

付加価値の適正配分

付加価値
共創

利用価値
共創

満足度
評価

付加価値拡大

企業 経営

T3 満足度評価を事前期待に繋げる
感動した世界中からの来訪者がSNSで広く体験を拡散。初年度来訪者の半分が海外からで、その半分はこれを目当てに東京訪問。発信が発信を呼ぶ

❷ スタービレッジ阿智誘客促進協議会 ——

——日本一の星空 長野県阿智村 「天空の楽園 ナイトツアー」——

[サービスの概要] ———

人口約6,500人の阿智村で、「満天の星」をテーマにしたロマンチック体験を提供するサービスを展開。「星の観察に適していた場所　日本一」に選ばれた実績を「日本一の星空」として地域観光に活かす。民間主導でスキー場山頂での「感動体験ができる星空ツアー」を核にした観光イベントを通年で提供している。

サービスイノベーションの特色

◇解説型の天体観測でなく、ゴンドラ乗車前から山頂での星空観賞・エンターテイメントまで、参加者が徹底的に感動体験を味わえるサービスを提供。

◇首都圏・大都市から、村の人口の25倍に相当する年間16万人もの観光客を呼び込んでおり、そのうち10～20代の若者が4割を占める。

◇星をテーマに他に例のないさまざまな観光資源開発を行い、山頂だけではなく村全体が「日本一の星空の村」として盛り上がり、村外のパートナーとの連携も活発に行い、地域の雇用増や交流人口増を実現している。

■1 地域全体が衰退の危機に直面 ─────────────

　阿智村は、長野県南信州にある人口6,500人の小さな村です。村内にある昼神温泉には、かつて中京圏から中高年齢層を中心に多くの観光客が訪れていましたが、2005年の愛知万博の頃をピークに客数も減少していきました。それにともなって村の人口も減少傾向にありました。村内には高校までしかなく、大学や専門学校に進学すると若者は必ず村から出て行くことになり、2015年国勢調査での高齢化率（全体に占める65歳以上人口の割合）も34％に達していました。

　それでも多くの村民は、他の温泉地と比べればまだ大丈夫だと考えていましたが、「こんな小さな村の温泉地なのだから、いつお客さんが来なくなるとも限らない」「このままだと、村の存続も危うくなるのでは」と、何人かの有志が強い危機感を持って生き残りに向けた活動をはじめました。まずは阿智村にとって重要な存在である昼神温泉の集客を行い、ひいては村の活性化につながる新しい取り組みができないか、中高年を中心とした観光客ではなく、さまざまな世代、特に流行の発信源となる20～30代の若者に足を運んでもらえる価値のある村にできないかと、熱の入った検討が繰り広げられました。

■2 「星空のエンターテイメント」サービスの開発 ─────

　阿智村には数多くの地域資源があるとはいえ、特に若者の旅の目的や感動体験になり得る資源は何かと検討を重ねていた中、スキー場のスタッフが営業後に密かに星空を楽しんでいるという話が共有されました。そのエピソードがヒントとなり、"満天の星"を魅力ある観光資源として、20～30代のカップルがロマンチックな時間を過ごせるコンテンツを提供できないかと、「天空の楽園　ナイトツアー」のアイデアが生まれました。

　従来の天体観測は、天文学の専門家が知識の伝達を行うものがほとんどですが、阿智村でのサービスは、訪問客に「星空のエンターテイメント」という価値を提案し、顧客が感動体験を実感できるものとなっ

ています（図表2-2）。スタービレッジ阿智誘客促進協議会（会長：熊谷秀樹阿智村長）の副会長で、観光地域づくり法人（DMO）である株式会社阿智昼神観光局の社長も務める白澤裕次氏は、「ナイトツアー事業を開始する1カ月前に100人程度で先行実施をしてみたら、参加者の満足度がスキー客やグリーンシーズンのそれとは桁違いでした。感動し、泣かれたりするお客様もいらっしゃって、これこそが必要とされているものであると、お客様の反応を見て確信しました」と語っています。

2006年に環境省の全国星空継続観察で星空の観察に適した場所・第1位に選ばれていたことも、星空を中心としたサービス展開の後押しとなりました。スキー場の山頂で繰り広げられるナイトツアーが阿智村での感動体験の中核ですが、山頂だけではなく、ゴンドラに乗車する前からイベント後に帰るまで、トータルで星を通じた感動やエンターテイメントを訪れた観光客に楽しんでもらえるように村をあげて取り組んでいます。また、サービスをよりよいものにすべく、定期的なアンケートの実施をはじめ、スタッフがイベントの現場や、観光拠点「ACHI BASE」のバーカウンターで生の声を聞くなどして顧客ニーズをくみ取りつつ、「日本一の星空の村」として村役場、村内事業者、村民らが協力し、村全体でのサービスイノベーションを進めています。

図表2-2　従来の天体観測と、阿智村でのサービスの違い

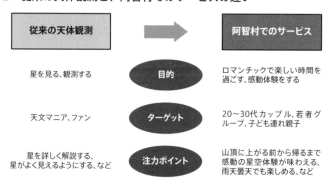

従来の天体観測		阿智村でのサービス
星を見る、観測する	目的	ロマンチックで楽しい時間を過ごす、感動体験をする
天文マニア、ファン	ターゲット	20〜30代カップル、若者グループ、子ども連れ親子
星を詳しく解説する、星がよく見えるようにする、など	注力ポイント	山頂に上がる前から帰るまで感動の星空体験が味わえる、雨天曇天でも楽しめる、など

出所：執筆者にて作成

3 顧客に感動体験を提供する
「天空の楽園　ナイトツアー」

　阿智村観光の最大の売りである「天空の楽園　ナイトツアー」は、訪問客に対して徹底的に「感動体験ができる星空のエンターテイメント」を価値提案するものとなっています。山頂に上がる前から、プロジェクションマッピングや宇宙船内を彷彿とさせるゴンドラ乗り場で星空体験を演出し、ゴンドラ乗車時間中も外の景色を見ながら楽しめるだけでなく、小さなモニターで星の神話や星にまつわるエピソードを紹介して星空への期待感を高めるなどの趣向を凝らしています。

　山頂では、顧客の多様なニーズに合わせ、星空観賞のエリアを3つに分けています。子どもに星座を見せたい親子には、スターガイド(星を案内するスタッフ)が季節ごとの星座をレーザー光線も駆使しながら紹介する「STAR GUIDE AREA」が用意されています。スターガイドが使うレーザー光線は2キロメートル先まで指し示すことができる特別仕様のもので、そのレーザー光線を見るだけでも顧客は歓声を上げるほど感動します。また、ロマンチックな体験を得たい20～30代カップル向けには、広い芝生の会場で映像と音楽が奏でる「ENTERTAINMENT AREA」を、静かに星空を見たい星空マニアや若者グループ向けには、リクライニングチェアやソファに座ってゆっくり星空を眺められる「HEALING AREA」を、それぞれ訪れた顧客のコンテキストに合わせて用意しています。

　山頂では他にも、「星空のエンターテイメントを感動体験できる場所」というブランドイメージを高めるために、星空にまつわるライブイベントや星空の映画祭など、50件以上のイベントをこれまで実施しています。ナイトツアーやイベント後は必ず、ゴンドラ乗車の列ができるため、帰り道にプロジェクションマッピングで映像を提供、待ち時間のイライラを軽減するとともに、体験した星空を思い出しながら余韻を味わってもらえるような工夫もしています。

　雨天や曇天など星が見えない場合や、晴天でも満月期の月の明るさ

で星が見えづらい場合でも、プロジェクションマッピングや音楽による演出で顧客に楽しんでもらえるようにしています。そもそもチケットの販売開始を2週間前に設定し、天気予報を見たうえで申し込みができるようにしており、昼神温泉の宿泊客は当日キャンセルも可能です。

2019年以降、ナイトツアーを含めたイベントチケットはすべて事前予約制とし、しかも価格変動制(ダイナミックプライシング)を導入することで、イベントへの適正参加者数を管理するようにしました。これにより、混雑しすぎて参加者の満足度が下がってしまうことを回避し、併せて道路渋滞などで地域住民に迷惑がかからないような配慮もなされています。

4 「日本一の星空の村」というブランディング ─────

学術的な星の観測を行なっている場所は国内にも数多く存在しますが、星空を観光資源として、通年でイベントを開催し、観光誘客を実現できているのは阿智村だけでしょう。「星空のエンターテイメント」という従来にはなかった感動体験を価値提案しているという点が、全く新しいサービスイノベーションの起点となっています。

ナイトツアーを中核として阿智村では、数々の星空事業を生み出しています。星に関連したさまざまなお土産を村内の生産加工業者と連携して開発するのはもちろん、村内に星をデザインした郵便ポストを配置したり、蓄光石を埋め込んだ「星の道」を整備したりして、「日本一の星空の村」を演出しています。星空を一緒に観たカップルが、星のデザインの婚姻届を村役場でもらうこともできます。このように、ナイトツアーだけでなく、阿智村全体として存分に星を楽しむことができる環境が次々と整えられています。

村内のみならず、村外企業とのタイアップ事業も阿智村でのサービスイノベーションに好循環をもたらしています。星のブランドづくりを一緒に展開してくれる企業に協議会から働きかけ、「マーケティン

グパートナー」として契約、その数は約50社にのぼります。これらの
マーケティングパートナー企業と連携・協力することで、阿智村だけ
では実現できなかったであろうさまざまな事業が展開されています。
ナイトツアーがまだそれほど有名ではなかった頃は、共同プロモー
ションを実施することで阿智村の認知度アップに貢献することや、満
天の星が見える阿智村での環境保護活動を協力して実施するなど、
マーケティングパートナー企業との協働は新たな施策を定期的に検
討・推進する原動力となっています。

5 スタービレッジ阿智誘客促進協議会の 事業的成果と社会的貢献

「天空の楽園　ナイトツアー」事業の成功は、ツアー参加者数の急増
にみることができます。事業を開始した2012年度の参加者は6,535人
でしたが、2018年度には140,018人にまで増加しました（2019年度は台風
19号被害、2020年度は新型コロナの影響で参加者数は減少）。ツアー以外も
含めた「星空事業」全体の集客数は、2018年度164,581人、2019年度
159,189人となっています。

　予約者データでは、ナイトツアー参加者全体の約4割を10～20代
が占めるなど、若者の参加者が多く、星空事業参加者数のうち約5割
の8万人が昼神温泉に宿泊しています。この数字は昼神温泉の年間宿
泊者数35万人の2割に達しており、地元経済に大きなプラスの影響を
及ぼしているといえます。

　社会的な成果としては、何よりも地域全体に経済効果がもたらされ
ていることです。村内観光地利用者数は2012年に124万人だったもの
が、2018年には135万人に増え、宿泊施設や商店などにプラスの影響
を与えています。併せて、阿智昼神観光局だけでも20名の雇用が生ま
れており、特に20代の若者が6名もいるなど、若者の人口流出の歯止
めにも貢献しています。

　経済効果だけではなく、阿智村の人々が自信と誇りを持てるように

もなりました。多くの観光客が村を訪れて喜んでくれることに加え、「日本一の星空」という商標を2年かけて取得し、外部からの評価を確固たるものとしたことも奏功したと思われます。

　なお、新型コロナ危機に際して、2020年4～5月の緊急事態宣言中にナイトツアーをはじめとするイベントはすべて中止とせざるを得なくなりました。それでも、村の全世帯にステイホームを促すため、「昼神温泉入浴剤」を配布したり、昼神温泉に行きたいが来られない人向けにキャンペーンを実施し、温泉入浴剤や双眼鏡、日食サングラスなどを当選者にプレゼントしたりするなど、村の人々と顧客両方への配慮を忘れていません。2020年の緊急事態宣言が解除された期間に、長野県民限定で昼神温泉宿泊キャンペーンを実施し、7,500人分のチケットがすぐに完売になるなど、阿智村の日本一の星空の人気は高く、コロナ収束後への期待が高まっています。

スタービレッジのサービスモデルの特色

　長野県阿智村の「天空の楽園　ナイトツアー」のサービスイノベーションの「イノベーションの的」は、何といっても人口6,500人の普通の温泉しかない過疎の村が、過疎であるがゆえに持っていた「星空の観察に適している場所」という美点に傾注し、解説型でなくエンターテイメント型で、天文マニアや星空ファンだけでなく、20～30代のカップル、子ども連れファミリー、若者グループなどの求めるコンテキストにもていねいに対応して、曇天、雨天でも通年型で楽しめるナイトツアープログラムという価値提案を生み出したことです。

　このサービスイノベーションでは、その顧客接点での価値提案にとどまらず、スタービレッジ阿智誘客促進協議会という形での事業組織の革新活動を維持し、村全体でこのプログラムに取り組むことで、サービスモデル全体の持続可能性を高めようとする仕組みづくりが行われています。

このプログラムでは、山頂に登る前からのプロジェクション
マッピングや、ゴンドラ内でのモニターでの星にまつわる神話や
音楽の提供など、利用者に積極的に働きかけて、他では味わえな
い星空体験を生み出す仕組みがあります。また、山頂では利用者
の星空への期待のタイプに応じて異なった楽しみ方ができるよう
にし、帰る時まで余韻を楽しめるような工夫が凝らされていて、
利用者の事前期待と提供者の価値提案が濃密なやり取りをする仕
組みが創り込まれています。

　その結果は、定期的なアンケートを行なって温泉の旅館なども
含めて、村全体で共有する仕組みになっています。提供サイドだ
けでなく、利用者にとってもモチベーションを上げるもとになっ
ているのが、2年間かけて取ったという「日本一の星空」という
商標で、文字通り「日本一の星空ツアー」に参加したという経験
を強化し、口コミやロイヤリティの形成を通じて、さらなる事前
期待の形成に寄与するものとなっています。

　顧客接点での利用者からの発信については、村役場、村内事業
者、村民を結びつける組織的枠組みになっている、スタービレッ
ジ阿智誘客促進協議会のスタッフがイベントの現場や施設のバー
カウンターに立つなどして、積極的な把握に務めています。これ
が活かされてすでにライブや映画祭など、50以上の新たなイベン
トを生み出し、「改善」活動を淀みのないものにしています。

　このような提供サイドの価値共創を活発にするうえで重要な役
割を果たしているのが、旅行会社、出版社、メディア、通信会社、
メーカーなど、多様な村外の企業とのマーケティングパートナー
契約です。これらの企業には、協議会が積極的にアプローチをし
て、すでに50社以上の実績があり、さまざまな共同プロモーショ
ン事業を生み出し、集客・誘客を行なっています。また、パート
ナー企業に対しても、環境保護活動に積極的な企業としてのブラ
ンド形成に寄与しています。

　この村外企業とのマーケティングパートナー契約の仕組みは、ともすれば視野が狭くなりやすい過疎の村の事業をオープンに外部の目にさらすことによる学習度評価の手段ともなっています。

　そして、これらの取り組みは、星のポスト、蓄光石を使った星の道、星の婚姻証明書などの行政サイドの協力や、多様な星グッズの開発といった事業者の協力を生み出しています。また、ツアー客の半分近くが宿泊する昼神温泉とは、ナイトツアーに合わせた宿泊プランで協力し合う関係になっており、村民にも交通渋滞などで迷惑にならないようにチケットの事前予約制やダイナミックプライシングを導入するなど、村全体でこのツアープログラムを盛り上げていく取り組みとなっています。

　このように、「天空の楽園　ナイトツアー」という、革新的で優れた価値提案を持続可能なものとするため、提供サイドの価値共創につなぐ取り組みも行われ、協議会という組織形態ながら、サービスモデルのすみずみまでをつないで限られた資源の価値を高めていこうとする自発的な改善努力が続けられています。

2

利用サイドの価値共創の仕組みの創り込み

「イノベーションの的」が利用サイドの価値共創の仕組みの創り込みである事例として建設土木業界のデジタル革新のプラットフォームを提供するコマツと、デジタルマニュファクチャリングで部品調達を一新したミスミのmeviyの事例を取り上げます。

　両者とも製造業のサービス化の模範事例であり、デジタルプラットフォームとしての特性を持っていますが、いわゆるGAFA型ではなく、日本発のグローバルなデジタルプラットフォームとなる可能性を秘めたサービスです。

　さらに、働きたい主婦に働きやすいパートの求人を紹介するしゅふJOBパート（現しゅふJOB）と、日本初で最大級の社会貢献型のフードシェアリング・プラットフォームを立ち上げたクラダシの２つの事例を取り上げます。これらは、いずれもネット社会を前提とするデジタルプラットフォームであることで共通しています。

❶ コマツ

──土木建設サービス全体のデジタル業態革新
「スマートコンストラクション」──

[サービスの概要]

「安全で生産性の高いスマートでクリーンな未来の現場」実現のため、建設現場の測量、施工、検査などのプロセス全体をデジタルでつなぐ。実際の現場とデジタルの現場を同期させ、施工の最適化を実現するソリューション。デジタルデータはプラットフォームで一元管理。土木建設サービス全体のデジタルトランスフォーメーション(DX)を目指す。

━━━ サービスイノベーションの特色 ━━━

◇建設機械の販売だけでなく、3D地形データ、ドローン、ICT建機などを活用し、測量から完成検査までの全工程をサービスの対象とし、圧倒的な安全性・生産性向上を実現する。世界に類を見ない日本発のサービスを提供し、土木建設工事の業態を根本から革新しつつある。

◇先端的建機・サービスの提供だけに留まることなく、従来型建機を廉価にICT建機化するレトロフィットキットを販売し、業界全体のDXの底上げを図り、労働力不足に対応するためのサービスを提供している。

◇2020年よりグローバル展開も開始。日本発の建設現場のプラットフォームとしての普及が期待される。

■1 建設業の生産性向上と人手不足が喫緊の課題─────

　コマツは、1921年創業の建設・鉱山機械のメーカーで、建設機械の日本でのシェアは１位、世界でもアメリカ・キャタピラー社に次いで２位の大企業です。数々の建設・鉱山機械を顧客である建設業に販売してきましたが、その建設業が深刻な状況に陥りつつあります。

　わが国の建設投資額は、1992年度の84兆円から2010年度には42兆円まで落ち込みましたが、その後増加に転じ、2019年度には65兆円まで回復しています。ところが、建設業の就業者数はピークであった1997年の685万人から一貫して減少を続けており、2019年には499万人へと約７割の水準にまで落ち込んでいます。特に"工事現場の職人さん"としてイメージされるような「建設技能労働者」の数は1997年の464万人から、2019年には324万人にまで減少し、2025年には130万人の労働力不足に至る懸念が指摘されています。

　労働力不足は建設業に限らず、全産業の課題となっており、これを解消するためには、労働者一人当たりの生産性を抜本的に向上させていく必要があります。しかしながら、建設業の場合、全国47万社超の事業者のうち９割以上が、年商規模６億円未満、社員10名以下の小規模企業となっているため、事業者側で抜本的な生産性向上を図ることは極めて困難な状況だといえます。

　元々、コマツはICTを活用して土木建設の現場を可視化するサービス「Komtrax」（Komatsu Machine Tracking System：コムトラックス）を2001年より自社の建設機械に標準装備し、自社にとっての保守サービスを高度化するだけではなく、盗難防止や稼働管理など幅広い便益を顧客に提供してきました。さらに、建設業の生産性を高めるべく、2013年には３次元（3D）設計データの設計値を入力すると、マシンコントロールによってそのデータ通りに施工するICT建機（ICT機能を搭載した建機）を世界に先駆けて市場に投入しました。ただし、ICT建機による業務効率化は、施工中のプロセスには一定の効果がありましたが、施工以外のさまざまな工程がボトルネックとなり、土木建設工事全体

の生産性にはほとんど変化がありませんでした。

❷ 工事全体の生産性を向上させる 「スマートコンストラクション」の開発 ─────

このような課題を解決するために、2015年からコマツが提案しはじめたのが「スマートコンストラクション」です。土木建設工事には、調査測量・設計・施工・検査などの多様な工程がありますが、工事の現場に必要なあらゆる情報をデジタル化し、一連の建設工程全体を3D化されたデータで統合・可視化することで「工事全体の生産性」を飛躍的に向上させるサービスです。

スマートコンストラクションでは、まずドローンによる測量で施工前の地形を3Dデータ化します。併せて、2次元（2D）の施工完成図面（紙ベース）から3D設計データ（3D-CADデータ）を作成します。次に、3D設計データをICT建機にインプットして、マシンコントロールでそのデータ通りに施工を実施するとともに、作業の進捗情報を刻々と送信します。その情報を受けて、利用者はスマートコンストラクションアプリで施工の進捗状況を確認することができます。施工のボトルネックになりがちなのが、ダンプトラックによる土の搬出・搬入ですが、ここも専用システム（スマートコンストラクション フリート）で見える化・最適化します。ICT機能非搭載の建機や人による作業などICT建機以外の作業も含め、毎日手軽にドローンで地形を把握して3Dデータ化できるシステム（スマートコンストラクション ドローン／スマートコンストラクション エッジ）を活用し、進捗状況をより正確に確認することもできます。施工完了後、現場の地形をドローンで3D測量し、点群データを作成し、設計データと重ね合わせることで完成検査も実施可能となります。これまで完成検査に必要であった、膨大な枚数の写真確認や現場確認が不要となり、大幅な業務効率化が実現するというものです（図表2-3）。

「建設業では、入札前の積算などの計算ソフトはたくさんありますが、

工程全体がつながっているソフトウェアは存在しません。特に施工中のソフトウェアは全くなく、現場で起きていることを、目で見て、耳で聞き、頭で考えて、口で報告することが続いてきていました」と、スマートコンストラクション推進本部本部長の四家千佳史執行役員は語っています。その現場でやりとりされる情報をデータでつなぐことが重要で、最初に正確な設計・積算ができていれば落札後は何もしなくてよいはず、という問題意識を新しいソリューションとして形にしたものでした。

図表2-3　スマートコンストラクションでの新たな取り組み

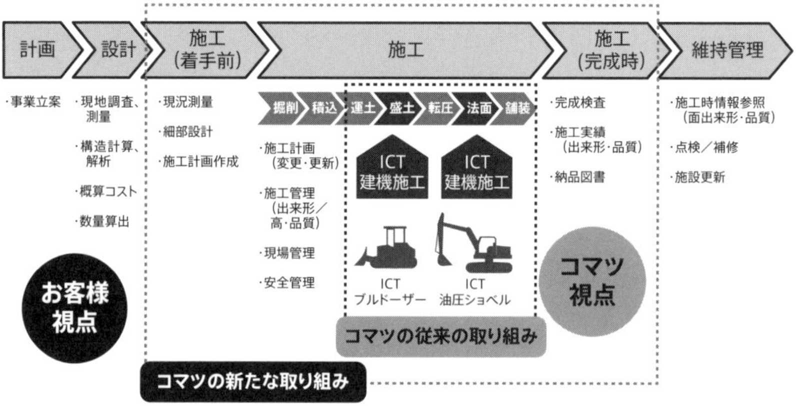

出所：コマツ資料より作成

❸ サービスイノベーションが継続する
　顧客接点と学習の仕組み ――――――――――――――

　スマートコンストラクションが秀逸であるのは、ICT建機やドローン、3次元CADなどの最先端技術を高度に組み合わせた自動化サービスであるからというだけではありません。顧客である建設業に対して優れた価値提案を行い、顧客との間で継続的に価値共創を行う仕組みを用意していることも見逃せません。

　コマツは、全国10カ所に「コマツIoTセンタ」を設置し、そこでセミナーを開催したり、ドローンやICT建機のデモ・試乗などを行なったりして、スマートコンストラクションを体験できるようにしています。また、このサービスの技術的側面を熟知した「スマートコンストラクション・コンサルタント」を300名以上、独自の研修制度で養成して全国に配置し、顧客と一緒に課題を解決していく体制を構築しています。さらに、現場での急な設計変更や困りごとに対応できるよう「スマートコンストラクション・サポートセンタ」を設置し、現場で稼働する建機の操作画面をスタッフが同時に遠隔画面で閲覧しながら、離れた場所にいても効果的なアドバイスができるようになっています。導入前から導入後まで、この3つの仕組みを通じて顧客との接点を確保し、価値共創を実現できるようになっているのです。

　なお、スマートコンストラクション・コンサルタントのもとに集められる数々の情報は、集約されて毎週、経営層にフィードバックされます。全国で展開されている多様な土木建設工事現場で顧客との共創作業に参画しているコンサルタントほど、顧客の満足や不満に対して敏感で、深い理解ができている人材はいません。顧客の不満を的確に察知して、いち早く改善や改革につなげる最適な仕組みをつくり上げています。

　さらに、顧客からの多様な疑問・質問やクレームの中に、従来のソリューションでは対応できない新しい課題が識別されると、スマートコンストラクション・サポートセンタに隣接して活動している研究開発部隊が、新たなチューニングや新規のシステム開発を検討し、実装していきます。そして、その新しい機能やソリューションが標準化され、コマツIoTセンタでの体験メニューとなり、スマートコンストラクション・コンサルタントの研修や認定制度に組み込まれていきます。

　このように、スマートコンストラクションのサービスは顧客との共創を通じて、絶え間ないイノベーションを続けてきているのです。

4 スマートコンストラクションの効果を
さらに広げるための方策 ─────────

　優れた価値提案を行なうスマートコンストラクションですが、それを実現するにはやはり、ICT建機の導入が欠かせません。ところが、日本全国に30万台ある建機全体に占めるICT建機のシェアはわずか２％に過ぎません。しかも新品のICT建機は1台2,000 〜 3,000万円程度と一般の建機より２〜３倍も高額であるうえ、建機のライフサイクルは自動車と比較して５倍も長いことから、ほとんどの建機がICT建機に置き換わるには相当長い時間がかかると想定されます。

　そこでコマツは、スマートコンストラクションの裾野を広げ、早期に建設業の生産性向上を実現するため、2020年４月より、既存の建機をICT化する後付け型機器「スマートコンストラクション・レトロフィットキット」の販売を開始しました。このレトロフィットキットは、コマツ製ではない他社製の建機にも搭載可能で、しかも約70万円という破格の安さです。コマツ製のICT建機のように、入力した３D設計データ通りにマシンコントロールで施工することはできませんが、機器の指示通りに人が制御すればよいガイダンス機能を利用して、スマートコンストラクションのメリットを享受できるようになります。

　また、同じ2020年４月には、施工の各プロセスの最適化に留まらず、建設プロセス全体を最適化する進化型サービス「デジタルトランスフォーメーション・スマートコンストラクション（DXスマコン）」の提供も開始しました。実際の現場とデジタルの現場（デジタルツイン）を同期させながら施工を最適化していくことを可能とし、より精緻なスケジュール管理、工期短縮、不要なコストの削減などの効果を見込んでいます。

　このように、スマートコンストラクションは、エントリー向けの裾野拡大も、先進ユーザー向けのさらなる進化も、どちらも積極的に行い、その効果を広げていっているのです。

5 コマツのスマートコンストラクションの
事業的成果と社会的貢献―――――――――

　スマートコンストラクションは、国内15,000を超える現場（2021年8月末）に導入済みで、海外展開も含めてさらに拡大中という事業面での成果をあげつつありますが、その業績数値はコマツの会計の中で独立のセグメントとして公表していないため、具体的にとらえることはできません。現状では研究開発的な一部門であって、コマツ全体に業績面から大きく貢献する事業となるには、まだこれからといえるかもしれません。ただし、スマートコンストラクションがもたらそうとしている社会的な成果は明確です。

　第1は、建設業界が直面する人材不足への貢献です。丁張（工事を着手する前に建物の正確な位置を示す作業）などの作業負担を軽減することはもちろん、非熟練労働力であっても一定の訓練で早期に建機のオペレーションができるようになることで、ベテランの熟練労働力が不足する問題を解決しつつあります。

　第2に、デジタルオペレーションが可能という特質により、従来、男性の職場とされていた土木建設の現場に女性労働力が入ったり、クリーンで先進的な職場イメージが若い世代の労働力を惹きつけたりする可能性を十分に有しています。

　第3に、そもそもの問題意識として抱えていた土木建設業界の生産性向上への多大なる貢献です。2016年よりスタートした国土交通省のi-Construction（アイ・コンストラクション）制度は、2025年までに建設生産性を20％向上させる目標を掲げていますが、スマートコンストラクションでは工期短縮や人員削減の効果により、プロセス全体での生産性が3割改善すると報告されています。さらに進化型のDXスマコンでは、従来2週間ほど日数が必要だった1km程度の高速道路の設計が、わずか15分ほどで完成するといったことや、決壊した堤防の修復工事の場合でも、従来9人日必要であった計画作成がわずか2時間で完成し、当日中に工事実施の許可を得て翌日には工事を完了すること

ができるなどの実績が報告されており、今後さらに飛躍的な業務効率化・生産性向上に貢献することが期待されます。

　なお、新型コロナ危機においても、公共工事および河川・道路などの公物管理事業など止めることのできない工事が多い中、建設現場での三密を回避しつつ、これらの工事を継続できる有益な方法としてスマートコンストラクションは機能しています。むしろ、密集することなく安全に工事を進められるということで、スマートコンストラクションへの期待は一層高まっており、コロナ禍の中でも、コロナ後においても、土木建設工事の標準になっていく可能性を十分に秘めているといえるでしょう。

コマツのスマートコンストラクションのサービスモデルの特色

　コマツのスマートコンストラクションは、ドローンや３次元CAD、ICT建機、５Ｇ、スマホアプリを３Ｄのクラウドプラットフォームで統合する先進的なソリューションとしての価値提案が、際立った特色となっていることに疑問の余地はありません。しかしながら、サービスイノベーションという視点から見ると、そのテクノロジーとしてのイノベーションは、必ずしもその本質でないことに注意が必要です。

　そのソリューションが顧客に提供するのは、通常の建設土木工事の施工であることには変わりがなく、顧客にとっては慣れない先端技術を習得するという余計な手間がかかるうえに、このソリューションはICT建機を購入しないと使えません。そのようなコストを支払って顧客が提供者であるコマツに期待するのは、恒久的な建設人材不足の中で少ない人員で安全に施工できるということです。つまり、スマートコンストラクションは、いくら技術が先進的だからといって、そのままでサービスイノベーションになるのでなく、その価値提案が顧客の事前期待に対して、適切に応えられているからこそなのです。

　コマツのスマートコンストラクションが、テクノロジーのイノベーションとしてではなく、サービスイノベーションとして優れているのは、この価値提案と事前期待との間のダイナミックな相互作用を生み出す仕組みの創り込みをきちんと行なっているからです。それを、コマツは全国10カ所以上に設置したコマツIoTセンタ、スマートコンストラクションサポートセンタと、300名以上の自前で養成したスマートコンストラクション・コンサルタントで実現していることは、すでに述べた通りです。したがって、「イノベーションの的」となるのは、先端のテクノロジーソリューションについて、顧客とコマツがダイナミックにやり取りする、この利用サイドの価値共創の仕組みの創り込みなのです。

　この３つの仕組みが、満足度評価を事前期待形成につなげ、能動的な価値発信の把握も可能にしています。顧客の満足度を事前期待につなげるのに、顧客によるスマートコンストラクションの利用経験を、実名で、工事名や利用シーンの映像入りの定型フォーマットでネット発信してもらう仕組みなど、このプロセスを強化する工夫も行われています。

　コンサルタントによる価値発信の把握結果や、サポートセンタに集められる顧客の利用情報は、隣接する研究開発部隊にすぐ伝達され、迅速な改善・改革が実装されて、事業組織レベルでの提供サイドの価値共創を実現します。また、スマートコンストラクション・コンサルタントには、厳密な認定制度や研修制度が確立されており、これが学習度評価の仕組みにもなり、ノウハウをコマツIoTセンタのメニューに実装したり、コンサルタントの認定制度に標準化したりすることで知識・スキルの全社的な蓄積と共有につなげています。コマツのサービスモデルをニコニコ図に描いたものが図表2-4です。

　コマツは、企業価値を「社会とすべてのステークホルダーからの信頼の総和」であるとしており、付加価値共創的な経営志向の

強い会社です。スマートコンストラクションという新事業については、研究開発やシステム開発、人材開発などにおける未来への投資を円滑に持続することが可能になっています。ことあるごとに経営トップが、その意義や革新性について深い理解のうえにたって率先して発言しているのは、このサービスイノベーションに対する経営全体の周到なコミットメントをうかがわせます。

　このようなコマツのサービスイノベーションは、これで完了しているわけではなく、現在取り組んでいるレトロフィットや、DXスマコン、さらにはグローバル化などが成功してはじめてサービスモデルが完成するといえます。ただ、それが完成するときは、GAFA型ではない、日本発のグローバルなデジタルプラットフォームが世界市場を席捲する時であり、それが楽しみなサービスイノベーションでもあります。

図表2-4　コマツのサービスモデルと「イノベーションの的」

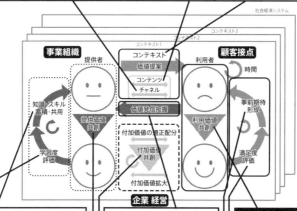

T1 **革新的で優れた
価値提案を行う**
（コンテンツ）
先端技術を高度に組み合わせ、少ない人員で安全な施工ができるスマートコンストラクションのソリューションサービスを提案

T1 **革新的で優れた
価値提案を行う**
（チャネル）
ドローン、３D-CAD,ICT建機、５G、スマホアプリなどを統合した３Dクラウドプラットフォーム

T1 **革新的で優れた
価値提案を行う**
（コンテキスト）
顧客の機器の装備状況、技術水準、現場の状況など多様な利用条件に柔軟に対応

T6 **学習度評価して知識・
スキルを蓄積・共有**
SCコンサルタント、SCサポートセンタからの知識・ノウハウを標準化して、コマツIoTセンタのメニュー、コンサルタントの研修メニューに実装

T4 **革新につながる価値
発信を把握する**
コマツIoTセンタ、SCサポートセンタでの能動的発信に対する顧客の自発的発信をSCコンサルタントが把握し現場、経営と共有

T2 **利用価値共創の
仕組みの創り込み**
SCプラットフォーム上で、個々の顧客や現場にあわせてコマツIoTセンタやSCサポートセンタを使ってSCコンサルタントが、顧客と個別具体的に合意形成

T6 **学習度評価して知識・
スキルを蓄積・共有**
SC普及の鍵をにぎるSCコンサルタントに、自前の認定制度と研修制度を整備し、ＳＣコンサルタントを定期的に学習度評価

T7 **付加価値の適正配分で
付加価値を共創し拡大する**
SC事業をコマツの経営全体で推進していく体制をとり、建機事業との調整の必要なレトロフィット事業やグローバル化にも積極的に取り組む

T3 **満足度評価を事前
期待に繋げる**
Komtrax以来の、顧客との強いつながりと信頼関係が、現場の可視化努力や生産性向上への貢献についての事前期待を形成

T5 **提供価値共創の
仕組みの創り込み**
現場、経営が共有したSCコンサルタントの情報に迅速に対応。SCサポートセンタに隣接する開発部隊が解決策を即時に対応して実装

T3 **満足度評価を事前
期待に繋げる**
顧客のSC利用体験や利用経験を、工事名、実名、利用シーンなどを映像入りフォーマットで、感想とともに、顧客が自発的にネット発信

注) SC：スマートコントラクション

SC コンサルタント：スマートコントラクション・コンサルタント

SC サポートセンタ：スマートコントラクション・サポートセンタ

❷ 株式会社ミスミグループ本社 ───

───製造業における部品調達の

AI・デジタル革命「meviy」（メヴィー）───

3DCAD データアップロードで、
即時見積もりと加工、最短 1 日出荷。

［サービスの概要］───

形状が複雑で規格化できない機械部品を圧倒的なスピードで受注生産するプラットフォームサービス。顧客が3D設計データをアップロードすれば、独自開発AIが製造工程を算出し、価格と納期の見積を即時提示。注文と同時に加工が開始される。製造業の部品調達の現場で起きている課題を解決する。

═══ サービスイノベーションの特色 ═══

◇ものづくりプロセスのボトルネックとなっていた、規格化できない機械部品を調達する際の「作図の手間」「見積りの待ち時間」「長い納期」という課題を解決、製造業全体の生産性向上に貢献している。

◇AI自動見積りとデジタルマニュファクチャリングシステムの導入によって、即時見積り、最短1日出荷という圧倒的なスピードを実現している。

◇BtoC分野においてGAFAが席捲する中で、BtoBの製造業分野において、日本発のデジタルサービスのグローバルプラットフォームとなりうる可能性を持っている。

1 「時間の三重苦」の解消に挑む ミスミのリ・イノベーション ——————

　ミスミグループ本社(以下、ミスミ)は、製品を生産する設備・装置に必要な機械部品を提供する、メーカー機能を持つ商社です。グローバルで製造拠点22カ所、営業拠点62カ所、物流拠点18カ所を展開。顧客は世界33.8万社。ミスミのカタログに掲載されている商品は3,000万点以上と業界最大のラインナップで"ものづくり業界の社会インフラ"と称されています。

　機械部品のカタログ販売は、1977年に業界で初めて立ち上げられました。当時、部品調達は紙の図面とFAXでの非効率なやりとりがされていました。図面を作成してサプライヤーにFAXで送って見積もりを依頼。1週間後に見積もりが返ってきて初めて価格や納期がわかり、電話で交渉して注文。納期は2週間後という具合です。「作図の手間」「見積もりの待ち時間」「長い納期」、この"時間の三重苦"を解消すべく、機械部品を規格化したカタログでの販売を開始したのです。カタログ品なら、設計図面も見積もりも不要で、短納期で手に入るとあって、ミスミのカタログは一気に普及しました。この当時、機械部品のカタログ販売は大きなイノベーションであったわけです。

　しかし顧客のBOM(製造に必要な部品の一覧表)を分析すると、半分はカタログ品で対応できるものの、残り半分は形状が複雑でカタログ品では対応できず、これまで同様に膨大な時間をかけて非効率な調達を余儀なくされていました。この顧客の「不」を解消しようと、同社はモノづくり全体の時間革命を目指し、形状が複雑な部品(図面品)の調達を効率化するチャレンジを進めます。

2 機械部品の調達時間を92%も削減する meviyの時間革命 ——————

　2016年、3D-CADデータで機械部品調達ができるプラットフォームサービス「meviy(メヴィー)」が提供開始となります。形が複雑で

規格化できない機械部品の設計データから自動で見積もりを作成し、注文を受けると同時に加工を開始する仕組みで、最短で1日出荷を可能にしました(図表2-5)。

　責任者であるミスミの吉田光伸常務執行役員 ID企業体社長(以下、吉田企社長)は、「ミスミのカタログには、サイズのバリエーションを含めて800垓(がい)(1兆の800億倍)のアイテムを揃えていますが、このプラットフォームはそれを超えていく決意を込めて、無限大を表す"メビウスの輪"からmeviyと名付けました。meviyはミスミにとってカタログを超える"リ・イノベーション"であり、次の10年をつくるサービスと位置付けています」と語っています。

図表2-5　meviy(メヴィー)の概要

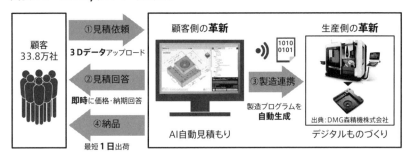

設計データをアップロード、即時見積もり、最短1日出荷

出所：ミスミグループ本社資料より作成

　顧客が3D-CADで設計した部品の図面データをmeviyにアップロードすると、ミスミが独自に開発したAIが製造工程を算出し、即時に加工の可否や、価格と納期の見積りを提示してくれます。画面上で材質・数量・加工情報を変更すれば、それに合わせて即座に価格や納期も修正されます。これにより、従来発生していた3D図面を紙の図面に変換する作業や、顧客とサプライヤー間で繰り返していた加工可否や見積もりの確認と図面修正の作業時間がすべて不要になりまし

た。

　注文の際には、デジタルマニュファクチュアリングシステムにより、設計データから加工プログラムを自動生成して、注文と同時に加工がスタート。最短で1日出荷を可能にしました。従来2週間程度かかっていた機械部品の納期が劇的に短縮されたのです。

　吉田企社長はmeviyの時間革命を、こんな例で説明してくれました。「ある生産設備を1台つくるのに1,500点の部品が必要だとします。部品1点に対して紙図面を書くのに平均30分かかるため、部品が1,500点あると750時間です。1,500枚をFAXで送って見積もりを依頼するのに25時間。回答待ちで56時間（1日8時間として1週間）。加工納期は、112時間（2週間）。すると、作図作成から納期の一連で1,000時間（125日）もかかるのです。meviyなら、図面アップロードから設定に約70時間、注文を受けてから製造に8時間と併せて約80時間です。従来の調達時間を実に92%削減できるのです」。

　製造業においては、形状が複雑な機械部品（図面品）の調達だけがいまだにアナログな作業で、モノづくり全体のボトルネックでした。meviyによる図面品調達のDXで時間を劇的に短縮し、設計者が創造的な仕事に時間を充てられれば、日本の製造業をもっと強化できます。これこそが、ミスミが掲げる「時間戦略」であり、meviyの使命でもあるのです。

3 アナログ領域のDXが顧客プロセスとモノづくりの両面を革新した─────

　meviy自体は、2013年から構想がスタートしました。実は原型となったコンセプトは、はるか以前の1985年に取り組んでいたそうです。ミスミは機械部品のサプライヤーの第一人者として、この課題に使命感を長年持ち続け、チャレンジを繰り返してきたといいます。そして、技術の進歩も相まって、meviyというイノベーティブなサービスとして誕生したのです。

meviyで対応可能なラインナップはFAメカニカル部品(切削プレート、板金部品)、ラピッドプロトタイピング(試作品)金型部品(2021年3月サービス終了)、と幅広く、サイズや形、加工方法などの製造業のバリューチェーンで必要なニーズをカバーしています。2016年より金型部品からスタートしました。そこから膨大な数の図面を集めて分析し、お客様が満足のいくラインナップを拡充していきます。2018年にRapid Prototyping(試作品)の製作、2019年には板金部品・切削プレートなどのファクトリーオートメーション(FA)メカニカル部品に対応できるようになりました。FAメカニカル部品の市場規模が最も大きかったため、meviyの売上は急激に伸びたのです。

　meviyのサービスイノベーションのポイントは、機械部品調達におけるアナログ領域のDXにより、フロントエンドである顧客プロセスとバックエンドであるモノづくりの両面を革新したところにあります。

　特に、顧客プロセスの革新は目を見張るものがあります。独自開発AIによる自動見積もりには、ミスミがこれまで3,000万点以上ものカタログ部品を値付けしてきた経験で培われた価格計算ノウハウが実装されています。価格と納期の自動見積りが可能になったことで、部品調達用の紙図面作成も、見積り待ち時間も、ゼロになったのです。サービス開始当初は、見積や、加工ミスもありましたが、膨大なブラッシュアップを重ね、今ではミスがなくなったといいます。自動見積もりの仕組みには、ミスミのカタログサービスにおける経験知が存分に活かされ、それをサービスに実装するための改善努力が込められているのです。

　それだけではありません。画面上での設計変更が即座に見積もりに反映されるため、利用する設計者は開発段階でのコストシミュレーションによる設計の最適化が可能になったのです。単なる調達の効率化に留まらず、製造業における開発業務の在り方までも変革するサービスモデルであるといえます。

　続いて、モノづくりの革新にも、注目すべき点がいくつもあります。

従来2週間の加工納期を、最短で1日出荷を可能にしたのが、デジタルマニュファクチュアリングの仕組みです。注文ボタンが押されると同時に、3D設計データから工作機械用の加工プログラム（NCプログラム）を自動生成して工場に転送し、加工がスタートします。これまで製造現場の熟練工が、部品の設計図面を見ながら加工プログラムを作成していた作業時間がゼロとなり超短納期生産を実現しています。まさに、メーカー機能のすみずみまで知りつくしているミスミだからこそなせる業であり、モノづくりの強みを活かしたサービスモデルなのです。

　また、自社での生産の他に一部協力パートナーでの生産を含めたハイブリッド生産体制を採用しています。「この体制が最もスケールしやすい」と吉田企社長。しかしこれは簡単なことではありません。受注生産である図面品の加工は、「変種・変量・短納期・1個流し」に対応できなければ担うことはできません。ここでミスミのもう1つの強みが活きてきます。それは、ミスミのパートナーマネジメント力です。meviyの使命感に共感し、通常なら敬遠しがちな「変種・変量・短納期・1個流し」の加工にチャレンジして、一緒に成長してくれる加工会社にこだわってパートナーシップを組むことで、事業を拡大してきているのです。

　このようにmeviyは、これまでのミスミの強みや経験知をフル活用したサービスモデルといえます。同時に、ものづくりそのものをサービス化したサービスイノベーションであり、D-MaaS（Digital Manufacturing as a Service）の日本代表事例でもあります。

4 デジタルものづくり領域で　圧倒的に選ばれ続ける理由 ─────

　吉田企社長が考えるmeviyのターニングポイントは、ミスミと顧客との関係のあり方についての発想を大きく転換したことにあるそうです。カタログの発想は「顧客に選んでもらう」というものです。それ

を、設計図をCADで「自由に描いてもらう」という発想に転換しました。規格化するのではなく、顧客が自由に描いた部品の設計図に対し、価格と納期を即座に回答し、そのまま発注・生産ができる仕組みがあればいいのだ、という転換です。

　これは、サービスモデルを提供型から共創型に転換したことを意味します。提供者が用意したモノを顧客に選んでもらうカタログ発想のサービスモデルではなく、顧客が自由に描いた設計をもとに顧客とmeviyがやり取りをしながら、設計の最適化と部品の短納期化を共創するスタイルであることが、meviyのサービスモデルのキーポイントだといえます。

　進化の方向性にも注目したいと思います。毎週のようにサービスのバージョンアップを繰り返してきたmeviyですが、こだわっているのは、多機能化ではなく、「プロフェッショナルエンジニアの使い勝手」です。たとえば、何よりも精度を重視するプロユーザーが多いため、公差（許容される誤差の範囲）はミクロンレベルまで設定できるようになっています。プロフェッショナルエンジニアが「ミスミわかってるなぁ」と実感できるようなプロの使い勝手を目指しているのです。株式会社デンソーの技能五輪国際大会で世界一の評価を受けたプロフェッショナルエンジニア、小原基央氏も、そんなユーザーの1人です。小原氏は「使い勝手がよく、その場で設計変更を行いながら製作の可否判断までできるため、設計サイクルが格段に早まった。自分だけで年間で200時間の削減になっている」と価値を実感しているといいます。

　この「プロフェッショナルエンジニアの使い勝手」へのこだわりこそmeviyの競争力になっています。近年、デジタルものづくりの領域には、ITテクノロジー関連の企業の参入が増えています。それらに対してミスミは、メーカーとしての強みを最大限に活かし、圧倒的な短納期に加えて、プロフェッショナルエンジニアの高い期待にも応えられる品質と使い勝手を実現するサービスで、オンリーワンかつナン

バーワンのポジションを確立しているのです。

　プロフェッショナルエンジニアの期待に応える進化が、思わぬ効果も生み出しています。未熟なエンジニアの成長の加速です。meviyにアップロードした設計データが加工「不可」となった場合、どう修正したら加工ができるようになるのかをフィードバックする機能があります。たとえば板金の曲げと穴の位置が近すぎる設計をしてしまうと、meviyが即座に「曲げと穴の距離は7.1mm以上にしてください」と画像とともにわかりやすく表示します。「この機能が、設計の精度向上だけでなく、若手設計者としての勉強ツールにもなっています」と、パナソニック株式会社のエンジニア岡山陽氏、久保高彦氏。開発業務の在り方を変革しただけでなく、meviyの利用経験を通じて顧客自身の成長の加速までも支援してしまっているのです。

5 meviyの事業的成果と社会的貢献

　現在、meviyを利用している国内製造業は、大手製造業をはじめ60,000ユーザ（2021年8月末時点）を突破して今もなお増加中です（図表2-6）。ユーザーからの評価も高く、リピート率は8割以上。その結果、オンライン部品調達サービスにおける国内シェアは圧倒的No.1である53.5％を誇ります（テクノ・システム・リサーチ社 2020年調べ）。売上高は、2017年度第1四半期から2020年度第4四半期までの約3年の間に25倍と急成長しました。

　ものづくり白書では、「世界で勝てるサービス」として掲載、CEATEC Awardでは、「スマートX部門　グランプリ」を受賞。情報化促進貢献個人等表彰においても「経済産業大臣賞」を受賞するなど高い評価を受けています。

　meviyは、デジタル技術とモノづくりの強みを融合したサービスモデルで、機械部品調達の多くのプロセスを不要にし、圧倒的な時間革命を実現しました。これにより、製造業のモノづくり全体のスピードを劇的に高めただけでなく、開発や機械部品調達の業務の在り方その

図表2-6　meviyの利用ユーザ数の推移

60,000ユーザーを超えるお客さまがmeviyの時間創出を体感されています

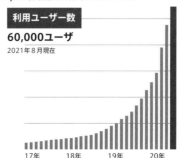

自動車
トヨタ自動車(株) 日産自動車(株) 本田技研工業(株) マツダ(株)

化学・医療
オリンパス(株) 東レ(株) 富士フイルム(株)

自動車部品
(株)デンソー アルプスアルパイン(株) ユニプレス(株) (株)豊田自動織機

電子・電気
パナソニック(株) キャノン(株) ソニー(株) 三菱電機(株)

利用ユーザ数
60,000ユーザ
2021年8月現在

17年　18年　19年　20年

550万データ超アップロード

出所：ミスミグループ本社資料

ものを変革しています。BtoBの製造業分野において、日本発のデジタルサービスのグローバルプラットフォームとなりうる可能性をもっているのではないでしょうか。

　この期待を一身に受けて、2021年度以降からはグローバル展開に踏み出します。これからのmeviyの進化が、国内でだけでなくグローバルにも注目されます。

---

meviyのサービスモデルの特色

　ミスミが1970年代に起こした機械部品の規格化によるカタログ販売というイノベーションは、まさに機械産業に革命的な変化をもたらしましたが、実は、その革命が及んだのは顧客のBOM(部品リスト)の約半分ほどで、残りの半分の、形状が複雑な規格外部品にはおよびませんでした。meviyが顧客に行なった価値提案は、この規格外部品についてもAI自動見積もりと、デジタルマニュファクチャリング技術を導入することによって、即時に見積もり、最短1日で出荷します、という革新的で優れた時間革命をもたらすものでした。

　これ自体が極めて革新的で優れたものでしたが、ミスミのもたらした真のサービスイノベーションは、この価値提案が顧客の事前期待と、meviyのデジタルプラットフォーム上で出会う中で、ミスミと顧客との関係性が大きく変化することによって生まれました。これまでのミスミが部品のカタログを提供し、顧客に選んでもらうという関係から、顧客に3D-CAD画面上で自由に設計図を描いてさえもらえば、meviyが自動的に見積もりを出し、部品がカタログになくても即座に発注してつくってしまうことができる価値共創の仕組みを用意するという関係に変えてしまったのです。これによって、顧客は、多様で複雑な開発のコストシミュレーションが瞬時にできることになり、顧客の開発プロセス自体を変えてしまうという変化をもたらしたのです。また、この変化は、未熟なエンジニアの成長を加速させる効果ももたらしうるのは、先述した通りです。

　このようなmeviyの短納期化と設計プロセスの最適化に貢献するサービスは、顧客の間に高い満足度をもたらし、製造業のモノづくり全体のスピードを劇的に高めるサービスという事前期待を産業界に植え付けつつあります。

　また、AI自動見積もりとデジタルマニュファクチャリングを組み合わせた提供サイドの価値共創の仕組みは、長年にわたるモノづくりのメーカーとしての知識・スキルの蓄積のうえにたって、決して妥協せず常に顧客からの学びを得て高みを極めていこうとするスタンスが、絶え間ない高質な改善活動を生み出しています。利用サイドのニーズ把握に際して、膨大な数の図面の分析に挑戦するというアプローチや、デジタルマニュファクチャリングにおいても「変種・変量・短納期・1個流し」に対応してくれる協力パートナーとのハイブリッド生産体制によって一緒に成長していこうとする姿勢、プロのエンジニアの使い勝手にこだわる品質基準の追求等は、他の追随を許さない改革の流れを生み出し

続けています。

　meviyは、2021年度からいよいよグローバル化にも取り組み初めており、コマツによるDXへの取り組みと同様に、AIやデジタルマニュファクチャリングも内包した日本発のグローバルなデジタルプラットフォームとしての成長が期待されています。

❸ 株式会社ビースタイルホールディングス──

──主婦に特化した日本最大級の求人サイト「しゅふＪＯＢ」──

[サービスの概要]──────

2010年より主婦特化型求人サイト「しゅふＪＯＢパート」(現「しゅふＪＯＢ」)を運営。社会人経験があり、各種のスキルを有する主婦のセグメントに労働力としての潜在的価値を見出す。一般的な求人ビジネスが業種や職種などの仕事基準であるのに対し、社会的属性(家族構成)の主婦に絞った求人サイトとして独自性を発揮している。

═══ サービスイノベーションの特色 ═══

◇主婦にとって重要性の高い条件から勤務しやすい求人を探すことができる。募集側の企業は主婦採用に関わるさまざまなサポートサービスを利用できる。主婦の社会進出を後押しする啓発活動も積極的に展開。

◇同社は従業員の８割程度が主婦などの女性。自らも主婦の働きやすさを工夫しながら、主婦のための求人サイトを主婦の目線で改善することで、従業員サービスと顧客サービスの価値共創を可能にしている。

◇主婦層という潜在労働力に限定特化したサービスは求人市場で高く評価され、売上高は3年で約５倍に拡大し、主婦特化型の求人サイトでは全国No.１の規模に成長。人手不足という社会的課題に対応している。

■1 スキルや経験を活かしてパートで働きたい主婦層に活躍の場を提示する ──────

　ビースタイルの求人サイトである「しゅふJOB」（旧サービス名は「しゅふJOBパート」、2021年5月よりサービス名を変更）は、主婦層に特化したパート求人サービスの日本最大級のサイトとして、主婦層とベンチャーや中小企業を中心とした求人企業の支持を集めています。

　求人サービスには新卒採用や転職者、外国人や高齢者、学生アルバイトなど、多様な働き手を対象にしたものがありますが、ビースタイルは第1に、その中でも「働きたい主婦」に焦点をおいて求人サービス事業を展開してきました。第2に、この「しゅふJOB」は、パートタイムで家事や子育てと両立したい主婦の利用が多いのが特徴です。第3に、その中でもコンビニや物流センターのように業務内容が高度に標準化された仕事でなく、業務量に繁閑があり、特定の時間帯や時期に人員配置を厚くしたい仕事が中心です。代表的なものは、会計士や弁護士のような士業事務所やコールセンターでの事務処理、塾講師、子育て経験を活かした子ども服店での勤務やベビーシッター・家事代行、買い物で馴染みのあるスーパーマーケットや雑貨店での陳列業務、コミュニケーションスキルが活きる飲食店での接客業務などに焦点をおいています。つまり、企業などでの業務経験や専門資格、接客やPCスキルなどを持つ主婦層（主夫層も含む）の、自分のライフスタイルに合わせて柔軟に働きたいという要望にきめ細かく応え、それを満たす仕事を紹介することによって、主婦層に広い活躍の場を提供するサービスです。

　ビースタイルは、1972年の男女雇用機会均等法、1999年の男女共同参画社会基本法の施行にもかかわらず、日本経済の少子高齢化の中で、依然として30代前半の女性就労をボトムとする、いわゆるM字カーブが問題視されていたものの、女性活躍に今ほど焦点が当たっていなかった2002年に、主婦層に活躍の場を提供することを目指して創業されました。そして、パートタイム型で主婦層を派遣する人材派遣事業

を展開していきましたが、2010年4月より、日本全国を対象とする本格的な主婦層向けパート求人紹介のデジタルプラットフォームとして開設されたのが、しゅふJOBです。

2 プラットフォームビジネスとしてのしゅふJOB ————

しゅふJOBは、同じデジタルプラットフォームでも、eコマースのように生産者や提供者が一方的に消費者にむけて商品やサービスを販売するワンサイド(一方向)のプラットフォームでなく、働きたい主婦層という働き手と主婦を雇用したい求人企業という、提供サイド、利用サイドが出会うツーサイド・プラットフォームとしての特色を持っています。プラットフォームでは、ネットワークにつながる利用者の数が多くなればなるほど、利用者の利便性が向上して、好循環が生まれ、ますます利用者が増えていく、というネットワーク効果が見られます。しかし、ツーサイド・プラットフォームでは、このネットワーク効果が利用サイドでだけでなく、提供サイドでもみられます。その両サイドのネットワーク効果が良く効くほど、そのプラットフォームは成長していきます。

したがって、しゅふJOBにおいても、いかにこのプラットフォームを通して働こうとする主婦層の数を増やしていくかと同時に、もう片方の求人企業をいかに多くプラットフォームに「誘引」するかが重要になります。ただ、プラットフォームにはやみくもに利用者の数を増やすと、最適なマッチングを行うのが困難になり、求人企業間の競合関係が強くなって適切な求人がやりにくくなるといった「負のネットワーク効果」が出てくるという問題があります。このため、プラットフォームの利用の「促進」においては、片方が過大や過少になったり、両サイドのバランスが失われたりしないように、注意深く、提供者と利用者についての情報の収集・整理・活用を行う「キュレーション」と、無駄のないマッチングが行われるようにルールを整えて事前の選別を行う「フィルタリング」が重要だといわれています[16]。

では、しゅふJOBでは、どのように提供者と利用者の「誘引」が
行われ、「促進」過程において、どのようにキュレーションやフィル
タリングが行われているかを見ていきます。

③ "主婦目線"にたって
　Webサイトを設計し、サービスを磨く ───────

　まず、しゅふJOBに主婦層の関心を「誘引」するために、求人検
索のためのWebサイトは、徹底して主婦目線に立って設計されてい
ます。検索画面には、「扶養枠内」「家庭や子どもの用事でお休み調整
可」「時間曜日選べる」「しゅふが活躍中」「１日５時間以内でもOK」
「語学力が活かせる」「在宅・リモート可能」「職種未経験OK」「ブラ
ンクOK」「OAスキル不要」「Web職場見学・面接OK」など、主婦の
ライフスタイルや希望に沿った勤務条件が数多く設定されており、痒
いところに手が届くように、主婦層の希望を満たす条件下での検索が
できるようになっています。多様な勤務パターンが求人検索時の選択
肢として用意されており、簡易に希望する条件で検索できます。

　また、検索をする際にはスマホ操作に慣れていない人も多いという
ユーザー分析結果を踏まえて、できるだけ抽象的なキーワード検索で
はなく、主婦が具体的、直感的に自分の希望を表現できるように選択
肢型検索にするなど、検索のしやすさにも配慮が行われています。

　このサービスは、約120人のスタッフで運営されていますが、その
うちの８割強がパートで、その約半数は在宅スタッフです。このよう
な柔軟な雇用形態で、対象とする顧客層に近い主婦層が業務の中心と
なって活躍する中で"主婦目線"が磨かれています。

　このような"主婦目線"の徹底によって、しゅふJOBは、新型コロ
ナ危機前の2019年には、月70万人が訪れる求人サイトになっています
が、その拡大の過程では口コミが大きな力となっており、顧客同士の
紹介は２割を超える水準になっています。

　ビースタイルでは、しゅふJOB開始の翌年の2011年には、女性の

ライフスタイルと仕事への関わり方に着目して調査を実施する「しゅふＪＯＢ総研」を設立し、働く主婦層の意識や行動を積極的に把握する努力を開始しています。これによって、定期的に登録会員へのアンケートを実施し、"働く主婦層"の声を収集し、調査レポートとして社会に発信してきています。主婦層はアンケートに協力的であり、自由記入意見には、多くの生の声が寄せられます。その中から、「週３日勤務」や「10〜14時での勤務」などの斬新な勤務条件がメジャー化した実績があります。最近では、新型コロナ危機下での登録会員向けのアンケート結果を踏まえて、2020年７月から、求人企業での感染症対策の内容が求人詳細ページで確認できる機能が実装されています。

　このように主婦層の「誘引」を活発化するだけでなく、全体を適切に管理できるように情報の収集・整理・活用する努力も行われています。

４ 求人企業のリスクを最小にし、提案型でパート雇用の求人を開拓

　しゅふＪＯＢは、「主婦でもいいから採用する」のでなく「主婦だからこそ採用する」企業が日本中に増え、仕事を探す主婦により多くの選択肢が提供されることを目指すという理念をもって開設されており、求人企業の募集に際しても、優秀な主婦が活躍できる職場を積極的に開拓する努力を続けてきています。

　もともとビースタイルは、創業２年目の2003年に業務分析ツールCOMPASSを開発し、潜在顧客企業の業務分析を行い、その中で主婦が活躍できる業務やポジションを提案する営業手法を生み出すことで成長してきました。このツールは、人材サービス業界初のビジネスモデル特許を取得していました。COMPASSは主にビースタイルの派遣事業の現場で利用されており、潜在顧客企業に対して業務分析のための簡易アンケートを実施し、パートにも対応可能な業務を切り出すとともに、それに対応した新たな人員配置案を提示することによって、

求人企業を開拓してきています。新たな人員配置案として、フルタイムでの１人派遣型から、複数でのパート派遣型への移行と、それによる派遣人件費の３割削減を提案する、というような活動を積み重ねることによって、単なるパート雇用の求人に留まることなく、求人企業での業務革新（人員配置の見直し）と費用削減とをセットで提案し、主婦層が活躍する場を開拓してきていることが特徴です。そこから得られる人員配置のノウハウは、しゅふＪＯＢでも遺憾なく発揮されています。

　また、主婦雇用に慣れていない企業やスタートアップ企業の場合、主婦向けの求人広告のコンテンツ作成に困る場合が多いことから、しゅふＪＯＢでは、新規の求人企業に対して求人２件まで無料で、主婦求人のプロが求人広告の作成代行をするサービスを行なっています。この求人広告を書くのは在宅の主婦ライターで、作成に際しては自宅から顧客企業に電話して、会社の様子やそこで働いている人の雰囲気を直接ヒアリングし、徹底した主婦目線で作成を行います。このような主婦目線での求人情報の応募率は、そうでない場合に比べて約1.5倍になることが確認されています。

　このようなきめ細かいアプローチによって、士業事務所やベンチャーなどの中小規模顧客の求人が拡大し、しゅふＪＯＢの顧客の53％は、従業員数50名以下の小企業になっています。

　このようにして拡大する求人企業数は、求人広告の料金水準に大きな影響を受けるため、課金システムも重要な求人企業数の変動要因になります。サービス開始当時の求人サイトの主流は掲載型課金で、求人企業が望む条件を設定し、求人広告を掲載します。このため、応募の有無に対するリスクは求人企業が負うことになるため、スタートアップ企業などが求人を出すには費用対効果が読みづらいという状況があり、採用できなくても数十万円のコストがかかってしまうケースもあります。そこでしゅふＪＯＢでは、ベンチャー企業や中小零細企業にも利用しやすいように、採用が行われた時だけ料金が発生する採

用課金制のサービス提供を開始しました。

　しゅふJOBでは、さらに求人企業のリスクを下げるため、応募がなければ料金がかからず、応募１名あたりで課金する応募課金プランも用意しています（図表2-7）。このプランでは、応募上限を設定できるので、上限コストが予見でき、早めによい人材の応募があれば、安価に済ませることができます。

図表2-7　「しゅふJOB」の課金システム

おすすめ		
応募課金プラン	**掲載課金プラン**	**採用課金プラン**
１〜３名の応募で採用できた企業様多数！	東京都は平均19応募 大阪府近辺は平均12応募の実績！	入社８日目で料金発生
5,500円〜 １応募あたり	**12,000**円〜 ※東京エリア20,000円〜 １求人１週間〜掲載	**37,000**円〜 ※東京エリア60,000円〜 １人採用あたり
応募がない場合は料金はかかりません。応募上限を設定することも可能です。（３応募以上から）	何名採用しても料金は変わりません。10 求人以上掲載の場合にお得なプランもご用意しております。	職種＋都道府県＋雇用形態－割引料金の各条件から料金が決定されます。 （月額使用料 3,000 円あり）

出所：しゅふJOBより提供(2019年時点)

5　しゅふJOBの事業的成果と社会的貢献

　このような活動の結果、しゅふJOBの会員数は、６年間で13.8倍の35万人となり、求人企業数も11.4倍の２万社以上となり、サイトのページビューも11.5倍の991万PVにのぼっています。求人情報は、常時4万件以上が掲載され、主婦の求人サイトとしては、日本最大級になっています（図表2-8）。

　結果として、「しゅふJOB」は、コロナ前の３年間で見ると、売上を２億円台から、10.4億円へと約５倍に伸ばす事業的成果をあげ、年率約120％の急速な成長を記録しています。

図表2-8 「しゅふJOB」の事業的成果

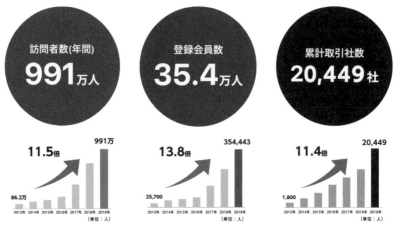

出所：しゅふJOBより提供（2019年時点の実績）

　日本が少子高齢化に向かい、人材確保能力が企業成長の天井を形成しかねない状況の中、しゅふJOBは、主婦への求人に特化して主婦が仕事探しをしやすい求人サイトを開発し、子育てや介護とのバランスを維持しながらキャリア復帰をめざす主婦層に対しては勤務しやすい仕事内容を、求人企業に対してはスキルを有する人材を紹介することによって、中小零細企業やベンチャー企業を中心に労働力不足という社会課題の解決に着実に貢献する業態を確立しています。

　このような貢献だけでなく、2016年には、40代主婦層の社会進出が進む中で、次の50代の就業機会を拡大すべく、Around50（アラフィフ）の主婦層の積極採用の推進を提案するプロジェクト「50SIGN（ゴーサイン）」を展開しています。なぜ、今、50代主婦雇用が重要なのか、これからの労働市場の展望とアラフィフ主婦層の採用の成功事例などを示す「アラフィフ主婦　はたらき白書」を刊行して、主婦雇用の分野での社会的な提言活動を展開しています。

　また、妊娠・出産を機に約５割弱の女性が仕事をやめており、働く意思を持っていながら働けていない主婦が全国で240万人（2018年厚生

労働白書)いるという現状に対して、「ウェルカムインターン行動宣言」を発表し、これに賛同する企業に対して、結婚・出産でブランクのある主婦を採用・戦力化することを積極的に支援する活動も行なっています。

このように、主婦雇用をめぐる課題に対して、機動的に問題提起を行い、社会的にも貢献する活動スタイルが定着しており、今後もさまざまな形で社会的な発信が期待できる体制を確立していることも大きな成果といえます。

しゅふJOBのサービスモデルの特色

しゅふJOBは、何らかの強みとなるスキルや経験を持った主婦に対して、柔軟な働き方を可能にするパートの求人を紹介する価値提案を、ネット上の求人サイトを通じて行います。

そして、このような強みとなるスキルや経験を有する働きたい主婦を集めるプラットフォームと、そのような能力をもった主婦だからこそ雇用したいと考える求人企業向けのプラットフォームを適切に調整していく日本最大級の主婦向けツーサイド・プラットフォームである求人サイトしゅふJOBの開発が、「イノベーションの的」となっています。

このプラットフォームは、希望する条件で仕事を見つけることのできる主婦の満足度と、有能な主婦をリーズナブルなコストで雇用できる求人企業の満足度の高さに支えられており、それが、2割を超えるという顧客企業同士の紹介を生み出しています。

このような顧客接点での高い活性度を生み出すのに、事業組織面で貢献しているのがしゅふJOB総研です。このしゅふJOB総研は、絶え間なく主婦向けのアンケートを企画・実行しており、その中から「時間曜日選べる」「1日5時間以内でもOK」といったユニークな求人提案を生み出したり、「アラフィフ主婦　はたらき白書」や「ウェルカムインターン行動宣言」といった主婦の

働き方に対する社会提言を行なったりして、提供サイドの価値共創を生み出す重要な仕組みとなっています。このような仕組みとしては、創業当初から行われているという求人企業に対する提案型営業も重要です。新規の求人顧客に対して、その顧客企業の業務の体系全体をリサーチして、その中にあらかじめパートを組み込んだ業務体系を提案して生産性の向上をもたらそうとするもので、これが新たなパート求人需要を掘り起こす活動となっています。このように主婦と企業の両サイドで、需給を加速する仕組みが、「イノベーションの的」であるツーサイドネットワークのバランスを適切に保つ手段ともなっています。

❹ 株式会社クラダシ

──日本初・最大級の社会貢献型
フードシェアリングプラットフォーム──

[サービスの概要]

日本初の社会貢献型フードシェアリングプラットフォーム「KURADASHI」を通して食品などを消費者に販売。賞味期限切迫などの理由で販路を失い、何もしなければ廃棄されてしまう商品を取り組みに賛同する企業から協賛価格で提供してもらう。
ブランド価値を毀損せず、無駄を減らし、購入者の社会貢献意欲にも応える。

サービスイノベーションの特色

◇自ら「1.5次流通」と呼ぶ新しいマーケットを創出し、これまでにない食品ロス削減の仕組みを実現させた。コロナ禍にあっても協賛企業と食品ロス削減量を増加させている。

◇協賛企業には社会貢献に熱心というブランド価値を、消費者にはお手頃価格での商品購入と社会貢献の喜びを、社会貢献団体には活動資金を、それぞれ提供する「三方よし」のスキームを構築している。

◇人手不足で収穫できない農作物を学生インターンシップで助ける支援、生活困窮世帯に食品を届ける支援など社会課題の解決に向けた新サービスを次々に生み出し、SDGsを推進している。

❶ 食品ロス削減ビジネスに乗り出すも、 「廃棄」の負のイメージに阻まれる ──

2014年創業の株式会社クラダシは、「賞味期限切迫」「納品期限切れ」「季節商品」など、さまざまな理由により廃棄されてきた商品を協賛企業から安価に提供してもらい、Web上のショッピングサイト「KURADASHI」を通じて消費者・事業者に販売する食品ロス削減事業を行なっています。2021年現在、社員は34名。加工食品・飲料に加え、コロナ禍により販路を失った業務用食品や一次産品、化粧品、美容機器なども扱っています。

日本初・最大級といわれるこのフードシェアリングプラットフォーム誕生の出発点には、関藤竜也社長がかつて商社勤務をしていた時代（1998〜2000年）、海外で輸出入用大型コンテナ単位の食品などが大量廃棄されるのを目のあたりにした体験があります。この時、いずれ環境面で大きな社会問題になると感じ、「食品ロスを削減し社会の役に立ちたい」と決意。独自に構想を練り、2014年に株式会社クラダシを設立し、食品ロス削減事業に乗り出しました。

古くから日本には、賞味期間の3分の1以内に小売店舗に商品を納品する3分の1ルールや、規格外品に対する厳しい流通管理の商習慣があり、賞味期間内であっても廃棄される商品は今なお多数存在しています。クラダシは、こうした何らかの事情で販路を失った商品を流通させようと考えていました。

しかし、多くの企業は廃棄という言葉によるイメージダウンを嫌うことから、廃棄ロス削減を掲げるクラダシの話に二の足を踏み、即取引開始には至らず、会社設立後からサービスのローンチ（立ち上げ）までの7カ月間は大変苦労しました。それでも主旨に賛同してくれる企業を100社集めるまではサイトをローンチしないと決めていたため、あきらめることなく東奔西走し続けました。

② 日本初の社会貢献型の
フードシェアリングプラットフォームの誕生 ————

　クラダシは翌2015年2月、日本初のフードシェアリングプラットフォーム「KURADASHI」をローンチしました。「KURADASHI」のサービスは、廃棄対象商品を協賛企業から安価に提供してもらい、サイトを通して会員に販売し食品ロス削減に貢献。同時に、その売上の一部を環境保護や動物保護などの社会貢献団体に寄付して活動を支援するというものでした。このサービスをマスコミは賞賛し、取り組みの意義が世の中に広く伝えられるようになると企業の態度は一変。廃棄対象商品を安価で提供してくれる協賛企業は瞬く間に増えていきました。

　関藤社長は当時を振り返り、「タイミングや世間のニーズもある。サービスをローンチする前に営業した際は、百戦百敗だった。しかしそういうものだと考えていたため、くじけることはなかった」と話し、企業からの理解が得られない苦しい時期も、再流通させる商品の安全性を担保するため、先に商品と購入者をマッチングさせ、出荷の手間暇をクラダシが受け持つなど、商品の保管・運搬・処理にかかる企業の負担と不安をできる限り軽くする体制づくりに注力したことを明かしました。こうした入念な計画と実行で逆風に立ち向かったことにより、何もしなければ捨てられていた商品に社会貢献という新たな価値を付加し、協賛企業のブランド価値を毀損せずに流通させる新たなマーケットが誕生しました。これをクラダシは「1.5次流通」と呼んでいます。

③ 「三方よし」のスキームの創り込み ————

　「KURADASHI」の最大の成功要因は、購入代金の一部を社会貢献団体に寄付する機能を持たせることで、利用する三者(協賛企業、会員、社会貢献団体)それぞれにメリットのある「三方よし」のスキームを創りこんだことにあります(図表2-9)。

図表2-9 「三方よし」のビジネスモデル

コーポレートバリューの向上

環境保護や動物保護の団体、クラダシ基金など、様々な社会貢献団体を支援

出所：クラダシより提供

　協賛する食品メーカーや生産者のメリットは、商品提供により廃棄対象商品の新たな販路が獲得でき、廃棄処理コストも圧縮できることです。さらに食品ロス削減や環境問題に積極的に取り組む企業としてのブランドイメージも付加されます。消費者である会員は、最大97％オフというお手頃価格で商品購入ができ、エシカル消費と社会貢献団体への寄付を同時に行うことができます。また、商品購入による会員の社会貢献度を可視化し、社会貢献団体への支援内容も表示するサイトの工夫も、社会貢献意欲を高める魅力の１つになっています。そして、社会貢献活動団体にとっては、寄付により活動資金が得られ、団体の活動を知ってもらい、活性化につなげる貴重な場となっています。まさに利用しやすく、お得で、社会に役立つ「三方よし」の仕組みです。

　企業は協賛することで生産量の調節が容易になり、「万が一商品が残っても、クラダシが買ってくれるだろうとの安心感が生まれた」との声も聞かれます。あらためてクラダシが企業に果たすべき役割について関藤社長に尋ねると、「私達は企業のお医者さんだと思っています。」との返事が返ってきます。クラダシでは、企業の廃棄品は、事業活動に何らかの問題があることを示唆していると考え、業種業態の

特性や商流に着目しながら一社ごとに丁寧に話を聴き、深く洞察して相手が自覚すらしていないかもしれない問題や課題の発見に努め、自社で役に立てる方法を提案しているといいます。「三方よし」の仕組みに加え、このような企業各社の業績と健全性の向上に真摯に取り組む姿勢が、協賛企業を増やした真の理由であるように思われます。

❹ 新しい仕組みと連携で社会課題の解決に挑戦

「まずは食品ロスだが、他にもやりたいことはたくさんある」と、社会課題全体への関心を示すクラダシは、現在プラットフォームを基盤にさまざまなサービスを展開しています。例えば、クラダシ自らが社会貢献を行うために設立した基金により、図表2-10に示すような地方創生活動や、図表2-11に示すようなフードバンク支援活動を行なっています。人手不足などで農産物が未収穫のまま廃棄される問題に対し、学生を社会貢献型インターンシップとして派遣し、旅費・交通費や宿泊費などを寄付金から拠出して支援する「クラダシチャレンジ」。この仕組みは食育もねらいの1つで、学生が担い手となり収穫した一次産品を「KURADASHI」で販売し、売上の一部を地方農家と、再度「クラダシ基金」に還元するエコサイクルを回しています。

図表2-10 「KURADASHI」での地方創生エコサイクル

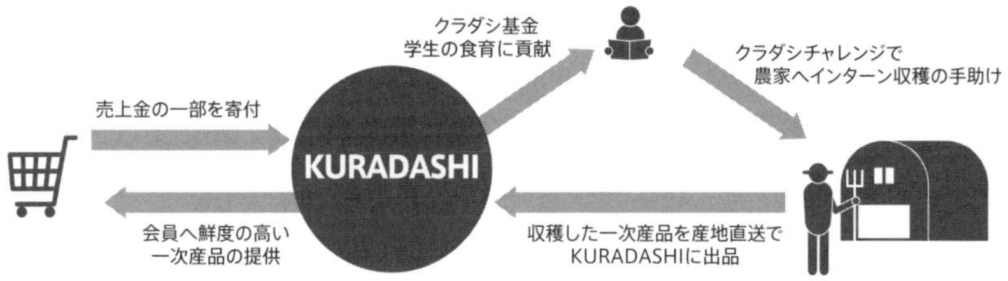

クラダシ基金
学生の食育に貢献

クラダシチャレンジで
農家へインターン収穫の手助け

売上金の一部を寄付

KURADASHI

会員へ鮮度の高い
一次産品の提供

収穫した一次産品を産地直送で
KURADASHIに出品

出所：クラダシより提供

125

図表2-11　全国のフードバンク団体のハブ役として活動を支援

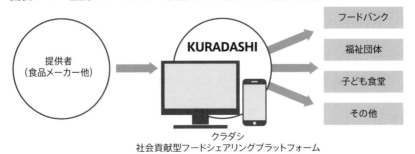

出所：クラダシより提供

　他にも台風被害などの農作物・水産物の流通を迅速なマッチングで支援する「クラダシレスキュー」、また、食品ロスを削減する食品でオフィススナックを提供する「オフィスdeクラダシ」は、従業員のエシカル消費に対する啓発活動も兼ねて展開されています。どの取り組みも課題を抱える人と組織を上手くマッチングさせる、「凸と凹のマッチング」と呼んでいる工夫によって、双方の課題解決に寄与するようデザインされています。

　関藤社長は自身の発想について、「私はいつも、人々がそのサービスを使う時にいつも通りに無理なく自然に利用できて、結果的に得をし、善いことにつながるようなことを考えています」と話します。「無理なく、自然に」は新しい仕組みを社会に定着させる重要な要素です。市場原理によって生じているさまざまな社会課題をありのままに受け止め、少しでも善いと思える社会システムに変えていくため、人々に受け入れられるプロセスを丁寧にデザインしていくアプローチは、「ソーシャルデザイン」そのものです。個々のサービスの成果は未知数ですが、「ソーシャルグッドカンパニーでありつづける」ことをミッションとして掲げるクラダシの本質をよく表しています。

5 クラダシの事業的成果と社会的貢献

　サイトの利用者が増えればそ
れだけ売上も利益も増すことか
ら、経営指標として重視してい
るのは協賛企業数と会員数で
す。2021年5月には会員数は22
万人を超え、協賛企業数は約850
社に達しており、今も伸び続け
ています。社会貢献活動の事業
化について関藤社長は「息の長
い社会貢献活動にするには、事

> 累計実績
> 食品ロス削減数：14,178トン
> CO2削減数：36.29 t-CO2
> 経済効果：43億9,524万円
> （2021年6月30日時点）
>
> 寄付総額：65,683,615円
> （2021年7月31日時点）

出所：クラダシより提供

業化が必要不可欠である。みんなが気になっているが見過ごしている
ものを、どのように数字化するかが大事」と話し、河村晃平取締役も
「企業の考え方を変えるには利益と社会貢献の両軸を回す必要があ
る。寄付をする、NPOをつくる、は従来のやり方だが、ビジネスで
やるというのがニューノーマルだと思う。これからの社会貢献は、社
会性、環境性、経済性を考慮し事業化する必要がある」と話します。
クラダシによる社会貢献型のビジネスモデルの成功は、SDGsの推進
をビジネスチャンスにしようと考える企業の大きな手掛かりになるで
しょう。

　食品ロス削減量、月500トン水準(2021年2〜4月末)は業界内トップ
レベル。とはいえ、年間約612万トン(2017年度推計値　農林省発表)ある
日本の食品ロスから考えると成果はまだまだ小さい数字です。社会的
成果として一番に取り上げたいのは、日本初のサービスで食品ロス問
題への社会的関心を集め、"もったいない"を価値へ変換する新しい
マーケット(1.5次流通)を創出したことです。

　クラダシは成功した自社のビジネスモデルで特許を出願していませ
ん。それには関藤社長が阪神淡路大震災のボランティア活動で味わっ

た無力感、「ひとりでできることはあまりにも少ない」ということを味わった経験が関係しています。災害ボランティアと同様に、食品ロスという問題は一社では到底解決できないことを知っていたからこそ、このマーケットを独占しようとは考えなかったのです。

「KURADASHI」開設から6年、新規参入によりマーケットは成長し、それにつれて人々の意識も変わり、今では廃棄対象商品の売り買いは当たり前のように行われています。クラダシが新たなプラットフォームで人と組織の意識変革・行動変革のきっかけをつくった功績は高く評価されてよいでしょう。

2020年にはじめた「レストランマルシェ」は、コロナ禍に苦しむ飲食店や卸の在庫食材を企業連携によって飲食店で販売する支援で、ここでも「仕組み」と「連携」の強みが発揮されています。2019年に可決された食品ロス削減推進法やSDGs、ESG投資も追い風となり食品ロス削減活動は加速しています。「2030年食品ロス半減」という大きな目標を掲げるクラダシが次にどのようなサービスを創り出すのか、おのずと期待が高まります。

クラダシのサービスモデルの特色

クラダシは、年間約600万トンの食品廃棄問題を抱える日本で、これまで3分の1ルールなどで廃棄されていた商品を、消費者が購入すれば、自動的にその一部が寄付されるという価値提案を行いました。消費者にとっては、廃棄ロス問題に貢献する商品の購入が、社会貢献団体に対する支援にもなります。

それを可能にしているのは、クラダシによる三方よしのフードシェアリングプラットフォーム「KURADASHI」です。会員である消費者はお得な商品購入に加えてエシカル消費と社会貢献、商品を出展する協賛企業には廃棄コストの削減と企業イメージの向上、社会貢献活動団体には活動資金の獲得と認知度向上という三方よしです。クラダシと消費者、クラダシと協賛企業という、

いわゆる２サイドプラットフォームに、購入金額の一定比率を寄付に宛てることで、クラダシと社会貢献活動団体という関係を加えたところに大きな特色があります。

利用者の満足度評価を促進するために、台風被害などの農産物・水産物の流通支援、未収穫農産物を学生インターンシップで助ける社会貢献型インターンシップ「クラダシチャレンジ」や、フードバンクへの商品の提供を円滑にする支援活動を行う「フードバンクオンラインマッチングシステム」、在庫食品を企業連携によって飲食店で販売するレストランマルシェなどについての情報発信を豊かにするとともに、会員の支援基金も可視化する努力を行なっており、それがまた、会員、協賛企業、社会貢献活動団体の事前期待形成を強化することになっています。

関藤社長自らがイニシアティブを発揮し、次々に斬新なアイデアを繰り出しており、それらをクラダシの組織的な取り組みとして大きな力に進化・発展させ、クラダシの協賛企業、会員、社会貢献活動団体を強固に連結する推進力になっています。これまでの基盤と実績をもとに、さらにさまざまなサービスイノベーションを加え、今後の多角的な展開が期待されます。

3
満足度評価による事前期待形成

　顧客満足度を高めて事前期待形成につなげることを
「イノベーションの的」とする事例としては、３つの事
例を取り上げます。
　第１は、名古屋圏で地域を支える「あんしんネットワー
クサービス」を展開し、地元では「つばめさん」と呼ば
れ信頼される、つばめタクシーグループです。第２は、
地方、過疎地のシニア層という明快な利用者像に対し
て、安近短の理美容サービスを展開して直営で1,000店
近くを運営するハクブンです。第３は、路線バス事業者
ながら、ICTを活用する送客から、地域観光興しによる
創客までを実現するバス事業の発展モデルを提示する
イーグルバスです。
　三者三様の異なったタイプの事前期待形成の姿が見ら
れます。

❶ つばめタクシーグループ

——タクシー・介護士・警備員が街中に
地域を支える「あんしんネットワーク」——

[サービスの概要]

ドライバーが複合的な資格・スキルを持つことにより、タクシーに付加価値を付与する「あんしんネットワーク」サービスを開発。移動を基軸に、地域に貢献するサービスを展開。相乗り、買い物支援、徘徊発見、ドライバー派遣などあらゆる可能性にチャレンジし、移動サービス事業の新しいモデルに挑戦し続けている。

サービスイノベーションの特色

◇24時間駆け付け介護、徘徊発見など、地域のさまざまなニーズに応えてタクシー事業に新たな価値を付加。夜間の駆け付け介護ではオンリーワンの役割を担うなど、地域の欠かせないインフラとなっている。

◇タクシードライバー(普通二種)、介護職員初任者研修、市民救急員、警備員資格など必要資格はすべて自社内で育成できる体制を持ち、警備員資格者99％、介護職員初任者研修有資格者200名におよぶ。

◇新たな付加価値サービスの追加、AI配車システムとそれを活用できる人材の育成などにより、顧客満足度と時間当たりの生産性を高め、ドライバーの年収を業界平均より50万円増加させた。

■1 タクシーにできることはもっとあるはず ────

　つばめタクシーグループは、名古屋を中心に愛知・岐阜・三重の3県で営業するタクシー会社グループで、65年以上続く地域を代表するタクシー会社の1つです。つばめ自動車株式会社を中心とし、傘下にタクシー会社16社(タクシー1,303台)、関連会社8社(トラック87台、タンクローリー54台、バス25台、患者搬送車8台)を保有しています。「あんしんネットワーク」サービスを展開しているつばめタクシーグループ内の4社を中心に、新しいサービスとして「タクシー介護サービス」「随時訪問介護サービス」「徘徊者発見送迎サービス」などを提供しています。あんしんネットワークを展開している4社社全体で見ると、売上高49億円、営業利益9,100万円、従業員728名です(2019年現在)。1台あたりの売上平均の指標でみると、あんしんネットワークに参画している4社の中の3社が名古屋市内のタクシー会社の中の上位3社を占めています。

　タクシー業界の動向を見ると、車両数は平成元年では全国で256,792台でしたが、平成30年には227,451台に減少しています。主たる生活移動手段が電車、バス、タクシーだった時代が長く続いてきましたが、同時期のタクシーの輸送人員は、平成元年の3,301百万人から平成30年の1,397百万人まで減少しています(国土交通省「ハイヤー・タクシーの車両数と輸送人員」公表資料)。この状況に加えて、交通手段の多様化が進んでおり、人の移動だけを考えると、ライドシェア、カーシェア、バイクシェア、レンタサイクルなどさまざまな新たな手段が可能となりつつあります。また、MaaS(Mobility as a Service)など顧客の移動ニーズに対応した複数の公共交通やそれ以外の移動サービスを最適に組み合わせて検索・予約・決済などを一括で行うサービスも現れてきており、タクシー業界を取り巻く環境は大きく変わりつつあります。タクシーが提供する付加価値の拡大も必要であり、タクシーの運営に欠かせない運転手の確保にも課題があります。他産業に比べると賃金水準も低く、就業希望者も減少気味で恒常的に人手不足の状況です。

　国土交通省「タクシーサービスの改善による利用者利便性の向上」（平成31年3月）では、顧客ニーズに合った取り組みや女性、若者の働きやすい環境、災害対応の強化を提言しています。

　一方、高齢化による地域の課題を見てみると、男性の平均寿命は81.41年、女性の平均寿命は87.45年です。（厚生労働省「令和元年簡易生命表」）しかし、健康寿命は男性72.14年、女性74.79年です。（厚生労働省「令和2年版厚生労働白書」2016年値）ニッセイ基礎研究所の坊美生子氏によると、男性、女性ともに後期高齢者に入る75歳頃から、多くの人が、一人で乗り物に乗って外出することを含む手段的日常生活動作（IADL：Instrumental Activities of Daily Living）に困難が生じはじめると指摘しています。モータリゼーションの普及や人口減少によって、地方を中心に、バスは路線廃止が相次いできました。高齢者の単身世帯や夫婦のみ世帯が増え、送迎を頼める子どもが身近にいないという人も多くなります。さらに介護が必要な場合は、病院や介護施設に行くことも非常に難しい状況となってきます。

2 「あんしんネットワーク」サービスの開発

　大都市圏である名古屋市でも高齢者の課題は過疎地と同じく存在しています。つばめ自動車代表取締役社長である天野清美氏は、20年前に母親が要介護1という認定を受けました。当時、社長自らが時々、病院まで車で送迎する生活を過ごす中で、「もし自分が行けなければ、どうすればよいのか」という深刻な疑問を持ちました。そして、タクシー会社の社長として「タクシーにできることはもっとあるのではないだろうか」と考え続け、名古屋市内に走行している多くの自社タクシーが自分の母親のように介護を必要とする人の役に立てるのではないかと考えました。その結

果、移動だけでなく介助しながら送迎し、緊急時にはかけつけ、見守り、いなくなったら探す「あんしんネットワーク」サービスを開発したのです。

　このあんしんネットワークサービスは、タクシー介護サービス、駆け付けサービス(まもるくん)、徘徊者発見サービス(みつけたくん、図表2-12)、定期移送サービス(ケアサポート)、妊婦向け緊急送迎サービス(エンジェルプラン)を提供するまでになっています(図表2-13)。

図表2-12　徘徊者発見サービスの仕組み

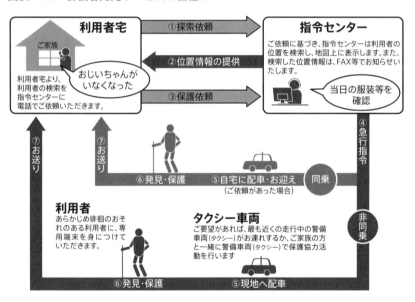

出所：つばめタクシーグループ資料より作成

図表2-13　主なタクシーに付帯して提供するサービス

タクシー介護サービス	タクシーによる介護付き移動サービス。介護士の資格を持つドライバーが、自宅内から車両への移動、車両から病院の受付・診察室までの介助と送迎を行う。顧客は、独居高齢者、認知症などの介護を必要とする人など。買い物、お墓参り、夜間訪問介護、水分補給、おむつ交換なども行う。
駆け付けサービス （まもるくん）	顧客(高齢者)に「見守り携帯」を配付。顧客から通報後、最も近くにいるドライバーが15分で駆け付ける。「窓を閉めたか見てほしい」「不審者が心配なので見てほしい」などの心配ごとや、転倒やトイレ使用時にも対応する。
徘徊者発見サービス （みつけたくん）	徘徊している高齢者を自宅まで送り届ける。顧客(高齢者)は、GPS端末を所持。家族などからの通報があった場合、タクシーに顧客の顔情報を送信。ドライバーが探索・保護し自宅まで送り届ける。発見までのサービスと自宅まで送り届けるサービスとを一体化させる。
定期移送サービス （ケアサポート）	要介護者・要支援者、障害児・障害者などを定期的に送迎する。介護タクシーは、月8,000件の出動要請がある。
妊婦向け緊急送迎サービス （エンジェルプラン）	登録制の出産間近の妊婦向けサービス。緊急の場合、タクシーで速やかに病院に送り届ける。延べ7万6,000件の実績(2021年7月現在)。

3 「つばめなら安心」というブランドづくり――――

　つばめタクシーグループは、名古屋市内を中心に1,300台のタクシーを毎日運行しています。「タクシーにできることをもっと」「おもてなし」の2つをスローガンに掲げ、先進的なサービスを次々と打ち出してきました。顧客からの信頼を大切にし、「おもてなし」の考え方を早くから導入し、徹底した研修とタクシーモニター制度を30年前から導入しました。名古屋市内の居住者30〜40名のタクシーモニターを募集し、毎日のさまざまなサービス体験から月

に1度フィードバックをもらい改善に役立ててきました。これらを通して質の高いサービスを提供することで、多くの顧客から「つばめさん」と呼ばれる信頼関係を築いてきました。さらに、タクシードライバーの約7割が、市民救急員、警備員資格など公的な資格を持っているということが知られるにつれて、顧客の安心感や信頼感はしだいに強くなってきました。これらを背景に、つばめタクシーグループは、「あんしんネットワークサービス」の提供をはじめたのです。

　今までにないこれらのサービスを支えているのが、人材開発が最も大切であるとの考え方のもと、自前で行なっている資格取得・スキル育成への継続的な投資です。サービス産業生産性協議会の提言（「労働力喪失時代の「スマートエコノミー」をめざして」平成18年11月）では、「労働生産性の向上は、国をあげて取り組むべき喫緊の課題といえる。とりわけ、わが国が立ち遅れているサービス産業の生産性向上は、最優先の課題である」と指摘しています。マクロの総生産額や付加価値総額を増加させる成長戦略から、労働者一人当たりの付加価値の増大により生産性を向上させるイノベーションの推進を柱にした政策展開と企業経営に、「国をあげて」転換する必要があると指摘しています。そして、その中で日本の人材育成投資は、1990年代前半は約2.5兆円前後あったものが年々減り続けており、2010年以降は約0.5兆円とピーク時の2割程度と低迷していることが述べられています。

　こういった流れとは反対に従業員の教育投資を大切にしてきたのがつばめタクシーグループです。社長は、教育が趣味といわれるほど、社員の育成に時間とお金をかけてきました。天野社長は、「一般的には、タクシードライバーは社内にいてはダメといわれています。タクシーは外に出ている時が、稼いでいる時だからです。昔は、社内にいると『早く出ろ』といっていましたが、今は、社内で研修をしてもらって

います。もし、この時間を外に出
ていたらかなりの利益につながる
のですが、長い目で見ると育成が
大切なことがわかっています」と
いっています。

　つばめタクシーグループでは、
入社時から多くの時間を育成に費
やしています。運転手の新入社員研修は、法的には8日間が必要とさ
れていますが、つばめタクシーグループは、タクシー協会、つばめタ
クシーグループ、各社内研修を合せて最短で約1カ月、実際には2カ
月程度の研修を行なっています。普通二種研修にはじまり、警備員研
修、介護研修、機械操作、車いすの実技、AED操作法、接遇やマナー
など多岐にわたる研修をすべて自社研修所で行なっています。その結
果、タクシードライバー（普通二種）、介護職員初任者研修、市民救急員、
警備員資格などすべての必要な公的資格を社内取得できるようになり
ました。その後も最低年4回の本社での研修と、月に1回の営業所で
の現場チームメンバーによる勉強会を実施し、スキルや顧客対応につ
いて常に知識の獲得と実践的なスキルの向上に努めています。

　筆者らが本社研修所を訪れた時には、「警備員研修」が行なわれており、
法律の遵守や最近実際に起こった事例を学び、ドライバー達がグルー
プごとに意見交換を行なっていました。この日の講師は、ドライバー
で警備分野の勉強をして社内講師となり、この分野の専門知識は法律
の専門家もかなわないレベルになっているそうです。また、あんしん
ネットワークを展開する4社の各
営業所では、前職で介護施設に勤
めていたマネージャーが、毎週
リーダーとなり、ドライバーのグ
ループ学習をサポートしています。

　ケアアテンダントであり介護士

運行管理担当である2016年新卒入社の社員は、「全くの介護未経験者でしたが資格を取得し、ドライバーの枠を超え新しい仕事ができている事に自分で驚いています。今は営業主任としてメンバーをまとめながら、介護の実務経験も積んだので介護福祉士の資格取得を目指しています！」と語っていました。

４ グループ内あんしんネットワーク ４社を通してサービスを提供 ―――――

　つばめタクシーグループの経営は、図表2-14に示すように働く人を「研修」によりキャリアアップし、それをシステムで支え、人に価値を与えて「人財」にする、「人を活かす、人が生きる」という考え方にもとづいています。そして、「人財」育成を積極的に行なってきましたが、付加価値を上げるためには、システムの力も積極的に取り入れています。

　一般のタクシー業務には、AI需要予測システムを採用して生産性の向上にも積極的に取り組んでいます。また、配車にもITが活用されています（図表2-15）。

　介護用のオペレーションセンターは、緊急性や専門知識の違いから、一般車両用とは分けて運用されています。介護要請への配車では、顧客の位置情報やニーズ、車の位置情報、スキルレベルが３段階に分かれているドライバー情報という３つの情報が統合され、顧客のニーズと相性の合った最適なドライバーを派遣できる体制を構築しています。

　一般配車では、AIシステムに自社の過去のデータを学習させ、名古屋市内ではトップクラスの保有台数であるタクシーからの乗車状況のデータが常に加わり、数分ごとに分析を行なっています。タクシードライバーはこれを見ることで、期待される乗車人数の多い地域とすでにそこにいるタクシーの量を見て、どの地域に自車が行くべきかを判断しています。

図表2-14 「人財」育成の仕組み

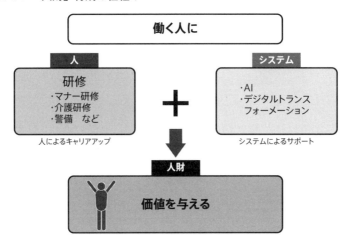

出所：つばめタクシーグループより提供

図表2-15 配車システムへのリアルタイム配信の仕組み

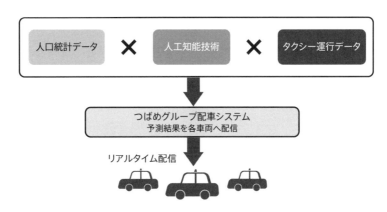

出所：つばめタクシーグループ資料より作成

このシステムにより、駅などのタクシーの乗り場で待機する車はほとんどなく、効率よく動けるようになりました。インターフェイスもドライバーが使いやすいように、色で見やすく表示したり、操作もなるべく簡単にするなど、日々改善を進めています。これにより付加価値を高め、また、時間を有効に使うことにより、介護など新たなサービスを導入するインフラを構築しています。

　あんしんネットワークは、顧客に支持され、社員の専門性も拡大して付加価値も高めているサービスですが、すぐにグループ会社全体に広げることは難しいといいます。これは、グループ各社のトップが事業コンセプトに共感し、かつ社員が同じ想いを持つことがなければ、実現できないサービスであるためです。ここが課題であるとともに、この難しさが他社からの参入障壁を高くしている強みでもあります。実際に多くのタクシー事業者が見学に来ていますが、実際に同じレベルでサービスを提供できているところはほとんどありません。

■5■ 「あんしんネットワーク」の事業的成果と社会的貢献 ————

　このように、「つばめさん」ならやってくれるという顧客のニーズに、その人財とシステムを使って応えることで、あんしんネットワークを展開する4社の中の3社での一台当たりの売上平均は、名古屋にあるタクシー会社の上位3位に位置しています。その結果として、労働生産性も上がり、平均年収は470万円を実現しました(地域業界平均420万円)。3年前には託児所など労働環境も整備することで、女性ドライバーも増えました。つばめタクシーグループが関わっている「独居高齢者、認知症、要介護者向けサービスの実績は図表2-16の通りで、しっかりと地域に根付いたサービスとなっています。

図表2-16　独居高齢者・認知症、要介護者向けサービスの実績

		2016年	2017年	2018年
タクシー介護サービス	利用回数	223,412人	208,252人	201,728人
かけつけサービス	出動回数	3,997人	4,239人	4,406人
みつけたくん	利用者数	1,167人	1,200人	1,239人

出所：つばめタクシーグループより提供

　また、一般的には介護事業所で行う随時訪問介護(24時間かけつけ介護)では、つばめタクシーグループは、日本で5本の指に入る契約件数(300件／月)の受注があります。

　これらの活動の結果、タクシードライバーは、運転するだけでなく、さまざまな公的資格を持った専門家であることを地域の人に認めてもらい、業界のイメージの改善にもつながっています。

　現在、あんしんネットワークサービスを統括する株式会社あんしんネット21代表取締役社長の天野朝之氏によると、これまではお客様からの「ありがとう」がゴールであったタクシー業界が、介護、警備など移動に付帯するさまざまなサービスが開発されてきたおかげで、「助かったよ」に変わってくるといっています。このコロナ禍で感染症の搬送患者(名古屋市と連携して軽症者の搬送)など、社会的に重要な役割も担っています。今後も「つばめだったら何かできるのではないか」の期待に応えていこうとしています。

つばめタクシーグループのサービスモデルの特色

　つばめタクシーグループの価値提案のコンテンツは、移動サービスに、介護、かけつけ、徘徊発見、出産間近の妊婦向けサービスなどを付加するものです。そのそれぞれの個別のコンテンツ自体には目新しいものはありませんが、提供される移動サービスと地域の困りごとが組み合わさって同時に発生するコンテキストと、これらがグループ内に形成されたあんしんネットワーク4社のタクシーサービスを通じて提供されるというチャネルに特色があり

ます。

　そのあんしんネットワークというサービスメニューの価値共創の仕組みのうえで、顧客は、介護士、警備員、市民救急員などの資格を持ったドライバーに出会い、移動以外のサービスを受けることになります。

　その結果の満足度は、常にタクシーモニターからの評価やコールセンター利用者の声を積極的に収集することによって注意深く評価されています。そして、その利用者の満足が、「つばめさん」という親しみを込めた呼称となり、移動サービスだけでなく、地域の安全・安心ニーズにいつも応えてくれるという事前期待を形成しています。

　つばめタクシーグループのサービスイノベーションが際立つ点は、この利用者の信頼感や安心感の定着による安定的な事前期待の形成にあり、これが「イノベーションの的」となっています。そのサービスイノベーションの特色は企業経営面で、つばめ自動車の天野清美社長の経営理念に支えられた手厚い人材開発投資が事前期待につながり、満足度評価を通じて、安定的な事前期待形成を生み出しています。さらに、それが経営の安定性や持続可能性を高めるものになっています。つまり、当期の利益額を後回しにするほどの手厚い人材開発投資を通じた付加価値共創を、利用者サイドの価値共創における安定的な事前期待形成につなげていこうとする連結的なサービスモデルになっているところに特色があります。最前線事例のサービスモデルには、利用価値共創と提供価値共創を連結するものは数多くありますが、付加価値共創と利用価値共創を連結する形は多くはありません。その人材開発投資には、「あんしんネットワークサービス」向けだけでなく、本業での付加価値向上を目指し、従業員の稼ぐ力を高めるAI需要予測システムの導入も含まれています。

❷ 株式会社ハクブン

——過疎地や離島でもシルバーの人生を豊かに
安近短の理美容室「IWASAKI」——

[サービスの概要]

日本全国で970以上の理美
容室を展開。高品質な理美
容技術を標準化し、カット
約9分、カラー約7分といっ
た短時間でサービスを提供
するなど生産性を向上する
とともに、柔軟な価格設定
で低価格を実現。短時間勤
務制度の導入や定年年齢の
撤廃なども行いながら、安
心して働き続けられる職場
づくりを進めている。

サービスイノベーションの特色

◇従来珍しかった均一価格のアラカルトサービス(カットのみ、カラーの
みなど)、従業員が働きやすい時間帯に多く来店いただくための平日
タイムサービス、店舗バリアフリー化など、経営革新を継続的に取
り組んでいる。

◇生産性を高めて実現したローコスト運営モデルにより、970以上の
店舗の3分の2を地方と過疎地域に展開。同時に、従業員の定着率
を高めるとともに、業界平均と比べ80万円以上高い年収を実現し
ている。

◇商慣行にこだわらないサービスの探求と生産性向上の徹底により、
高齢化・過疎化が進む地方における理美容サービスの継続提供を実
現し、理美容業界全体のサービス革新と地方創生に貢献している。

■1 顧客と理美容師の双方の問題を解決する美容室を
　地方と過疎地に積極展開────────────────

　ハクブンは、1986年の設立当時から「美容技術を通じてお客様に喜んでいただきたい」「美容師を、心から大切にする会社であり続けたい」という理念のもとで、顧客が高頻度で利用しやすい価格と施術時間の美容室を全国規模で直営の多店舗展開を行なってきた結果、従業員数3,100人、店舗数約1,000店を展開する理美容チェーンとなっています。

　創業者である岩崎博文社長が独立前に他店に勤めていた際、高齢の指名客から度々「長時間座っていなければならず体が辛い」「散髪は贅沢でたまにしか来られない。髪を伸ばしたくないが我慢しており、それが辛い」といった美容室への価格的・身体的な敷居の高さに関する声を耳にしていました。また、同僚の美容師が結婚・出産・介護・高齢化によりフルタイムで長時間働けないことを理由に、退職をすすめられることに疑問を感じていました。このような問題意識のもと、業界慣行を打ち破り、顧客と美容師双方の問題を解決すべく創業されたのが、美容室IWASAKIでした。

　IWASAKIの最大の特徴は、出店先の64％が従来の理美容チェーンが立地を志向する都市部ではなく、地方や過疎地であることです。内訳は、過疎地が20％、地方部が44％です。

　きっかけは岩崎社長が、故郷である佐賀県伊万里市の高齢の方々にサービスを提供したいと考えていたところ、社長と同郷の従業員から地元へ帰って出店したいとの申し出があり、それを端緒として、その伊万里市に出店したことにあります。実際に出店してみると大盛況となり、現在では月間で伊万里市の人口5.5万人の約12％である6,500人が来店しています。その際、顧客から多くの感謝の声をいただけたことに喜びを感じ、過疎地や地方への積極的な出店と、そのためのサービスの進化を続けてきました。

　岩崎社長は、この時のことをこう振り返ります。

「これまで常に"望まれる出店"を心掛けてきました。過疎化が進行する地方だからこそ役に立ちたいという思いがあります。伊万里への出店で特に高齢の方々に感謝されました。その喜びを感じ取り地方出店に舵を切りました。これにより、理美容師のワークライフバランスのとれる働き方ができるようになり、現場からも多くの感謝の声をいただいています」

　過疎地では、人口の減少にともない、さまざまな生活サービスの事業継続が困難になっています。理美容業界においても同様で、特に過疎地や離島に出店できる理美容店は限られ、「理美容難民問題」が生じています。IWASAKIは、こういった地域に積極的に出店し、顧客にも理美容師にも満足してもらえるサービスモデルを構築しているのです。

2 高齢顧客が高頻度で訪れやすく、理美容師も 生涯にわたって働きやすい理美容チェーンを――――

　IWASAKIの顧客は、7割が50代以上の高年齢層です。この層の顧客は、価格の高さや長時間の着座を気にする人が多い傾向にあります。一般的に理美容店の価格帯は5,000円〜10,000円で、入店から退店までに2時間近くを要する場合もあり、高齢な顧客の負担になっていました。これに対してIWASAKIでは、顧客が自宅でできることは省く発想で、「カットのみ」「カラーのみ」など、施術のみに絞った形でメニューを構成しています。当時、美容室ではシャンプー込みのセットメニューが標準型であったことを考えると、非常に画期的な発想だといえます。これにより、施術時間はカット約9分、カラー塗布約7分、価格はカット980円、前髪カット390円、カラー2,600円、カット＋パーマ3,300円などといった具合に、必要なサービスを短時間かつ、お手頃価格で提供可能にしています。このように、余分なサービスや顧客が家でもできる部分を取り除いたノンフリルサービスにすることで、過疎地の高齢の顧客であっても気軽に利用できるように工夫されてい

るのです。

　IWASAKIのサービスモデルの本質を理解するには、別の問題にも着目する必要があります。それは、働き手である理美容師です。理美容業界では今、理美容師の定着率の低さが問題になっています。高頻度なシャンプーの使用による深刻な手荒れや、無理な体勢での洗髪による慢性的な腰痛など、身体的に過酷で長時間の労働が常態化しており、理美容師を続けられなくなってしまうケースが多々あります。他にも、ライフステージの変化に伴って、転居や出産、子育てや親の介護、自身の高齢化など、理美容師としてフルタイムで働くことが困難となり、離職してしまうケースも多いといいます。

　図表2-17に示すように、ライフステージの変化があっても理美容師として働き続けられることと、理美容難民のニーズに応えられることを両立することで、過疎地であっても理美容事業が維持継続できるようなサービスモデルを構築することこそが、IWASAKIの最大の課題だったのです。

図表2-17　「IWASAKI」が大切にしていること

ヘアーサロンイワサキが最も大切にしていることは、
美容師さんの
"仕事と生活の調和" です。
青年期、中高年期による、ライフステージに応じて
多様な働き方を選択できるようにしています。

働きやすいシフト
週1日、3時間〜

ブランクもOK
16歳〜77歳が活躍

有給、産休・育休
100%取得

出所：ハクブンより提供

3 顧客と理美容師の両側の期待に応える
サービスモデルを構築 ───────

　地方や過疎地での積極的な出店に向けて、IWASAKIではハード面やソフト面の開発だけでなく、業界慣行にとらわれないメニュー提案や店舗運営に至るまで工夫が施されています。

　ハード面においては、面積が20坪以下とコンパクトで少人数稼働を可能とする店舗仕様とオペレーション手法を開発しました。受付はタッチパネルを採用してセルフ受付とすることで省力化を図り、待ち時間が発生する場合には、QRコードによる情報提供も行なっています。高齢の顧客に合わせ、バリアフリー仕様の店舗も開発しました。顧客が安心して店舗を利用できると同時に、理美容師も施術に専念できる環境を整えています。シャンプー台も、洗い場の深さと角度を考慮して設計した独自仕様で、腰を曲げずに施術が可能となったと同時に、メンテナンスも容易になりました。先述した通り、シャンプーは理美容師にとって身体的な負担が大きかったため、これを軽減したのです。加えて、刺激の強いシャンプーによる肌荒れに悩む理美容師も多いため、肌にやさしいシャンプーまでも開発しています。他にも、さまざまな器具開発や店舗設計を独自に行うことで、少人数稼働の動線や施術をハード面の開発で徹底的にサポートしています。

　ソフト面では、短時間でも高品質な仕上がりが可能な効率的なカット技術を開発し、従来30分かかっていたカットを約9分で行えるようにしました。このカット技術は、動画と文書の施術マニュアルとして社内イントラに蓄積して全社員で共有しています。理美容師は、営業時間内の閑散時間帯で自己訓練ができ、管理者によるレベルチェックと指導を必要最低限に抑えられるようになりました。これにより、業界慣行である閉店後の技術指導という時間的拘束の負担を解消しています。

　業界慣行にとらわれないメニュー提案は、顧客と理美容師の双方にとって価値があるものになっています。冒頭で紹介した通り、業界の

商慣行であったセットメニューを廃した業界初のアラカルトでのサービス提供は、顧客に必要なサービスだけを短時間かつお手頃価格で提供する仕組みであると同時に、育児や親の介護などで時間の限られた理美容師にとっても短時間で顧客対応ができる仕組みとして機能しています。

　さらには、特定の時間帯の価格を優遇するタイムサービスは、店舗ごとに設定が可能であり、理美容師が対応しやすい時間帯に集客のタイミングを合わせることで、理美容師が子育てや介護の時間を大切にしながら、その合間など希望する時間での就労を可能にしています。まさに、顧客と理美容師の双方の事前期待をとらえたサービスだといえます。

❹ 地方、過疎地でも持続可能なサービス事業に ─────

　このようなアラカルトメニューやタイムサービスを軸とした理美容チェーン運営を持続可能なものにしていくには、マネジメント上の工夫が必要です。たとえば、タイムサービスを展開する場合に気になることは、そこでの値引きのしわ寄せが、理美容師の収入減を招いていないかという点です。自己犠牲を前提にした値引きや顧客対応は、いずれ事業と従業員の疲弊につながり、事業存続の致命傷になります。IWASAKIではそれを防ぐため、店舗運営のKPIを、売上や利益の金額ではなく、客数に置いています。そして、理美容師には、基本給に加え出来高制の歩合給が支給されるのですが、この出来高制の歩合給の基準も、売上額ではなく作業量基準であり、1時間あたりの作業量である人時生産性で把握されています。これにより、価格水準を下げるタイムサービスを導入しても歩合給が目減りしない仕組みとしています。

　このような運営ができる理由は、低価格であっても来店サイクルを高めることで、客数を伸ばせば事業の収益がしっかり確保できるサービスモデルが構築されているからといえます。実際に顧客からは、「短

時間かつお手頃価格で行きやすいので散髪に行く回数が増えた」「周りの人からさっぱりしたねと褒められて嬉しい」「こんなに安くてありがたい。次に来る時は、友達を誘ってくる」という声が集まっているといいます。サービスに満足した顧客のリピート頻度の向上と、クチコミや顧客紹介による顧客数の拡大によって、IWASAKIの事業は成長を続けてきました。

　ここまで見てきたように、ハードである店舗や器具の開発、ソフト面である効率的なカット技術の開発と店舗への展開、業界慣行にとらわれないアラカルトメニューやタイムサービスの提案、さらに、従業員の働きやすさや事業の自己犠牲にならないような運営の工夫と、多面的にサービスを組み立てています。過疎地の理美容難民のニーズへの対応と、ライフスタイルが変化する理美容師が働き続けられる環境の構築の両側を橋渡ししている点が、IWASAKIの顧客満足度や従業員満足度を支えています。

5 ハクブンの事業的成果と社会的貢献

　このサービスモデルにもとづく地方や過疎地の顧客の支持と、過疎地でも採算の取れる店舗運営が地方への積極的な出店を可能にしました。その結果、2015年以降で年間平均90店舗の出店により事業を拡大しています。顧客数も2015年からの5年間で1.6倍に増加。当然、過疎地の場合、開店当初は赤字の場合もあるそうですが、顧客のリピートや評判による顧客拡大によって、顧客数が増加するにつれ自然と黒字化していくといいます。

　また、独自のサービスモデルにより、ライフスタイルの変化で制約のある理美容師でも働き続けられる環境が整備されました。加えて、短時間の勤務でも効率的に所得が得られるようになったため、従業員の平均年収は一般美容師の平均年収に比べて約100万円向上しました。その結果、一般的に理美容師の定着率は20％程度といわれる理美容業界において、IWASAKIは3年目の定着率が88％と極めて高い水

準を実現しました。また、定年年齢は実質未設定であり、中高年の理美容師も長く働き続けられる職場づくりを進め、現在スタッフ最高齢者は78歳、従業員平均年齢は業界平均の31歳を大きく上回る46歳と、年齢を重ねても自分の意思で続けられるようになっています。これらの取り組みや成果が評価され、2018年には「働きやすく生産性の高い企業・職場表彰(大企業部門)」において「最優秀賞(厚生労働大臣賞)」を受賞しました。

　IWASAKIのサービスモデルは、地方や過疎地においても持続可能な理美容サービスの姿を示しているといえます。人口減少・高齢化・過疎化・人手不足など、これからの日本において深刻化する課題に対するサービス事業のあり方と可能性を考えるうえで参考になるものと思われます。

ハクブンのサービスモデルの特色

　ハクブンにおけるサービスイノベーションは、シャンプー込みのセットメニューが普通の美容業界の慣行に対して業界初のアラカルトサービスを提供することからはじまりました。そのサービスイノベーションが本格化したのは、従来の理美容業界では若年層を対象に繁華街の一等地への出店が一般的であったことに対して、理美容難民が出やすい地方・過疎地などのシニア層を中心に据えた多店舗展開を直営ではじめてからです。

　この従来とは異なった顧客層の事前期待を持続的に実現すべく生み出されてきた利用サイドの価値共創の仕組みが、理美容師が働きやすく、1人稼働も可能でバリアフリーのコンパクト店舗を活用した、短時間・低価格化を基軸とする良質なサービスを提供するIWASAKI方式というべき理美容サービスです。

　このサービスイノベーションが可能になったのは、地方・過疎地といった地域に進出し、シニアになっても仕事を続けたい理美容師が、シニアを中心とした顧客を対象として仕事を続けること

ができる理美容業の多様な仕組みを開発したことにあり、このような地域のシニア層顧客と理美容師の満足度をIWASAKIならやってくれる、IWASAKIならやれるという事前期待の形成につないだことにあり、ここに「イノベーションの的」があります。

　シニア顧客からの口コミを含む多様な価値発信は、お客様ダイヤルの仕組みなども活用しながら、日常の理美容の仕事を通じてきめ細かく把握されています。これら業界初を多く含む革新的な取り組みを結実させることができたところには、「理美容師を心から大切にする会社でありたい」と願う創業者の思いがありました。その思いをもとにして、常に理美容師の働きやすい環境づくりを行うことが、顧客にとってもメリットのあるサービスメニューに結実させる供給サイドの価値共創のアプローチといえます。

　このように、利用サイドの価値共創と提供サイドの価値共創を強固に連結し、それを従業員志向の経営が支えるサービスモデルができており、今では全国に直営で1,000を超える店舗を持つ理美容チェーンを築くに至っています。

❸ イーグルバス株式会社

——ICTと地域観光興しによる持続可能な交通まちづくり——

[サービスの概要]

15年前より路線バス事業の再生に向けて需要創出に取り組む。3段階のハブ構想として需要創出をモデル化する。第1は、既存路線をハブ＆スポーク化。バス台数を増やさずに運行密度の増強を可能とする。第2は、ハブに商業施設を併設。新たな賑わいを創出する。第3では、複数のハブを結節し、多様な商業機能などの利用を可能とする。

サービスイノベーションの特色

◇過疎地における路線バス事業者の役割を、単なる「移動手段の提供者」ではなく、地域と連携したまちづくりの一翼を担う「需要創造の主体」へと変革させている。

◇行政区をまたいだ連携が可能というバス事業の強みを活かし、積極的に行政などにまちづくりを働きかけることで本業の幅を広げている。その結果として、路線バスの存在意義と事業性を高めている。

◇自社開発による日本発の路線バスサービスの仕組みを海外(ラオスなど)にも展開している。

1 「データ改善の限界」の先に見出した需要創出 ─────

イーグルバスは埼玉県を中心に、路線バス、観光バス、高速バス、送迎バス、福祉バスなどのバス事業を展開しています。2006年に大手バス会社の撤退で困った県内の日高市から支援の依頼があり、赤字の路線バス事業を引き継ぎます。しかし、ふたを開けてみると、バスの運行状況や利用者の数、30年以上同じ場所にある停留所がなぜそこにあるのか理由もわからない状況でした。事業が見えないから今まで改善ができなかったのではと考え、サービス工学的アプローチとして、運行データの見える化をはじめました。

すべての路線バスにカメラやセンサー、GPSなどを設置し、バスの遅延状況や乗降客数などのデータを取得していきます。これをもとに、図表2-18のように利用者がいない時間帯の運行を混雑する時間帯へのシフトなどによって、バスの便数を増やさずに利用者を増やし、停留所周辺の環境変化にも柔軟に対応できるようになりました。

一方で、データだけで判断しないことに留意しています。利用者が少ない停留所でも、地域の高齢者が通院のために利用している可能性もあります。ここを廃止した場合、路線バスの使命に反してしまいます。谷島社長は「データに人間性を掛け合わせなければ、路線バス事業の最適化に役立ちません。"効率化"ではなく"最適化"が重要だと思います」と語っています。そのため、アンケートなどで実際のニーズをとらえたうえで、現場の経験知も踏まえて、データを活用しています。

こうしてブラックボックスだった路線バス事業の「見える化」が可能となり、勘と経験に頼っていた運行ダイヤや停留所の位置、路線の設計などを、実態に合わせて「最適化」できました。その結果、引き継いだ赤字路線はわずか4年でV字回復を果たし、周囲を驚かせました。

しかし、データによる改善は限界にぶつかります。改善を繰り返すうちに改善個所がなくなってしまったのです。この限界を越えるため、

路線バス運行の「見える化」と「最適化」にとどまらず、新たな乗客を獲得する「需要創出」が不可欠だと気づき、地域観光興しに乗り出したのです。

図表2-18　バス事業における「見える化」と「最適化」

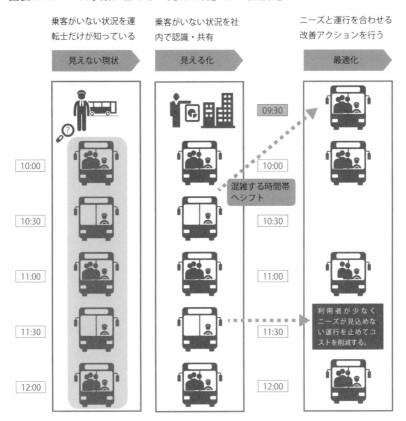

出所：イーグルバス資料より作成

2 見える化、最適化、需要創出の 3ステップ改善モデル ───────

イーグルバスは、路線バスが需要創出までも担えるようになるため

の取り組みステップを3つに分けて示しています（図表2-19）。

ステップ①	**見える化**：カメラやセンサーなどのICTを駆使して運行、コスト、ニーズを「見える化」。
ステップ②	**最適化**：見える化したデータから、ダイヤを「最適化」して事業の土台を固める。
ステップ③	**需要創出**：地域と連携した観光客導入やハブ＆スポーク方式のバスハブ停留所の設置などで、地域への「需要創出」。

　第1段階は、ステップ①の「見える化」によって、路線バス事業の運行とコスト、ニーズの実態を把握し、「最適化」のための改善計画や「需要創出」のために地域と連携した観光興しの計画を考えます。

図表2-19　路線バス事業3ステップ改善モデル

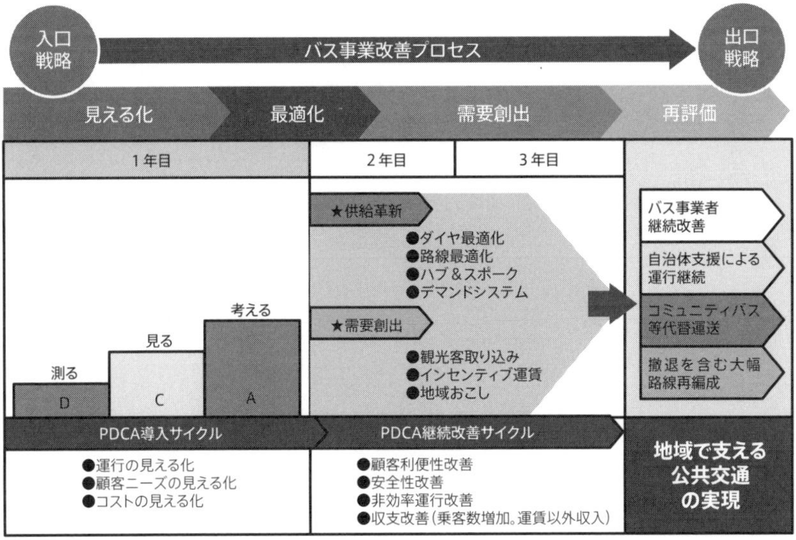

出所：イーグルバスより提供

155

第2段階にステップ②の最適化に向けて改善計画や、ステップ③の観光興しの計画を実行します。その結果を踏まえて、さらに計画をブラッシュアップして、第3段階で更なる「最適化」や「需要創出」に向けた計画の実行を進めます。そして最終段階で、あらためて「見える化」されたデータをもって、改善された実態の再評価を行い、路線バス事業の今後の方向性についての意思決定を行うというものです。

　中でも「需要創出」の鍵を握るのが、ハブ＆スポーク方式のハブバス停留所の設置です。ハブ＆スポーク方式とは、運送業者が荷物をハブに集めて仕分けして、そこから各地の拠点（スポーク）に配送するという、効率化の考え方がもとになっています。イーグルバスはこの考え方を路線バスに応用したのです。しかも同社のハブ構想は役割に応じて3段階にレベル分けされています。第1レベルのハブは、複数の路線を束ねてハブをつくり、そこから各地へアクセスできる利便性を高める役割です。第2レベルはハブに商業施設を併設し、新たな賑わいを創出するもの。そして第3レベルは商業施設を併設した複数のハブをつないで、多様な商業機能を地域全体で利用可能とするものです。

3 3段階の「ハブ＆スポーク方式」が需要創出を実現する ───────────

　イーグルバスによるサービスイノベーションの中心を担う3段階のハブ＆スポーク方式のサービスモデルについて詳しく見ていきましょう。

　まずは第1レベルのハブです。まちの中心部に複数路線が集結するハブを設けることで、ハブを経由すればさまざまな路線のバスに乗り換えが可能になります。このハブは「乗り換え」が主な機能であり、利用者の利便性を格段に高める目的があります。

　これに取り組むきっかけは、埼玉県ときがわ町の町長より、「町の過疎化を防ぐためにバスの台数を増やさずに2倍の運行ダイヤを実現したい」と相談されたことにあります。谷島賢社長は、この難題をハ

ブで解決できないかと考えました。「長大な路線は往復に2時間かかるため、町の中心部にハブを設置すれば、各地の停留所とハブの間を半分の1時間で往復できます。バスの運行頻度は『2時間に1本』から倍の『1時間に1本』になります。しかも、ハブで乗り換えれば、複数地点へ行けるようになるのです」と、谷島社長はいいます。

しかし、この構想とは裏腹に、住民アンケートでは4割もの住民が反対意見でした。「今まで一本で目的地まで行けたのに、ハブで乗り換えるなんて不便だ」との意見が多かったそうです。しかし、ここは町長の信念のもと、取り組みを進めることになり、町の職員自らが住民との対話の機会を幾度となく設け、徐々に理解者が増えていきました。

結果、第1段階のハブにより、車両を増やすことなく、運行便数は区間により最大3倍に増発され、利用者の利便性は大きく向上しました。利用者は40％も増加し、路線バスの収益拡大にも結び付きました。

図表2-20　ハブとなる停留所

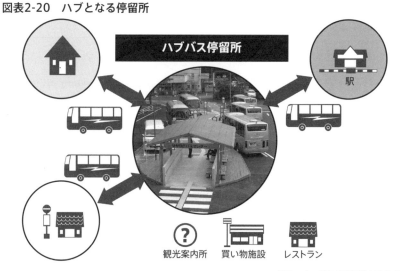

出所：イーグルバス資料より作成

続いては第２レベルのハブです(図表2-20)。ハブ停留所に施設機能や行政機能、観光機能を導入して、町の「小さな拠点」にし、生活サービスが希薄化した過疎地に新たな賑わいを創出します。乗り換えの通過点であったハブが、「目的地」に変わるのです。

　実現したのは、消滅可能性都市に入る埼玉県東秩父村(日本創成会議2014年５月発表資料)。ハブとなるバスセンターを、住民と観光客のための商業施設「和紙の里」に併せて建設します。ここに行政サービスの施設も設置して、過疎地域の生活関連施設不足という課題に対応しています。さらには、利用者が施設を利用しやすいように乗り換え時間に余裕のある運行ダイヤに再編し、運行車両４両を３両にすることで運行コストも削減しました。

　これにより、「和紙の里」入場者は70％増えて約15万人、JA直売所の年間購買人数も30％増えて約12万人と増加しました。こうして第２レベルのハブは、地方創生の鍵となる「小さな拠点」を実現しました。過疎地に新たな賑わいをつくり出し、地域への需要創出と路線バス維持の両立を実現したのです。

　そして第３レベルのハブは、商業施設を併設した複数のハブを結んで、各ハブにある商業施設や機能を融通し合い、過疎地域全体でより幅広い生活サービスを維持するというものです。この構想自体があったものの、日本ではいまだ実現には至っていません。そこで、チャレンジの舞台は海外に移ります。ラオスの首都ヴィエンチャン市から、同社のサービスモデルの導入により路線バスサービスの改善支援の依頼が舞い込んだのです。その一環で、複数のハブおよびショッピングセンターを結び、第3のハブを構築しています。

　このようにイーグルバスは、「見える化」「最適化」に、ハブ＆スポーク方式を中心とした「需要創出」の取り組みを上乗せして、地域への需要創出を担える路線バス事業への変革ステップを構築しました。

　近年では、このサービスモデルを活かして他のバス事業者への支援にも乗り出し、すでにラオスをはじめ、全国各地の事業者にノウハウ提供をはじめています。

4 地域における路線バスの役割を変革するサービスモデル

　路線バス事業は一般的に、お客様を目的の停留所まで送り届ける「送客」という期待に応えることを役割としています。イーグルバスはさらに、地域に需要を創造する「創客」への期待にまで応えられる路線バス事業に進化しています。地域や自治体において、路線バスが「創客」の積極的な担い手になれるとは、目からうろこだったのではないでしょうか。イーグルバスは、路線バスを「地域の移動手段」から、地域と連携したまちづくりによる「需要創出」へと役割を変革したのです。

　これは簡単なことではありません。データを活用した最適化による改善は、路線バス事業者が単独でも実施可能な個別施策です。一方で需要創出は、地域と強力に連携して観光客を地域に呼び込む包括施策です。

　谷島社長が強調するのは、自治体側の熱意です。第1レベルのハブの埼玉県ときがわ町の町長のように、熱意を持ち、住民との対話を含めて主体性をもって取り組むことが重要なのです。「『イーグルバスにお任せ』というスタンスでは、うまくいかない」といいます。

　ここにもイーグルバスのサービスモデルは活きてきます。自治体と密に連携して計画を策定していく際にデータがあるからこそ、実態に即した納得感の高い議論と意思決定が可能となります。また、計画を実行しながらデータに基づいて計画を随時修正でき、成功確率を高め

られます。さらには、計画実行後にもデータを活かして評価し、納得感を持って今後の方向性を決定できます。方向性は以下の4つです。

①バス事業者が改善を継続して維持する。

②データによってバス事業者が支える部分と不可能な部分を示し、不採算の部分を自治体が補助して運行を維持する。

③公共交通として支えられないとして、コミュニティバスや他の交通手段に転換する。

④自治体の支援が見込めず、ニーズもないとしてバス事業者の撤退を速やかに認める。

このように、路線バス事業の見える化・最適化の仕組みがあることで、路線バスによる需要創出を自治体と強力に連携しながら、戦略的に進められるのです。

■5 イーグルバスの事業的成果と社会的貢献

イーグルバスの需要創出にまで至るサービスモデルの成果は、さまざまな形で表れています。第1レベルのハブである埼玉県ときがわ町では、輸送量が再編前と比較して150％〜300％に増加。まさに、バスの台数を増やさずに2倍の運行ダイヤを実現しました。それにともない、利用者数が40％増加したことに加え、路線バスの総走行キロ数は5％削減でき、生産性の高い路線バスの運行を可能にしました。

第2レベルのハブである埼玉県東秩父村の和紙の里では、入場者が約9万人から約15万人へと70％増加。併設されているJA直売所の年間購買人数は約9万人から約12万人へと30％増加し、売上に至っては116％増加しました。

他にも、蔵造りの街並みが観光客に人気の埼玉県川越市では、名所を巡る「小江戸巡回バス」を運行して観光おこしに主体的に関わってきた結果、2019年に観光客数が過去最高を記録しています。さらには、埼玉県日高市・飯能市の宮沢湖温泉・ムーミンテーマパーク観光客の取り込みにも貢献するなど、イーグルバスのサービスモデルを活かし

た地域観光おこしによる需要創出は、県内各地に広がっています。

　需要創出という路線バスの地域における新たな役割の創出により、地方の路線バス事業者の90％が赤字である中、イーグルバスは経営改善を実現しています。これらの取り組みが評価され、商工会議所連合会ベストアクション表彰、経営革新企業、地域未来牽引企業などにも選出されました。

　そして、新型コロナ危機下においても力強く前進しようとしています。キーワードは、「競争から協調へ」。「従来の都市間競争とは逆の発想で、周辺地域が持つ優れた観光資源を川越に取り込むことで川越の奥行が広がり、周辺地域の大きな観光ＰＲとなります。例えば東秩父村の細川和紙やさいたま市の盆栽は小江戸川越という雰囲気の中でその価値はより高まり、観光客を魅了してその地域への関心が高まります。そこへ訪れる新たな観光客の交通手段を公共交通事業者が協調してより便利にするという観光ハブ構想です」と、谷島社長はいいます。ハブ＆スポーク方式の発展形は、川越市を丸ごとハブにしてしまうという発想であり、これからもイーグルバスの進化に目が離せません。

イーグルバスのサービスモデルの特色

　イーグルバルのサービスイノベーションは、路線バスの地域における役割を大きく変革しました。これまでの路線バスは、利用者を目的の停留所まで送り届ける「送客」という事前期待に対して、事業を運営してきました。一方、イーグルバスは観光興しによる交通まちづくりを通して、地域への顧客を創出する「創客」という事前期待にまでも応えています。地域興しに対して受身の姿勢で関わる路線バス事業者が多い中で、イーグルバスはその主体者として積極的に関わり、路線バスがその役割を担うことができるのだと示しています。この斬新な事前期待の視点の転換と新たな事前期待の形成が、イーグルバスのサービスイノベーション

における「イノベーションの的」となっています。

　この「イノベーションの的」の実現には、イーグルバスの路線バスサービスの革新に対する、たゆみない科学的・工学的アプローチの積み上げがあります。この新たな事前期待の形成は、見える化、最適化、需要創出の３ステップに分かれた路線バスの３年改善モデルと呼ばれる仕組みに支えられていました。運行状況がブラックボックス化されていた路線バスを、ICTを駆使して運行・コスト・ニーズを見える化し、そのデータから気づきを得てダイヤを改善しながら、路線バス運行の最適化を進めます。このように、日々の運行データの見える化を基点にして、運行を最適化する仕組みが、イーグルバスの路線バス事業を支えています。

　しかし、路線バス事業者が単独でできるデータによる改善は、３回ほど繰り返すと改善点がなくなってしまいます。これをイーグルバスでは「データ改善の限界」と呼びます。この限界を突破したのが、需要創出の仕組みであるハブ＆スポーク方式というわけです。

　ハブ＆スポーク方式には３つにレベル分けされています。ハブ停留所の設置によりバスの台数を増やさずして便数を増やすもの、そのハブ停留所に商業施設を併設して需要を生み出すもの、さらにはその商業施設併設のハブ停留所を結ぶことで地域の生活サービスを包括的に利用できるようにするもの。このハブ＆スポーク方式によって、地域の自治体と密に連携して取り組む需要創出という利用サイドの価値共創に乗り出しているのです。

　路線バスの現状を見える化し、運行を最適化する仕組みがしっかりと回っているうえに、ハブ＆スポーク方式による需要創出の仕組みが展開されるからこそ、論理的かつ計画的な路線バスサービスのイノベーションが実現できたといえるのです。つまり、全く新しいサービスの仕組みにおいて、どのように需要を創出し、運用を改善していけばよいのかを考えるうえでも、見える化した

データと最適化の手法が活きているというわけです。

　自治体にとっては、まさか路線バスが地域での「創客」という事前期待に応える有力な選択肢になり得るとは想像もしていなかったことでしょう。イーグルバスは、見える化、最適化、需要創造の3ステップのサービスの仕組みに3つのレベルのハブ＆スポーク方式を組み込んだサービスモデルによって、それができることを証明し、地域における路線バスへの新たな事前期待を創出したのです。

　このような革新的な取り組みは、わが国の公的なサービス分野におけるサービスに対する科学的・工学的アプローチの草分けともいえる谷島社長のリーダーシップによってこれまで牽引されています。このためイーグルバスのサービスイノベーションの特色を表す「創客」のサービスモデルは、イーグルバスの自治体や政府に対するバス事業改革における価値提案が、利用価値共創の仕組みを通して、新たな事前期待の形成につながる利用サイドの価値共創のサイクルを中心としたものとなっています。

4
革新につながる価値発信を把握して取り込む

　顧客接点からの多様な価値発信から、革新につながるニーズを把握して自組織のプロセスに取り込むことを「イノベーションの的」としている事例として、高齢者や障害者に歩く喜びをもたらす徳武産業と、ファンの熱量の把握を介してアーティストとファンの心地よいつながりを生み出すプラットフォームであるSKIYAKIを取り上げています。

　いずれも、利用サイドの価値共創と提供サイドの価値共創を、利用サイドの価値発信を効果的に把握する仕組みで連結するサービスモデルです。

❶ 徳武産業株式会社

——「歩ける喜び」を届ける介護シューズ　真心と感動のサービス——

[サービスの概要]

歩くことに不安を持つ人に対し、つまずきにくく安心して歩ける「あゆみシューズ」を25年前から独自に開発。片方ずつや左右サイズ違いの靴の販売、顧客からの細かな要望に対して可能な限り部分的なカスタマイズに応じるなど、「歩ける喜び」を届けるための仕組みを改善し続ける。顧客の声やニーズに寄り添うことで、業界常識を覆している。

=== サービスイノベーションの特色 ===

◇左右で脚の長さが違う顧客には底の厚さを左右で変えるなど、高齢者・障害者のニーズを細かに把握し、パーツオーダーシステムによる個別最適化された靴を、安価かつ短納期で提供するサービスを創出した。

◇介護シューズ全国シェアは数量ベース55％、金額ベース38％を誇り、「最期まで自分の足で歩くことのできる人」を一人でも増やすことで、介護予防により介護負担軽減や医療コスト低減などの大きな効果が期待できる。

◇左右片方ずつの販売や、左右サイズ違いの販売など個別対応も行う。さらに、徹底的な個別対応で得たユーザーの悩みを解決する経験と技術を汎用品の開発に活かし、高い顧客満足と付加価値の好循環を実現している。

1 歩行に困難を抱える顧客の声から 靴業界の常識の限界に直面 ——————

徳武産業は、創業社長 徳武重
利により昭和32年、綿手袋縫製工
場として創業。42年には興国化学
工業株式会社(現アキレス株式会社)
の協力工場となりバレーシューズ
製造を開始しました。その後、銀

行やメーカーの韓国駐在経験を持つ娘婿の現会長十河孝男氏が事業を
継承しました。その当時の経験から「水と労働力は高いところから低
いところに流れる。いずれ自社の仕事も機械や電気業界と同じく中国
に持っていかれる」と考え、自社オリジナル商品の開発に注力しまし
た。そして、通販会社のOEMビジネスに挑戦し、旅行用スリッパ、ルー
ムシューズは日本一のシェアを達成するまでに成長しました。その後、
OEMビジネスの難しさに直面し、自社ブランド商品開発へとビジネ
スをさらに変化。この自社ブランド商品の開発が現在、新たな靴市場
として認知された高齢者用ケアシューズ市場を創った"あゆみ"の発売
につながったのです。

現在、売上高25億円、営業利益1億7,000万円、社員数76名で介護
シューズ市場シェアの55%(数量ベース)を占めるまでに成長しました
(2019年7月期)。同社の社風には「変化していく」というDNAがあり、
現在も西尾聖子社長による新ブランド"aimyu(アイミュー)"の開発・販
売など積極的に挑戦を進めています。

自社ブランド開発をはじめた28年前、十河氏がビジネスの展開につ
いて悩んでいた時期に、特別養護老人ホーム経営者からの「お年寄り
が転ばない靴」ができないか、という依頼を受けました。その介護施
設では高齢者は、はれ、むくみ、病気による変形などが原因で、左右
の足の大きさの違い、履く靴がないという足の悩みを抱え、歩くこと
に苦労していたのです。

　高齢者の転倒や骨折は、歩行障害、施設入所や死亡と強く関連し、その予防は重大な課題であるとされています。「転倒は高齢者全体の約20％に少なくとも年間１回発生し、転倒の５％程度が骨折に至るとしている。なお、重篤な後遺障害を惹起する大腿骨頸部骨折は、転倒による骨折の25％程度」さらに、「施設入所高齢者の年間転倒割合は37％」とされています（日老医誌2009：46：334-340）。

　十河会長（当時社長）と会長夫人（当時専務）が老人ホームを訪問し、施設職員とともに高齢者が転倒する原因を突き止めました。転倒の主たる理由は、スリッパを踏んでしまうことや、たとえバリアフリーの床でも実際には足が上がっておらず転倒してしまうことにあり、施設側は頭をかかえていました。ここでの発見から高齢者用ケアシューズ“あゆみ”の開発がスタートします。

　「人間の足の形は右と左で違っていることは今更いうまでもない。それでその足を保護し、あるいはその機能を阻害せず、むしろ向上させるために靴を着用するのならば当然足の形に沿った型のものでなくてはならない筈である」（宇留野勝正—左右同型靴の史的考察—「かわとはきものNo.153」（2010）東京都立皮革技術センター台東支所）と専門家は語っています。

　同誌によると、靴の歴史では、12世紀中頃までは、左右それぞれの足に合わせて手づくりでつくっていたということです。しかしながら、16世紀になると１つの靴型で左右差のない靴をつくるようになりました。そして、18世紀になり産業革命の進むヨーロッパでは大量生産を行う靴工場が出現し、左右同型の靴の製造が広がりました。その後、19世紀になって足の健康や兵士用の軍靴の研究から、左右異型靴が復活するという経緯もありましたが、長くは続かず、現在に至るまで、スポーツ靴など特殊な靴を除いては、左右同じサイズ、同じ幅というつくり方、販売方法が幅広く普及して、今日ではそれが靴業界の常識となっています。

　徳武産業の“あゆみ”シリーズの靴は、このような常識を破って、左

右サイズ違い販売や、片方のみの販売という方法を導入し、さらには、歩行に困難を抱えているすべての人の悩みに応える製造から販売までの仕組づくりを築いていきました。

2 高齢者の「歩ける喜び」を 徳武個別ニーズ徹底対応システムで ─────

　現会長と会長夫人の2人で、30カ所を超える施設にて、500人以上の高齢者の生の声を聴いたところ、はれ、むくみ、病気による変形などで左右の足の大きさが違ったり、履く靴がないという足の悩みを抱えている状況を目の当りにし、同時に転倒の原因が履物である可能性に気付かされました。また、麻痺によるすり足や装具利用などにより片方の靴だけが極端に傷んでしまうなどの発見も得ました。

　そして、転倒の原因の多くのつまずきは、靴のつま先を少し上に反るだけで、防止につながることを突き止めました。施設を訪問し、モニター検証などを重ねながら、転びにくく履きやすい適正数値を検証し、つま先の適度な反り返り「23mmトゥスプリング」を開発し、実装しました。

　また、足元のぐらつきを補正するために硬い芯で踵を包み込む独自設計のカウンター「しっかり踵カウンター」も開発。その他、特殊カップインソール、足の甲部分が大きく開く独自設計のアッパー形状、伸縮ベルト装着、特別な長さのファスナー、足当たりのよさを追求した縫製など新しい技術の数々も開発し、さらには、糖尿病初期症状対応・装具対応・外反母趾対応も可能にしています。

　人は加齢にともない筋力が衰え、足が変形し、すり足になっていくという特徴を踏まえて、お年寄りの実情にマッチさせるために一からノウハウを積み上げてきたのです。

　歩くことに障害を持った高齢者の心と切実な声に徹底的に寄り添い続け、業界常識ではあり得なかった左右サイズ違いや片足のみの製造販売も断行しました。これは、日本の靴メーカーで初の挑戦です。従来、左右別々のサイズで靴を履きたい場合は両方購入するのがもったいないために、結果的に大きいサイズの靴を買い、片方の靴に詰め物をしたり、靴下を重ね履きしたりして履いている高齢者が多い状況でした。

　また、病気で麻痺が残った人は片方を引きずって歩くので片方の靴だけが極端に傷んでしまいます。この場合、片方だけが必要にもかかわらず両方購入して、片方は捨てなければなりませんでした。

　これらのリサーチ結果により「片方のみ」「左右サイズ違い」販売を実施。左右それぞれ足に合ったサイズの靴を無駄なく入手することができ、無理やりサイズの合わない靴を履くことで生じていた転倒の危険性を予防することができました。当時、靴の専門家からは「非効率なので絶対にやめた方がいい」と指摘されていましたが、現場でとらえた顧客の声や観察結果から販売の仕組を大きく変えていきました。

　これら既製品でも合わない人に対しては、その人に合ったパーツを部分的に調整できる「パーツオーダーシステム」での生産、販売もはじめました。

　さらに、場合によっては個別対応としてのカスタマイズも行い、病気やけがなど特別な事情を持つ顧客に対しては、ドイツ人の靴専門家であるマイスターによる処方もはじめました。

　このように、顧客の症状に応じて、さまざまな対応策を開発していく中で、「徳武4段階個別ニーズ徹底対応システム（4段階スキーム）」（図表2-21）と呼べる、歩行に困りごとを持つ人をひとりも取りこぼさない意気込みで徹底対応するサービスが築き上げられていきました。

図表2-21　徳武4段階個別ニーズ徹底対応システム（顧客、ニーズ、サービス）

4段階スキーム		足の悩みを持つ顧客	ニーズ	個々のニーズに沿ったサービスの提案
1. 超少量 多品種商品	"あゆみ" （豊かなサイズ）	歩行に少し不安がある人、サイズや幅が手に入りづらい人	自分にあったサイズや幅、甲の高さの靴が欲しい	超少量多品種商品（両足2,400点）
	"あゆみ" （左右別販売）	病気などで片方の足のサイズが異なる人	左右異なるサイズが欲しい すり減った片方の靴だけ欲しい	片足のみ、左右違い販売（片方1,800点） 求めやすい価格
	"あゆみ メディカル"	メディカル症状を持つ人	自分の病状にあった靴が欲しい	病状に特化した機能
2. パーツオーダーシステム（量産パーツ）		歩く癖や病気などで足が変形している人	自分の足に合う靴が欲しい	自分に合った長さ、幅のパーツ提供
3. 裏メニュー （カスタマイズ：特殊個別対応）		病気などで靴が足に合わない人	パーツオーダー以上の特殊症状への個別対応	個別の症状に合わせた対応
4. ドイツマイスターの専門処方		足に重度の症状を持つ人	自分の足の症状をサポートしてくれる靴が欲しい	足の症状をサポートする特注靴

出所：執筆者にて作成

③ 年2万件の顧客ハガキ、モニター情報など　あらゆる機会で個別ニーズを把握

　マスのニーズではなく、個別のニーズを漏れがないよう多段階で把握する仕組みとして、4段階でもれなく高齢者の歩行の困りごとを把握し、それらのすべてに誠実に対応しようとする会社全体のコミットメントが徳武のイノベーションの源泉であり、すべての活動のエンジンになっています。

　十河会長や西尾社長らトップの思いをもとに、量産品である「あゆみ」の購入者に対しては、中国で生産されている年間160万足すべての靴にアンケートハガキを同梱しています。アンケートの回収は年間約2万件余で、1カ月で約2,000件にのぼります。これを各部署から選抜された15〜16名が分担して分析しています。これにより個々の顧客の求めていることが把握でき、個別対応とともに商品の改良や新商品開発に役立てています。個別要望が多い項目はパーツオーダーのメニューに追加します。このアンケートハガキには、困りごとや改善事項、クレームも含まれており、重要で急ぎと思われるものはトップに報

告し、その対応記録は全社内に発信共有する仕組みを持っています。他にもアンケートハガキには、カタログ依頼や問合せなど多岐にわたる内容が寄せられますが、それらにも丁寧に対応を行なっています。

　年間で160万足の販売のうち、パーツオーダーは１万件/年の実績があります。１カ月で約1,000件ですが本社工場がすべて対応しています。このオーダーから顧客のニーズも把握しており、パーツオーダーの件数が増えた場合は既製品化し、量産品として販売できるようにします。

　パーツオーダーでは対応できない場合には、「裏メニュー」による特殊個別対応であるカスタマイズがなされます。同時に、「裏メニュー」での対応が多いパターンはパーツオーダーのメニュー化をしていきます。

　病気や高齢化にともなう変形など一般の対応では難しい顧客に対しては、最終的に脚と靴の専門家であるドイツ人のマイスターによる処方が行なわれます。

　こうして、社内の各担当が個々の顧客のニーズに対応するとともに、従業員の３割にあたる開発部隊が、顧客の個別ニーズから新商品の開発を行なっています（図表2-22）。

図表2-22　徳武４段階個別ニーズ徹底対応システム（学習）

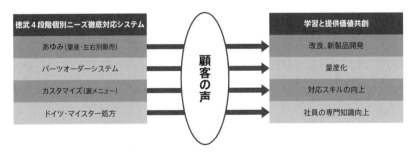

出所：執筆者にて作成

4 超少量多品種、カスタマイズと 求めやすさを支える仕組み

このように「あゆみ」は、高齢者のあらゆる歩行の困りごとやニーズに、「徳武なら何とかしてくれる」という期待に応えられるよう顧客の声を聴く仕組みや観察する仕組みを持ち、新商品の開発を行なっています。

一方で、手頃な値段で多くの顧客に商品を届けるために量産品は、すべて中国のパートナー会社に生産を委託しています。はきやすさとともに、安全性という品質はもっとも重要なポイントであることから一品一品内部までのチェックを「徳武」の名が付いた異なるパートナー中国企業に依頼し管理しています。これにより顧客の期待する品質をシックス・シグマのレベル（4〜5件不良/160万足）で実現しています。

また、介護シューズという性格上、必要な時にすぐ手に入らないと歩行事故にもつながります。そこで品切れを起こさないことを基本的な方針としています。そして、多品種少量生産と効率化のジレンマを克服するために、在庫量は通常2カ月分のところを3カ月分持つことで迅速な顧客対応と生産ロットの効率化を実現しています。

5 徳武産業の事業的成果と社会的貢献

顧客のニーズを徹底的に理解し、一人ひとりの顧客に対応してきたことで、年間160万足を販売し、介護シューズシェア55％（数量ベース）で1位を獲得しています。

また、「日本でいちばん大切にしたい会社大賞」の「審査員特別賞」を受賞しています。この背景には、「徳武の靴は靴であって、靴ではない」ともいわれるくらい、特殊な靴を扱っているという社員の高いプロ意識と、靴をつくり売るだけでなく、それを使っている「人」への思いも強く持っているためです。

1つの例として、「あゆみ」を購入した顧客である高齢者に「まごころはがき」や「誕生日プレゼント」を送っています。それをはじめ

た背景は、施設などに入居すると、次第に身内、知人の訪問が少なくなってくるという現実をふまえて、どうしたら入居者に笑顔になってもらえるか、家族に会えない寂しさをまぎらわせてもらえるかを真剣に考えた結果、手紙を出したり、プレゼントをすることを思いつき実施しました。手書きのハガキは感動され大変喜ばれています。

　これらの結果、お客様からは、多くの感謝の声が届いています。例をあげると、「幼少期に事故で左足が変形し、それ以来草履のみ。骨折入院を機にあゆみシューズと出会い感動。『生まれて初めて靴が履けたよ』と嬉しそうにしていた母の姿が忘れられません」といった手紙や、「自分の足でありながら魚の目や靴擦れなどで痛めつけられてきた記憶が多々あり、履き易い靴との出会いは天にも昇る気持ちになりました」といった手紙が毎日のように届きます。本社にはこれらの手紙が、何冊ものファイルで保存され、内容のいくつかは、「ありがとうを伝えたくて〜心に響く感動のものがたり〜」という冊子として過去2回発刊し、「あゆみ」を扱っている販売店や問屋へ配り、共有しています。

「あゆみ」を中心に4段階の徳武個別ニーズ徹底対応システムを通して、高齢者の身体的な安全を確保するだけでなく、心のケアも行なっている企業です。「お客様の切実な声なき声に耳を傾け、寄り添い、ひとりでも多くの方の悩みを解決できるよう日々真剣に取り組んでいます」と西尾社長は語っています。

徳武産業のサービスモデルの特色

　徳武産業が顧客に対して行なった価値提案は、歩行に困りごとを抱えている高齢者や障害者に対して、ひとりも取りこぼさない意気込みで徹底して対応する介護シューズの販売網と、もし商品が店頭になくても徹底してアドバイスを提供するサービスです。

　それを可能にしているのは、図表2-22に示したような徳武4段階個別ニーズ徹底対応システムの確立です。既製品のあゆみ

シューズでは悩みや不便を解決することができない顧客には、パーツオーダーシステムで問題のある部分に対応しました。それでも対応できない問題に対しては裏メニューで個人的に対応、さらにそれでも対応できないような特殊な問題に対しては、ドイツ人の靴マイスターによる個別処方まで用意して、ひとりも取りこぼさない意気込みで対応しています。

　ここには、利用サイドの利用価値共創が徹底して行われる仕組みが創り込まれています。この徹底した「顧客志向」の仕組みは、筆者により4段階の連結的な仕組みとして提示されたものです。第3章では、事業スキームとしての特性に着目し、この仕組みを「徳武スキーム」と呼んでいます。

　徳武産業の満足度評価にかける情熱は強く、全商品にアンケートハガキを付け、そこには、活字ではなく社員の手書きの文章を印刷した「まごころはがき」が同梱されています。また、創業当初から高齢者施設などの訪問や、モニターに対する直接のヒアリングもしばしば行われています。そこで示される、徳武産業なら歩行に悩みごとを持つ高齢者や障害者に対して必ず徹底対応してくれるという顧客からの評価と満足は、徳武産業に対する信頼感に支えられた事前期待を形成し、それがまた徳武産業の介護シューズに対するリピートにつながっています。これが"困ったときのあゆみ"といわれる所以です。

　このような信頼感に支えられて、年間2万件にのぼるアンケートハガキやモニター情報、電話などで、顧客である高齢者や障害者によって行われる個人的な歩行の問題点についての個別ニーズの自発的な開示は、何ものにも代えがたい貴重な情報となっています。この絶え間ない個別ニーズの自発的な発露の流れを生み出したところに、徳武産業のサービスイノベーションの「イノベーションの的」が存在しています。2万件のアンケートはがきには、社長はじめ社員が全数に目を通し、この個別ニーズ情報に対して、

徳武4段階個別ニーズ徹底対応システムを通じて従業員の3割を充てている開発部隊が対応し、それらを営業部隊との連携によって市場で実現していく中から、反り返り23ミリのトゥスプリングや独自設計の「しっかりかかとカウンター」をはじめとした、徳武産業の業界初を多く含む、おびただしい数のイノベーションが生まれています。

　このような個別ニーズへの対応結果は常に評価され、量産品で対応できないニーズは、新たにパーツオーダーシステムのメニューとなりますが、その中で要望の多いカスタマイズは逆に量産品の品目に加えられるようになっていて、要望の多い裏メニューをパーツオーダーシステムに加えることを含めて、学習度評価は、このシステムを逆にさかのぼる仕組みとなっています。そして、これらすべての最新の知識・スキルは、同じくそのシステムの中に蓄積され、全社で共有されています。

　そして、徳武産業の経営全体は、このシステムで顧客のニーズに徹底対応することに真剣に関与する「顧客志向」の経営と、従業員の3割をさいて開発部隊を充実させる「研究開発志向」の経営を、2万件のアンケートハガキなどで示される、信頼感に裏打ちされた顧客の自発的な個別ニーズの発露の仕組みが強固に連結されるのを経営がしっかり担保することによって、そのサービスイノベーションの持続性が担保されています。徳部産業のサービスモデルをニコニコ図に描いたものが図表2-23です。

図表2-23　徳武産業のサービスモデルと「イノベーションの的」

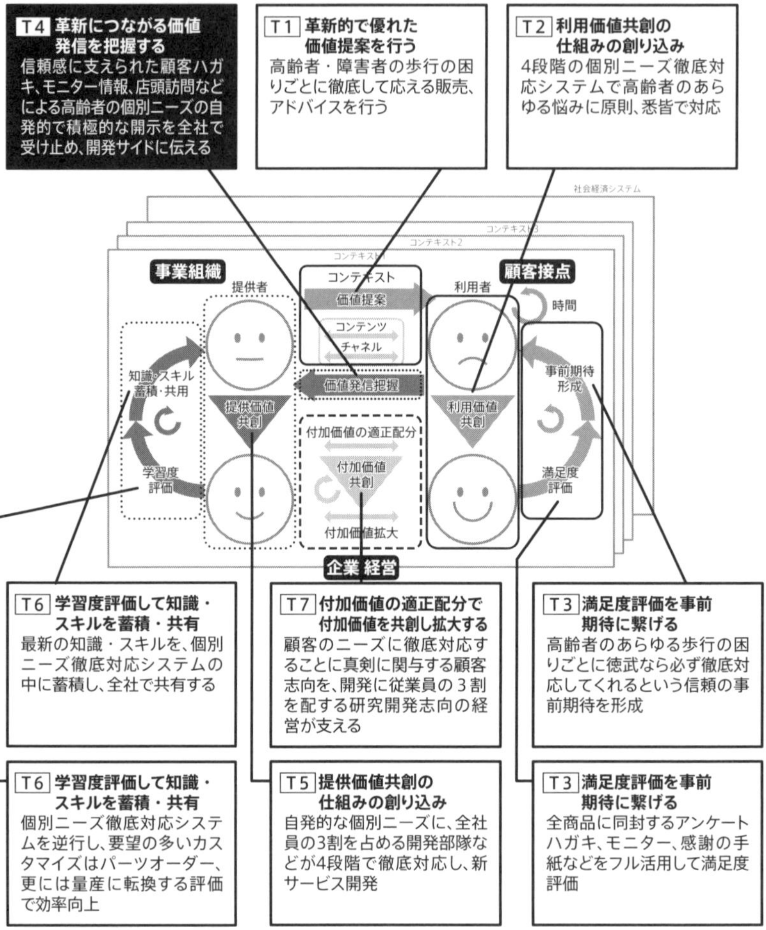
T4 革新につながる価値発信を把握する
信頼感に支えられた顧客ハガキ、モニター情報、店頭訪問などによる高齢者の個別ニーズの自発的で積極的な開示を全社で受け止め、開発サイドに伝える
T1 革新的で優れた価値提案を行う
高齢者・障害者の歩行の困りごとに徹底して応える販売、アドバイスを行う
T2 利用価値共創の仕組みの創り込み
4段階の個別ニーズ徹底対応システムで高齢者のあらゆる悩みに原則、悉皆で対応
社会経済システム
コンテキスト3
コンテキスト2
コンテキスト1
事業組織
提供者
コンテキスト
価値提案
コンテンツ
チャネル
顧客接点
利用者
時間
知識・スキル蓄積・共用
価値発信把握
事前期待形成
提供価値共創
付加価値の適正配分
利用価値共創
付加価値共創
学習度評価
満足度評価
付加価値拡大
企業 経営
T6 学習度評価して知識・スキルを蓄積・共有
最新の知識・スキルを、個別ニーズ徹底対応システムの中に蓄積し、全社で共有する
T7 付加価値の適正配分で付加価値を共創し拡大する
顧客のニーズに徹底対応することに真剣に関与する顧客志向を、開発に従業員の3割を配する研究開発志向の経営が支える
T3 満足度評価を事前期待に繋げる
高齢者のあらゆる歩行の困りごとに徳武なら必ず徹底対応してくれるという信頼の事前期待を形成
T6 学習度評価して知識・スキルを蓄積・共有
個別ニーズ徹底対応システムを逆行し、要望の多いカスタマイズはパーツオーダー、更には量産に転換する評価で効率向上
T5 提供価値共創の仕組みの創り込み
自発的な個別ニーズに、全社員の3割を占める開発部隊などが4段階で徹底対応し、新サービス開発
T3 満足度評価を事前期待に繋げる
全商品に同封するアンケートハガキ、モニター、感謝の手紙などをフル活用して満足度評価

❷ 株式会社 SKIYAKI ——————

——熱量データでファンクラブを活性化
創作者のプラットフォーム「Bitfan」——

[サービスの概要] ———————

ファンの熱量を可視化し、ファンクラブのオーナーとファンとの価値共創を促進するプラットフォーム「Bitfan」は、両者の関係をオムニチャネル化し、ファンとファンのために活動するすべての人に新たな価値を提供。アーティストやクリエイターだけでなく、ファンとの関係性を強化したい飲食店などの企業へもサービスを拡大している。

サービスイノベーションの特色

◇従来アナログだったファンマーケティング業務をデジタル化して効率を高め、業界全体の生産性を向上。ファンの熱量をデータ化することで新たな価値を生み、「好き」を仕事にできる世の中づくりに貢献。

◇創作者などのオーナーに新たな活躍の場と収益源を提供し、これからの世代の創作活動を支援。コロナ禍にも強い事業体質を持つ。

◇多国籍化するファンへの発信の場として、日本のカルチャーをグローバルに展開する支援につなげている。

1 伝統的なファンクラブ運営や運営代行への疑問 ————

　2018年2月にサービスを開始したSKIYAKIのサイトBitfanは、ファンクラブの概念とあり方を革新するデジタルプラットフォームです。創作活動を生業とするアーティストやクリエイターは、音楽・漫画・アニメ・映画・舞台・アートなどのエンターテイメント領域で活動を行い、それを応援し支えるファンの存在が不可欠となります。Bitfanは、アーティストやクリエイターをファンクラブのオーナーとし、オーナーがファンとどのようにつながりたいか、ファンがオーナーとどのようにつながりたいか、というオーナーとファンとのつながり方を共創できる革新的なFanTech(Fan×Technology)サービスとなっています。

　伝統的なファンクラブは所属事務所が間に入り、関係性を維持して継続的な収益を得る運営やグッズ販売など行なっていましたが、属人的かつ非効率でした。また、低コストで音楽などの制作・編集ができるツールや動画配信のプラットフォーム、SNSなどの進展にもかかわらず、アーティストやクリエイターといった創作者は事務所に所属しないと生計が成り立たない状況が続いていました。インターネットを活用したファンクラブ運営や各種ファンサービスの先駆者であり、SKIYAKIの前代表取締役社長である宮瀬卓也氏は、伝統的なアナログのファンクラブ運営やインターネットによるファンクラブ運営代行に対して、根本課題の解決にはつながらないと考えました。そして、誰もがファンクラブのオーナーになれるプラットフォームの必要性を着想しました。

　創作者の創作活動による経済的な自立を支援するファンクラブのプラットフォームとして事業を開始したBitfanは、いまだ進化の途上です。その問題意識は、当初のBitfanへの社会的な批判の経験だけでなく、そもそもインターネットは人を幸せにしているのか、誹謗中傷や炎上といったSNSの限界を克服できる方法はないのか、といったデジタル社会ならではの問いにまで至っています。

2 誰もが自分の場所を構築できる
プラットフォーム革新 ────────

　Bitfanは、ファンクラブ、EC、チケット、イベント、SNSなどの機能ごとにシステムや委託先が異なっていた従来の仕組みとは異なり、それらオーナーとファンとの接点となる機能を効率的に一元化しています(図表2-24)。このシステム基盤のもと、基本的にオーナーは初期開発・デザイン費用・運用固定費などをかけずにBitfanを利用でき、「たとえ少ないファン数でも収益化でき、誰でもラクに導入できる」というファンクラブの新たな世界観が実現されています。

図表2-24　Bitfanのサービスモデル

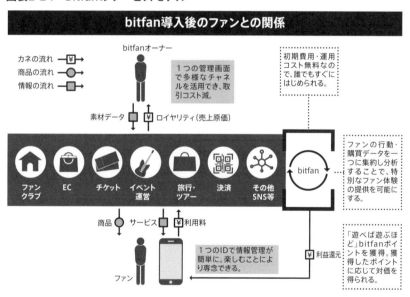

出所：SKIYAKI資料より作成

　Bitfanは、初期の批判的な反響をふまえて、誰もがオーナーになれるだけでなく、オーナーにとってもファンにとっても居心地のよい場所を共創できるデジタルプラットフォームへと進化し、さらなる発展

を続けています。

　2018年2月にリリースされた当初のBitfanは、ファンのプラット
フォーム上での行動履歴などを計測し、それをファンの熱量ポイント
へと換算し、可視化し、オーナーの収入増のために活かすという、「ファ
ンの熱量データで利益を生む」という経済的な側面が強調されていた
ように感じます。そのため、「支払額でファンに順序を付けるのか」「プ
ロのアーティストなら少人数のコアなファンから収益を得ようとする
のは当然」といった多様な意見がぶつかり合い、「ファンクラブ炎上」
とさえいわれたのだと思います。この想定外の社会的な反応に対し、
SKIYAKIはBitfanのあり方と世の中への伝え方をすぐに継続的に改
善していきます。そして、2019年4月には宮瀬元社長の高校時代の友
人でもあった小久保知洋社長がプラットフォーム開発面を強化する形
で参画し、小久保社長が理想とする、「自分の好きなことにお金と時
間を使いたい」という生活者の声を実現するデジタルプラットフォー
ムへとさらなる進化を目指しています。

　2020年現在のBitfanは、経済的な行為（ファンクラブ入会・継続、イベン
ト参加、グッズ購入状況など）だけでなく、社会的な行為（コンテンツ閲覧、
YouTubeお気に入り登録、TwitterをはじめとするSNS上の応援など）をバラン
スよく加味した熱量ポイントの計測・換算方法を重視し、自分の生活
の一部として寄り添うように、心から応援してくれているファンも見
逃さない熱量ポイントの可視化を追求しています。そして、オーナー
が創作活動を生業として生計を立てられる経済面の支援プラット
フォームとしての性質は堅持しつつ、オーナーとファンがともに居心
地がよい「つながり方」を模索し、共創する社会創発的なサービスへ
と発展しています。

❸ 「つながり方」の選択肢を与え続けるために ─────

　SKIYAKIは、Bitfan以前の伝統的なファンクラブ運営を含め、約
1,000のファンクラブや公式サイト、グッズサイトなどを運営・サポー

トしてきた実績があります。小久保社長曰く、「この業界でファンクラブ運営実績の数と経験は一番」という、SKIYAKIならではの知財・ノウハウとなっています。Bitfanのサービスイノベーションの的は、日本でファンクラブ運営一番の実績を基礎とした利用サイドであるオーナーとファンの価値発信の的確な把握にあります。

　ファンの心理は多様であり、ファンも多様です。もっとお金を払いたい、自分ができる限りのお金を捧げて創作者を支えたい、という自己犠牲的なファンもいます。創作者を愛する同志と知り合いたい、友達・仲間を増やしたい、という社会的つながりを求めるファンもいます。誰にも邪魔されず創作者・創作物と寄り添いたい、愛する創作者・創作物に時間を捧げて生きていきたい、という自分の世界を重視するファンもいます。実はこの多様性は、オーナーである創作者も同様だそうです。利益を最大化したいオーナー、生活できる最低限の収入があれば、あとはファンとの交流やつながりを大切にしたいオーナー、自分の世界観を気にいってくれるファンだけを集めたいオーナーなどです。

　伝統的なファンクラブ運営やインターネットを活用したファンクラブ代行は、経済合理性を最優先してしまう傾向があります。しかしながら、現実のオーナーとファンのニーズや期待は、それだけではありません。そして、オーナーとファンのニーズから期待されるつながり方を実現できるよう、デジタルプラットフォーム自体を進化させていくエコシステムも必要となります。

　つまり、Bitfanは単なる画一的なファンクラブ運営サービスではありません。ファンクラブはオーナーとファンとの価値共創の場ですが、この場を革新するには、多様なつながり方を許容し、自分たちの場における理想的なつながり方を実現可能にする選択肢を用意する必要があります。Bitfanは、つながり方の選択肢をオーナーに与え、オーナーとファンとの最適なつながり方を試し、創発できることにイノベーションの本質があります。そして、SKIYAKIにとってはつながり方

の多様性やその善し悪しを知ること、オーナーにとってはファンとのつながり方の状況や善し悪しを知ること、という相互にやり取りができることがBitfan独自のダッシュボード（必要な情報をわかりやすくまとめて見せる）機能とアナリティクス（データを分析し、そこに潜むパターンを発見、伝達する）機能をそなえるBI（ビジネスインテリジェンス）ツールを主軸として形成されていることが特長的です。

４ オーナーとファンの「つながり方」の進化 ─────────

　それでは、Bitfanではどのようにつながり方の選択肢を進化させているのでしょうか。Bitfanの場合、つながり方を創発するとともに、そこでの知見やニーズをデジタルプラットフォームが与えるオーナーとファンへの新たなつながり方の選択肢の進化としてフィードバックしています。

　オーナーとファンの間のつながり方の創発は、オーナーが当初に望んだファンクラブの理想像にしたがった熱量ポイントの測定方針とファンへの施策によってはじまります。例えば、あるオーナーが自身の経済合理性を重視し、ファンの支払金額を中心とした熱量ポイント評価とグッズ販売施策を中心にファンクラブ運営を考えたとします。それが当初の想定通りうまくいっているかはBIツールで可視化され、もし想定通りの収入増やファン増につながっていないのであれば、それが実現できるように追加の施策を行なったり、そもそもSNSによる社会的な活動を評価するよう熱量ポイントの測定方法を変更したりすることができます。このオーナーの方針や施策の変化にしたがって、ファンの行動も変わります。あまりお金は使わないけれどもSNSで口コミをしてくれるファンが熱量ポイントで高く評価されるようになり、これによって新たなファンが獲得されたり、既存のファンの居心地がよくなることでコアなファンに変わったりすることがあり得ます。こうしたファンの変化や行動変容も、BIツールで可視化され、把握することが可能です。このように、与えられた選択肢の範囲内で、ファ

ンとオーナーとの最適なつながり方は共創されていき、お互いが心地よく感じる均衡を模索することができることが、Bitfanの大きな特長です。

　加えて、このオーナーとファンとの関係性の進化の過程から、もっと海外のファンにアプローチできるような新機能を追加してほしいとか、もっとBIツール自体を使いやすくしてほしいとか、新たなニーズが生まれます。こうした新たなニーズは、オーナーからもファンからもいつでもSKIYAKIに対して提案可能であり、この提案をBitfan自体に反映させることで、プラットフォーム上のつながり方の選択肢自体が拡充されていきます。そしてこのプラットフォーム自体の進化の過程は、日本最大級のオーナー数を有するBitfanだからこそ加速化し、日本トップの多様な業種のオーナーを有するBitfanだからこそスケーラビリティを発揮しています。こうして、アーティストだけでなく、例えば大学教員であろうとも、「誰もが」オーナーとしてファンクラブを運営できるプラットフォームの潜在力につながっています。さらに、日本語圏だけでなく、日本語圏のオーナーが外国語圏のファンにもアプローチし、新しいグローバルなつながり方を模索できるデジタルプラットフォームへと進化を遂げています。日本語圏における音楽・エンターテイメント業界の課題から出発したBitfanは、そもそも日本と韓国にしかないといわれることもあるファンクラブ文化自体をデジタルプラットフォーム化し、誰もが世界中のファンとの理想的なつながり方を共創できる新たな世界観・社会観を提示している点で、独特であり革新的であるといえます。

5 Bitfanの事業的成果と社会的貢献 ─────────

　Bitfanを中核とするSKIYAKIの会員数は、サービス開始以来ずっと右肩上がりで増え、2021年4月末時点で389万人を超えるまでに至っています。その中で有料会員数は86.9万人まで増加し、Bitfan以前の伝統的なファンクラブ運営を含め、ファンクラブや公式サイト、グッ

ズサイトなどの累積オーナー数はおよそ1,000に達するほどに成長しました。これらの成長は、創作活動のために資金を得たい、ファンに特別な体験を提供したい、素早くファンコミュニティを立ち上げたい、エンタメ性の高いコンテンツを提供したい、海外ファンのために情報発信などをしたい、といったオーナーの期待・ニーズを的確に把握し、学習・進化してきた結果です。そして、新型コロナ危機では生活者のさまざまな行動制限が要請されましたが、その中でオーナーの収益源を確保するとともに、ファンに娯楽を提供し、オーナーとファンとの間の心地よいつながりを維持する役割を果たしています。

　オーナーは当初想定していたアーティストやミュージシャンだけでなく、俳優、声優、モデル、タレント、漫画家、作家、スポーツ選手・チーム、飲食店、一般企業へと展開し、「誰もが」オーナーになりファンとのつながり方を共創できるデジタルプラットフォームへと進化しています。海外決済にも対応をはじめ、コンテンツなどは多言語に翻訳可能になってきました。このような展開の中で、日本発のつながり方のイノベーションであるBitfanが、東アジア圏のファンクラブ文化を世界中に伝え、世界中の人々にインターネットを基盤とするデジタル社会ならではの「居心地のよい場所」を提供し、1人でも多くの人が自分の好きなことを強みに生きていける場づくりに対する期待が高まっています。

SKIYAKIのサービスモデルの特色

　SKIYAKIのサービスイノベーションは、従来からの所属事務所システムのもとで、ばらばらに存在していたチケット、EC、イベント・ツアー運営、決済、SNSなどのファンクラブに関わる機能を、Bitfanというファン向けとオーナー向けのツーサイド・プラットフォームという形で統合した画期的なものでした。

　ファンが少なくても誰もがファンクラブのオーナーになれ、ファンは無料の会員登録だけで手軽にファン活動を開始できると

いう価値提案をオーナー、ファン双方に対して行うことのできる
Bitfanは、エンターテイメント領域で熱狂的に受け入れられて、
宮瀬元社長のもとで登録者数を急激に拡大させていきました。

　利用サイドでは、存分にファン活動を楽しみたいファンが、デ
ジタルプラットフォーム上でアーティストやクリエイターと、よ
り直接的なつながりを持つことができ、オーナーは、経済的な成
果やファンとの持続的なより深いつながりを維持できるという利
用価値共創の仕組みが創り込まれています。また、提供サイドで
は、デジタルプラットフォームの利点を生かし、オーナー、ファ
ン双方のニーズを即時にチューニングしてデジタルプラット
フォームを更新できる供給価値共創の仕組みが有効に機能しまし
た。この利用サイドと供給サイドの価値共創の仕組みを連結して
いたのは、新たに就任した小久保社長がリードするファン、オー
ナー双方からのフィードバックを常にダッシュボードとアナリ
ティクスを通じて受け止める体制です。

　このBitfanのツーサイド・プラットフォームの、ファン、オー
ナー双方を誘引し、相互作用の中で登録者を急拡大させる過程で
は、より熱量の高いファンは、その熱量に応じてプレミアムな体
験ができるという、ファンの熱量をデータ化するBitfanならでは
の斬新なシステムも、ファン、オーナー双方の事前期待の本質を
よく反映したものとして大きな役割を果たしました。

　その導入初期には、ファンをお金で序列付けするのか、という
批判的な意見がネットに流れたことがありましたが、Bitfanの熱
量測定の仕組みはファンの熱量をグッズの購入やイベントへの参
加の経済的な側面から評価するだけでなく、コンテンツの閲覧や
SNS上での応援などの社会的な行為も重視するバランスの取れた
ものに進化しています。Bitfanはオーナーとファンの新たなつな
がり方を生み出すデジタルプラットフォームですが、そのつなが
り方を生み出すにあたっては、オーナーにとっては自分の活動ス

テージに合わせたつながり方を、ファンにとっては自分の居心地のよいつながり方を生み出すという「心地よいつながり方」の創出に対する強い意欲が見て取れます。このため、SKIYAKIのサービスの「イノベーションの的」は、利用サイドと供給サイドの価値共創の仕組みを連結する役割を果たすオーナー、ファン双方からのフィードバックを受け止める価値発信把握の仕組みとなっています。

5

提供サイドの価値共創の仕組みの創り込み

　提供サイドによる価値共創の仕組みの創り込みを「イノベーションの的」とする事例として、ホテルマネジメントの星野リゾート、学習塾のスプリックス、医療の事前問診システムのUbieの3社を取り上げます。

　この3社の提供サイドによる価値共創の仕組みは、星野リゾートは魅力会議という会議体、スプリックスはeフォレスタという教材開発とREDナビ・リファという教室運営のプラットフォーム、UbieはAIを活用したシステムとアプリケーションと、3社3様です。

---

❶ 株式会社星野リゾート

──地域の魅力を掘りおこし新たな旅を創造する
「ホスピタリティ・イノベーター」──

［ サービスの概要 ］

宿泊施設の運営に特化し事業を展開。各施設では、その土地と顧客を熟知するスタッフが、地域事業者、地域住民と協力し、旅の体験サービスを企画・提供する。宿泊者の顕在化していないニーズと、地域の隠れた観光資源を組み合わせることで、新たなサービスをつくり上げている。年間約400にのぼる独自の旅体験を提供。

サービスイノベーションの特色

◇ホテルスタッフが「魅力会議」という仕組みを通じて、シーズン毎に新たな旅の体験サービスを企画、提案し続けている。奥入瀬渓流ホテルでは、「氷瀑」という全く新しい地域資源に注目し、冬の観光需要を創出。

◇開発した体験サービスの積極的発信で年間6,000件のメディア露出につながり、顧客を獲得。また、「上質感」「特別感」の醸成という価値共創を生み出し、高い顧客満足度を実現。

◇コロナ禍に際して、18カ月先までを想定して事業計画を組み直し、危機を乗り越えようとしている。併せて「マイクロツーリズム」の振興を提言し観光業全体に貢献している。

1 「日本の観光をヤバくする」

星野リゾートは宿泊施設の運営に特化した事業者で、国内47施設、海外4施設を運営しています（2021年8月現在）。現在、代表を務める星野佳路氏が1991年に社長に就任してから、同社のミッションとして「日本の観光をヤバくする」を掲げ、「リゾート運営の達人」を目指すべき姿（ビジョン）とし、地域観光の盛り上げを先頭切って実現していこうと取り組みを開始しました。

同社は原則として不動産を所有せず、宿泊施設の運営に特化していることもあって、旅館やホテルの再生案件の依頼も多く、そのような場合、施設のみならずエリア全体が元気をなくしてしまっているケースも少なくありません。例えば、2005年に星野リゾートにて運営を開始した奥入瀬渓流ホテルは、十和田湖を訪れる団体旅行で高度経済成長期には大変な賑わいを見せていましたが、その後、旅行ニーズの主流が個人客に移行すると、秋の紅葉シーズン以外には訪れる動機となる象徴的な観光資源もなく、苦戦を強いられていました。特に冬季は、積雪によるアクセスの難しさや認知率の低さから観光需要は低迷し、同エリアの多くの事業者と同様、奥入瀬渓流ホテルも2008年から冬季休業を余儀なくされました。

星野リゾートでは、自社が提供するサービスの本質を"滞在全体の演出"と定義しており、単にホテルの客室に泊まる権利を売るのではなく、「旅の体験」を売っていることが、他の宿泊事業者との違いだと考えています。多くの潜在顧客に対し、他社がやらないような旅の提案を行なって、新しい需要を生み出していかなければという問題意識があるのです。

2 地域の魅力を掘りおこし新たな旅を創造

星野リゾートでは、同社のミッションを実現するため、全国の宿泊施設において、各地域の四季折々の魅力をテーマにした年間400にのぼる体験サービスを、広く顧客に対して提案しています。この提案は、

各施設のスタッフが自らメディアに発信し、年間約6,000件もの露出となって顧客に届いています。

　奥入瀬渓流ホテルの例でいえば、国立公園内の観光資源に着目し、滝が凍結して現れる氷瀑という自然現象を目玉とした体験サービスを提案し、2017年12月、9年ぶりに冬季運営を再開しました。国立公園内の夜間ライトアップは民間事業者のみで実施することはできず、省庁や自治体、周辺事業者と連携し実現にこぎ着けています。それ以降、毎年冬には、夜にライトアップされた幻想的な風景を観賞しに行く氷瀑ライトアップツアーや、ホテルの露天風呂に氷瀑を再現した氷瀑露天風呂を用意し、宿泊者に無料提供しています。ライトアップされた氷瀑の美しさという感情的な価値、真冬の氷瀑という誰も経験したことのない未知の体験という知識的な価値、その双方に訴えかける提案を行なったことで冬の閑散期にも感動体験を求めて観光客が訪れるようになり、冬場の事業は冬季運営再開から3年で黒字化を達成しました。

　星野リゾートでは、顧客の滞在に合わせて一人のスタッフがチェックインから体験サービスの提供、夕食、朝食、チェックアウト、清掃までホテルのあらゆる業務を担当する"マルチタスク"という働き方を取り入れています。マルチタスクにより、高い現場での生産性を実現するとともに、スタッフ全員が各分野の専門性だけでなく幅広い技能を身につけ、滞在全体の提案や実行ができるようになっています。

　常に顧客に寄り添って接客することで顧客ニーズに対する感度を高めたスタッフが、従業員全員で共有している宿泊者の満足度調査の結果も参考にしつつ、年に4回季節毎に開催される魅力会議に、その地域の文化・産物・魅力をもとにした商品やサービスのアイデアを持ち寄り、検討します。その数は年間1,000にもおよび、その中から400程度が実際の体験サービスとして仕立て上げられ、顧客に提案されます。

　継続的に旅の体験を提案してきた結果、多くの顧客が上質感や特別感を星野リゾートに期待し、また、それに応えた価値を提供すること

で満足度向上とリピートにつながる、という好循環が生まれていると
いえるのです。

3 体験サービスを効果的に生み出す仕組み
「魅力会議」

星野リゾートのキラーコンテンツである体験サービスを効果的に生
み出しているのが、各拠点施設で春夏秋冬それぞれのシーズンで開催
される魅力会議という仕組みです。

星野リゾートで働くスタッフは、マルチタスクや宿泊者アンケート
を通じて顧客ニーズを十分に把握する一方、施設のある地域の情報に
も精通しています。そのスタッフが、地域の魅力となるものを日々探
し、仲間と意見交換をしたうえで、魅力会議にそれぞれのアイデアを
持ち寄り、具体案を検討していきます。魅力会議はシーズン毎に複数
回開催され、各施設スタッフに加えてサポート部門のスタッフも必ず
参加します。

それぞれの施設にはメインターゲットとコンセプトが定められてお
り、そのターゲット（例えば、奥入瀬渓流ホテルであれば50〜60歳代のご夫婦）
にどうやったら感動体験を楽しんでもらえるか、本当に訴求する内容
なのかを、参加者全員で議論して内容を磨き、実施に向けた最終判断
と合意形成を行います。なお、スタッフ全員がマルチタスクで働いて
いることも含め、フラットな組織の中で自由闊達に意見がいえる環境
がきちんと確保されていることから、常に社内では活発な意見交換が
できています。時には地域事業者や地域住民にも協力してもらうこと
で、質の高い、多数のアイデアが次々に生み出されていきます。

例えば、星のや軽井沢では、近隣の佐久市に13ある酒蔵と協力した
「SAKEヘルスコンシャス滞在」という日本酒の新しい楽しみ方や、
佐久市の熱気球を扱う団体と連携し、冬の信州の雄大な景色を眺める
熱気球体験「絶景バルーンステイ」などを提案しました。東京・大手
町にある星のや東京でも、東京を拠点とする船会社と連携し、江戸時

代に水の都として栄えていた風情を感じてもらおうと、雅楽奏者が奏でる調べを聞きながら水路をクルーズする「東京・秋夜の舟あそび」を開催しました。先に挙げた奥入瀬渓流ホテルの例では、スタッフ自身が氷瀑を見て大いに感動し、「50 〜 60代のお客様に是非お見せしたい」という思いで、当初反対していた星野代表の意見を押し切って実現にこぎつけました。

　魅力会議では 1 シーズンに約100の新しい体験プログラムが生み出されます。それが 4 シーズン繰り返されることで、年間約400のアイデアが形になっていきます。

■4 現場スタッフの力を最大限に尊重して
“滞在全体の演出”を実現 ─────────────

　星野リゾートのサービスイノベーションの画期的なポイントは、“滞在全体の演出”を徹底的に検討していくことにより、他の宿泊業との差別化をはかるものといえます。その“滞在全体の演出”を企画・立案するにも、実行するにも、施設スタッフの力を最大限に尊重していますが、その土台となっているのが、先にも述べたマルチタスクとフラットな組織文化です（図表2-25）。

　同社がマルチタスクをはじめたのは2002年〜 2003年頃ですが、その頃には個々のスタッフにとって負荷が大きく、そもそも業界内の常識と異なるという反対意見が社内でもありました。ただし、同社のビジョンである「リゾート運営の達人」を目指していくうえで、業界の当たり前のサービスを高いレベルで実現できるようになったあと、より進化を目指すには、トレードオフをともなう活動を選択しなければなりません。星野リゾートにとってそのトレードオフとは、他の多くの宿泊業のように分業制で従業員の専門性や役割を究めていくのか、それとも、滞在の流れを通した価値ある提案ができるようにしていくのか、でした。

　「それぞれのブロックの仕事を深く突き詰めるという考え方もすばら

しいとは考えつつも、星野リゾートとしては、チェックインからチェックアウトまでの滞在全体のなかで色々な発想をし、他社がやらないような旅の提案が出来るような運営をしていこう、と決断しました」とマーケティンググループ・ディレクターの櫻井潤取締役は語っています。

とはいえ、もし極めて優秀な経営者がトップダウンで同様の新しい取り組みを進める競合他社が出てくれば、スピードでは負けてしまうかも知れません。それでもスタッフを信じて任せる方法を星野リゾートとしては選択し、スタッフらもその考えを十分に理解し、積極的な旅の提案を継続しているのです。

もう１つの土台であるフラットな組織文化も、意識的につくられてきました。社内では全員が役職ではなく「○○さん」と、お互いに「さん付け」で呼び合うことが徹底されています。また、驚くべきは、管理職立候補システムです。同社では年に２回、立候補者が全社員の前でプレゼンテーションをし、その結果によって管理職が選ばれます。

図表2-25　需要を生み出すサイクルと、そのサイクルを支える土台

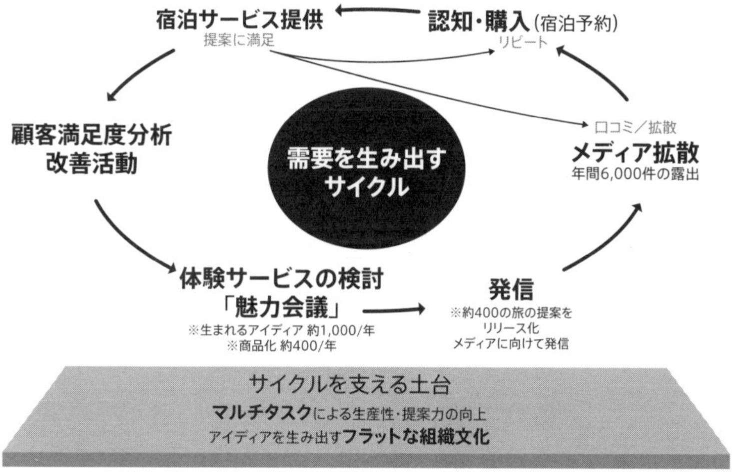

出所：星野リゾートより提供

経営情報については全社員にオープンになっているので、立候補者の主張が適切なものかどうか、全員がそれぞれ十分に判断できる状況にあるというわけです。

このようにスタッフの能力と発想を大いに尊重しつつ、顧客の滞在全体の演出を徹底するという文化が星野リゾートには根付いているのです。

5 星野リゾートの事業的成果と社会的貢献 ───────

「体験サービス」の提案等を通じて、上質感や特別感を顧客に提供することで、星野リゾートのグループ全体の年間取扱高は、2018年は550億円、2020年度は463億円です。2020年３月までは業績も好調で、対前年比でプラスとなっていましたが、2020年４月以後は新型コロナ危機により厳しい状況が続いています。

社会的な成果として特筆できるのは、各地域での観光需要創出にともなう地域活性化の促進です。奥入瀬渓流ホテルの例だけでなく、各地の魅力を活かした体験サービスを開発しPRすることで、星野リゾートの施設のみならず地域に訪れる観光需要を創出して、周辺事業者にとっての収益にも貢献しています。

また、宿泊業での働き方を見直し、仕事のやりがいを向上させたこともあげられます。決められたマニュアル業務をこなすだけではなく、体験サービスの開発や改善活動を通じて、スタッフがクリエイティブや地域活性、社会課題の解決に積極的に関わる機会を提供し、現場で働くスタッフや、これからサービス業を志す人が持つイメージを向上させたといえるでしょう。実際、星野リゾートでの離職率は、業界平均よりも10ポイント程度低い水準となっています。

前述した通り、新型コロナ危機による宿泊業へのインパクトは大きく、2020年４月の緊急事態宣言により、直後は95％の市場がなくなってしまいました。その後は7月からはじまったGo To トラベルキャンペーンの影響もあって、顧客も戻ってきましたが、変異ウイルスなど

によるさらなる感染者拡大で累次の緊急事態宣言の発出があり、宿泊業にとっては先の見えない状況が続いてきました。

　そのような状況下でも、感染者を増やさずに旅行を楽しもうということで、マイクロツーリズムという考え方を、星野代表自らがメディアに露出して発信してきました。これは車で2時間程度の近距離からの顧客にちょっとした贅沢気分を味わってもらえるような取り組みを、観光業全体で進めていこうというものです。マイクロツーリズムの考え方は、観光業界全体に浸透しており、海外旅行はもちろん遠方の国内旅行に行けなくなった日本人の旅行需要を取り込もうとする動きが顕著になり、多くの都道府県でも県内宿泊を奨励する取り組みが進められてきました。このように、先行きが不透明な状況下においても、いち早く国内の観光業に指針を示してきたリーダーシップは高く評価されています。

星野リゾートのサービスモデルの特色

　星野リゾートでのサービスモデルの特色は、奥入瀬渓流ホテルの「氷瀑ライトアップツアー」などに代表される「体験サービス」という魅力的な価値提案を継続的に行うとともに、年間6,000件ものメディア露出を通じて顧客の事前期待をつくり出していることです。顧客は上質感や特別感を星野リゾートに期待しますが、それに応じるべく年間400もの斬新なプログラムを提案し続け、利用者との価値共創を実現しています。

　さらに、提供側からの魅力的な価値提案を継続的に実現する仕組みとして、観光資源への深い理解と多様な現場視点を持つスタッフがアイデアを持ち寄り、自由に意見交換し、具体案を検討する「魅力会議」が各拠点施設で毎シーズン開催されています。その土台として、現場スタッフの創造力を信じて"マルチタスク"と"フラットな組織文化"を通じて最大限にその魅力を発揮できるようにする経営とが見事につながっています。

なかでも、星野リゾートでのサービスの価値共創の有効性を高めるのに大きな役割を果たしているのが、「魅力会議」の存在です。顧客への魅力的な価値提案は、不定期であれば偶発的になされるかもしれませんし、会議体をつくるだけならば他の宿泊業でも真似できるかもしれません。しかしながら、年間数百ものアイデアが形となり広く顧客に提案されるサイクルが回り続ける仕組みを組織の中に組み込んでいることこそ、星野リゾートでのサービスモデルの中核であり、同社の「イノベーションの的」といえるでしょう。

❷ 株式会社スプリックス

──AIが講師として教える第三の学習塾業態「自立学習RED」──

[サービスの概要]───

一斉指導塾と個別指導塾の双方が抱えていた個々の課題に対して、AIを活用した科学的アプローチによって生徒1人ひとりに最適化された学習指導プログラム「eフォレスタ」を開発。1～2名の講師未経験者でも20～40名の生徒の対応を可能とさせる新しい学習塾サービスをフランチャイズ中心に全国展開する。

教育ITでとことん学ぶ
個別学習塾 自立学習RED

═══ **サービスイノベーションの特色** ═══

◇個別最適化学習プログラムと講師の組み合わせで、顧客ニーズの高い「個別指導塾」が抱える人手不足・人件費高騰問題を解消する「自立学習塾」モデルを創出。「近所の塾が運営困難になり通える塾がなくなった」「塾に高いお金を払えない」などの事情を抱える全国の生徒層に教育機会を提供する社会イノベーションを実現。

◇講師に「週に5つのサービス改善提案」を募り、実行可能なものは次の週に改善を許可・遂行する、スピード感あるサービス改善サイクルが社内に定着している。

◇このサービスモデルは「GIGAスクール構想」でICT化を進める学校にも移植可能なヒントを示唆する。

■1 個別指導塾で成長するも塾講師確保問題や

超過労働時間問題に直面 ────────────

　スプリックスは、小学４年生から中学３年生までを主な対象とする個別指導塾「森塾」を中心とした塾事業の他に、学習教材開発なども行う、売上118億円、営業利益18億円(2020年９月期)の東証１部上場企業で、塾業界では成長率が高めの中規模企業として位置付けられています。学習塾業界は、通常の教室形式の一斉指導型の事業として成長し、多数の企業が有名進学校への合格率を競う激しい競争を展開する業界ですが、その中にあって、森塾は、早くから進学志向の成績上位の生徒よりも、定期試験の成績を上げて内申書をよくしたい普通の成績の生徒に焦点をあて、「成績を上げることで、生徒の人生に貢献する」ことを理念としてきました。このため、一斉指導よりも個々の生徒の到達レベルの違いに合わせる「個別指導塾」という業態を選択し、全国に展開していくことで成長し、2020年９月末現在では直営だけで115教室以上、生徒数３万人以上の規模に達しています。

　しかしながら、個別指導塾事業が軌道にのって規模を拡大していくにつれて、どうしても教室単位当たりの講師数が多くなる個別指導塾は、講師不足の問題に直面せざるをえませんでした。もともと塾市場は少子化による生徒数の減少傾向の中で、需要面で構造的な問題を抱えていたうえに、大学生数の減少傾向が強まってくるにつれ、運営面での講師確保問題に対する危機感も高まってきていました。

　また、講師の知識・スキルに依存する個別指導の、指導レベルのばらつきも問題視されており、講師に大きく依存する労働集約的な運営形態から、超過労働時間も深刻な問題となっていました。

■2 第３の塾業態「自立学習RED」の開発 ────────

　このような課題認識のうえに立って、それらの課題を一気に解消するべく、スプリックスが打ち出したイノベーションの目標像が、一斉指導塾、個別指導塾にかわる第３の塾業態としての「自立学習RED」

でした。これは、AIを導入したeフォレスタというICTコンテンツが主たる指導役をはたし、生徒は自分でタブレットを操作しながら自立的に学習を進めていきます。教室では、生徒数に対してごく少数の講師が、個々の生徒の学び方をサポートするという、全く新しい塾の形です(図表2-26)。これによって、個別指導塾のように多数の講師は必要なくなり、「自立学習RED」は、1～2名の講師で、教室内20~40名の生徒に対応が可能となります。このため料金も一般的な学習塾のほぼ半額と、大幅に安価に設定できることになります。

　その開発のきっかけを聞かれて、コンテンツ事業本部の梅田修平本部長は、「森塾への危機感がありました。10年前から森塾は、拡大期に入っていましたが、世の中の流れを見れば、講師が不足することは明らかでした。引き続き、個別指導塾というモデルがこのまま10年、20年と続くとは思えませんでした。森塾にも次の形態が必要でした。先生が1人でより多くの生徒を見れること、ただし、一斉指導のように置いて行かれる生徒を生まず、しかも生徒それぞれにあった個別指導のよさを取り入れられる業態にむけて、試行錯誤しました」と語っており、何よりも個別指導塾業態の将来に対する危機感を根底に持ちながらも、個別指導塾のよさを失わないアプローチを模索していったことを強調しています。

　その際、参考にした事例はあるかという問いに対して、自立学習事業部の長濱恵理子部長はきっぱりと「特に参考にした事例はありません。日本において、自立学習塾という第3の業態を創り出したいと考え、一から創り上げていきました」と明快に新業態を意識した取り組みであったとしています。

　事業開始から事業形態が固まるまでには色々な試行錯誤があったそうですが、イノベーションの結果として確立された自立学習REDの事業形態は、図表2-27に示すように、教材開発チームによるeフォレスタと、教室運営チームによるREDナビ・リファの組み合わせで、直営教室においてスキル・ノウハウを開発し、フランチャイズ展開を

図表2-26　一斉指導塾、個別指導塾、そして自立指導塾

出所：スプリックスより提供

図表2-27　「自立学習RED」の教材コンテンツと運営システム

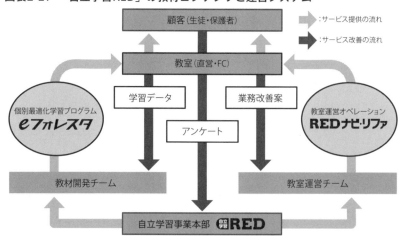

出所：スプリックスより提供

はかるという明快なビジネスモデルになっています。

❸ 塾講師の知識・スキルを蓄積し
生徒への指導を高度化するeフォレスタ ─────────

　eフォレスタは、生徒の①学習コンテンツと②学習誘導という２つの部分からなっていますが、第一に、①の学習コンテンツは、スプリックスが開発した、最小単位の「要因」で全体が構成され、教科毎に「単元─問題─要因」の三層構造になっている、フォレスタシリーズという個別指導用の紙媒体のテキストが元になっています。これは、すでに全国の約3,000の学習塾に導入され、圧倒的なシェアを持っていました。その蓄積があったからこそ、スプリックスは、フォレスタシリーズをICT化し、AIも導入することによって、eフォレスタに進化させることができました。自立学習モデルの開発は、塾であればどこでもできるわけではありません。

　そのeフォレスタのコンテンツは、だれか指導者がいて、その説明を片方向でするのではなく、タブレット上で動くシンプルなアニメーションになっていて、適宜生徒に複数の選択肢から回答させ、理解を確認しながら、ステップ・バイ・ステップで進んでいくという形を想定しています。ここにも、普通の生徒が定期テストの点数を、１点でも２点でも向上させていくことを目標とするという理念が貫徹しています。

　②の学習誘導は、個々の生徒の学習の進捗状況、正答率の過去のログデータ、定期テスト日程、定期テスト範囲などの情報をエキスパートシステム型のAIが分析して、学習すべき単元や問題、宿題などを個々の生徒毎に最適化した形で提供するようになっています。

　このように、単元・問題レベルまで細分化されて学習誘導が行われ、学習データの積み上げとともに、絶え間なく要因レベルの解説の内容や組み合わせなどの学習コンテンツも変わっていくきめ細かい学習プラットフォームは、スプリックスに他にはない優越性を与えています。

4 教室運営の生産性を向上させる
REDナビ・リファ ─────────

　他方、教室運営のREDナビ・リファは、生徒の成績を上げるためのサービスレベルを担保したうえで、「やるべきことのボトムライン」と「やった方がいいことのアップサイド」とを明確に線引きして、教室でのオペレーションを極限までそぎ落とす検討を突き詰めていき、ぎりぎりのところをマニュアル化しています。そして、時系列・イベントの区分でその時々にやるべきことを系列化したTO DOリストになっているのがREDナビ、TO DOリストのそれぞれの行動の内容と意味付けについての詳細を示すのがREDリファです。

　このようなeフォレスタとREDナビ・リファの組み合わせによる「自立学習RED」は、次々刻々とサービスを改善していく、システマティックなフィードバック・ループを備えていることも大きな特色です。eフォレスタのすべての学習ログはデータベースに格納して、AIエンジニアと教務スペシャリストからなる研究開発部隊が、日々ウォッチし、パラメータをチューニングしていて、より生徒に最適化したプログラムを提供することで「成績を上げる」ための確度を高めています。

　また教室運営の面では、絶え間なく生産性を向上させるために、講師に対して毎週5件の「現状の不都合/改善案」の本部への直訴権が与えられています。このシステムによって出てくる、毎週数百にのぼる改善案に対しては、事業本部以下、担当部門が全件に目を通し、採否を判断して、採用となった項目は、対応期日とともにリストアップされ、即座に改善実行フェーズに移すこととされています。

　つまり、教材開発面はeフォレスタに、教室運営面はREDナビ・リファに、スプリックスの最新で最先端の知識・スキルが形式知化され、それが常に蓄積されるとともに更新し続けられていることになります。

　また、この仕組みは、社内だけで回っているのでなく、学期毎に必ず保護者アンケートを行い、学期毎のサイクルで利用者の満足度を評価するとともに、改善点を見出して対応していくPDCAのサイクルも

回っています。

5 「自立学習RED」の事業的成果と社会的貢献 ────

「自立学習RED」の塾事業としての成果は、急速な開塾数の増加となって表れています。2014年から展開をはじめ、2016年に15教室だったフランチャイズの教室数は、新型コロナ危機下でも大幅に増加して、2020年9月末には128教室となっており、4年間で8倍以上に拡大したことになります。FCオーナーの間に強いニーズが存在することを実証しています。

　経営サイドも事業サイドも、共通して事業目的として強調するのは、生徒の成績アップへの貢献です。塾ごと、教室ごとの成績アップ率は公表されているわけではないので他社比較はできませんが、社内での比較で見る限り、eフォレスタというAI導入のタブレットが指導する「自立学習RED」の成績アップ率は、生徒2人に1人の講師がつく手厚い個別指導塾・森塾の成績アップ率に匹敵するレベルにまで向上しているということです。

　結果としての業績を見ると、「自立学習RED」だけを切り出すことはできませんが、スプリックス全体では、2020年9月期までの5期連続で増収を記録しており、新型コロナ危機下の2020年9月期だけは減益になりましたが、それまでの4期は増益を続けています。

　社会的な成果の1つとしては、塾業界における働き方改革による女性の働く場の拡大があげられます。eフォレスタやREDナビ・リファによる徹底的なオペレーションの効率化により、女性にも働きやすい労働環境が整備されてきており、実際に、直営5教室のうち、4教室までの教室長は女性で、自立学習事業部の部長も女性です。

　第2に、教育事業の経験者であることや、大学生のアルバイト講師の存在を前提としないサービスモデルであることは、これまで学習塾のサービスを受けられなかった地方の生徒にも、定期テストの成績向上にむけての塾サービスを受ける機会を拡大することになります。

第3に、新型コロナ危機に際しても、eフォレスタが中心になって指導するサービスモデルは、タブレットの貸し出しや通信環境の整備のアドバイスをすることによって容易にオンラインに切り替えることができています。オンラインの学習サポート面談でコミュニケーション不足を補うなどをすることによって、「自立学習RED」は新型コロナ危機にも強い業態となっており、保護者の満足度も高いということです。これが、先述のフランチャイズ数の急増にもつながっていると思われます。

スプリックスのサービスモデルの特色

　スプリックスは、一斉指導塾と個別指導塾が抱えていた課題に対して、AIを活用した科学的アプローチによって自立学習塾という第3の業態を確立するという大きなサービスイノベーションを学習塾市場にもたらしました。

　その価値提案は、講師による一斉指導でも個別指導でもない、タブレットと少人数の講師というチャネルへの変化、地方や小さな町でも学習塾が成り立つというコンテキストの変化はありますが、生徒に提供するコンテンツは、定期テストや受験に役立つ塾教育であることに変わりはありません。そのサービスは、定期テストの成績の向上であり、入試への合格であるわけです。

　しかしながら、「自立学習RED」が主な対象とする地方や小さな町に住む定期テストの成績を上げたい生徒や親にとっては、これまで受けられなかったかもしれない塾サービスを、これまでの塾よりもはるかに安価に受けられる機会を提供されることになります。スプリックスでは難関校への入試よりも、普通の生徒の定期テストの成績の向上に活動の焦点をおいています。「自立学習RED」は、個々の生徒毎に、単元別、要因別の詳細な学習履歴を把握して蓄積しており、日々の塾での学習においては、生徒の個別の進捗状況とのやり取りによって、学習内容をダイナミック

に変化させていきます。AI利用のタブレット端末とのやり取りではありますが、個々の生徒の進度に合わせて、スプリックスと個々の生徒との定期テストの成績をめぐる価値共創の仕組みが精密に創り込まれているわけです。

このような利用サイドの価値共創を可能にしたのは、教材として開発されたeフォレスタと、講師を中心とした教室運営のREDナビ・リファというAIとICTを活用した2つのプラットフォームです。

中核となるeフォレスタについては、その基盤となる単元別・要因別の教材自体は、すでにスプリックスの長年の経験の中で開発された自社制作のテキストとして存在しており、全国トップシェアで約3,000の塾に導入されています。したがって、「自立学習RED」の開発というサービスイノベーションにおいて、もっとも本質的な「イノベーションの的」となったのは、eフォレスタに常時、生徒の学習過程に関わるすべてのログデータをインプットし、次に学習すべき内容や宿題などを最適化して提供する「学習誘導」のデジタルプラットフォームの開発でした。これが個々の生徒毎に、塾での学習プログラムを個別最適化することを可能にしました。

加えて、1～2名の講師未経験者であっても、20人から40人の生徒への対応を可能にしたのは、もう1つの教室オペレーションのプラットフォームであるREDナビ・リファでした。REDナビは、やるべきことを示すボトムラインとやった方がよいことを示すアップサイドを峻別し、講師による指導のオペレーションをぎりぎりまでそぎ落としてマニュアル化し、REDリファは、教室での講師のTO DOを時系列別、イベント別にリスト化しています。また、講師は毎週5件の現場の改善案を本部に直訴する制度を導入して積極的に現場の改善策を可視化しており、それへの対応をREDナビ・リファに即時に反映させて、組織が高速で教室

運営のあり方を学習するオペレーションのプラットフォームを生み出しています。これが、塾での指導経験のない講師や女性スタッフの就業を可能にし、塾の運営コストを大きく削減して、地方や小さい町へのフランチャイズ進出を可能にしたのです。

　そして、利用サイドの自立学習の現場と、提供サイドの組織的学習のプラットフォームを強固に連結しているのは、日々生成される生徒の学習ログデータ、保護者アンケートの意見、毎週数百の業務改善案への対応などを情報処理して、eフォレスタとREDナビ・リファという組織的学習のプラットフォームに高速でインプットする仕組みです。

　その組織的学習のリアルタイムの成果である知識・スキルは、常に最新の内容が、eフォレスタとREDナビ・リファに蓄積され、全社的に共有されるのです。

　企業経営というレベルでは、基本は健全な内部競争を基軸にした経営が行われていますが、スプリックスのサービスイノベーションは、顧客接点とバックオフィスの改善と改革を強固に情報システムで連結したオペレーションの革新であるといえます。

❸ Ubie 株式会社

――医師が患者と向き合う時間を創出

事前問診システム「AI問診ユビー」――

[サービスの概要]

症状や病歴を患者に質問する問診をITとAIが行う業務効率化のためのサービス。タブレットやスマートフォンを使用し、自動生成される質問のやりとりを通じて得られた回答結果を滑らかな日本語で作成。診察室などの電子カルテから確認と記載を可能にする。医療従事者がより患者と向き合う世界をIT の力で実現することを目指す。

══ サービスイノベーションの特色 ══

◇5万本の論文や専門的知見をもとに、医師の問診にかかる知識とノウハウをAI化。待ち時間を活用した問診プロセス革新によって、外来問診に要する時間を約3分の1に減らす効果を確認(1問診あたり約6分削減)。

◇問診に要する時間の削減により、医師と患者が目と目を合わせてやり取りする時間が増え、患者満足度が向上するとともに、患者回転率の向上も実現している。

◇全国約400施設の医療機関で導入。臨床現場における医師の意見を即座に反映し、進化するエコシステムを確立している。新型コロナへの対応も行い、COVID-19トリアージ(症状度合の振分け)機能を拡充。

■1 研修医時代に直面した
我が国医療を取り巻く課題 ─────────

「AI問診ユビー」は、2018年8月にサービスを開始した、日本発・世界中の医療の最適化に貢献する潜在力を持ったサービスです。患者と医療のコミュニケーションを最適化し、医師にとっても患者にとっても時間的な効率性を革新しています。さらに、医師にとっては患者と向き合うことに集中できることによる診察の効果性を、患者にとっては医師と顔を合わせた診療を受けられる安心感と満足感という意味での効果性を高めることに貢献しています。つまり、AI問診ユビーは単なる医療側の効率性向上のためのものではありません。医師と患者の双方にとって効果性と効率性を同時革新する、価値共創支援テクノロジーなのです。

2017年5月に創業したUbieは、共同代表取締役で医師の阿部吉倫氏が研修医時代に直面した2つの社会課題を解決すべく、走りはじめました。1つは、病院「内」の課題です。医療の現場は医師の燃え尽き症状発症割合42.5％ともいわれ[18]、わが国では病院勤務医の10％が過労死ライン2倍を超える労働時間とする調査結果(厚生労働省調査)もあります。このような過酷な労働環境[19]の中で阿部氏は、自分の医師としての労働時間の7～8割が電子カルテ記載などの事務作業であるという体感があったそうです。そして、「パソコンを見てばかりいないで顔を見て診察してほしい」という患者からのお叱りを経験しました。

もう1つは、病院「外」の課題です。我が国では、国民の有症状者率30.5％と自覚症状を抱える人は多いにもかかわらず、様子見をしていたため受診が遅れた人の割合が63.5％と、多くの受診機会が逸失されているといわれます。実際に阿部氏は、痛みを我慢できない重篤な状態になって、はじめて救急来院した患者に直面し、もっと早く来院していれば5年生存率が高いステージでケアできたのにと、無力感を感じたこともあったそうです。我が国医療現場の過酷な労働環境、そ

して患者と医療の距離の遠さという2つの社会課題をなんとかしたいという義憤にも似た想いが、医師の阿部氏を起業へと突き動かしました。

2 問診プロセスを革新する AIサービスイノベーション

　2018年8月にサービスが開始されたAI問診ユビーが実現する問診プロセスの革新は、図表2-28の通りです。これまでの典型的な問診プロセスは、患者が来院直後に紙で回答する事前問診、医師がその紙を横目で見ながら病状を一から聴取する口頭問診、そして医師が聴取内容を一から入力するカルテ入力からなります。

図表2-28　AI問診ユビーによる問診プロセスの革新

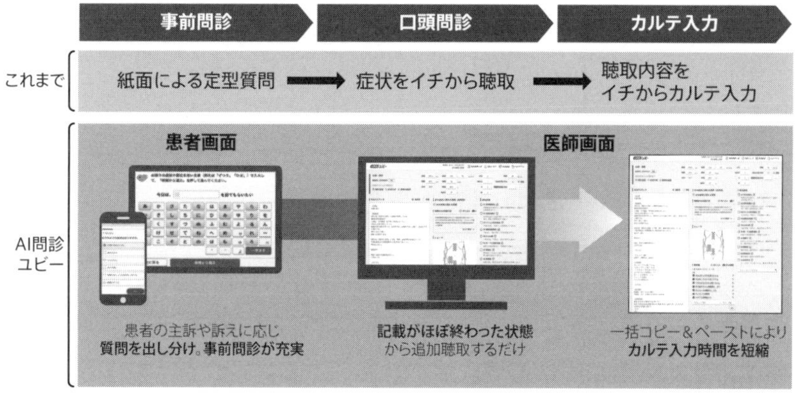

出所：Ubieより提供

　AI問診ユビーはこの事前問診について、来院後の待ち時間にタブレットで、もしくは事前にスマートフォンで、それまで口頭問診で行われていた内容を含むおよそ20問の問診を行います。このユビーによる問診は、5万本の論文データや多方面の専門医の協力のもと、医師の問診や診察にかかる知識とノウハウをデータベース化した独自の質

問選定アルゴリズムによって行われます。この質問選定アルゴリズムは、あたかも医師が病状を見逃さず丁寧に問診を深めていくように、一連の問診項目を患者の回答から逐次的に提示していきます。

　ここで、ユビーの事前問診の院内用タブレットは、高齢者にもなじみがある、カラオケの電子リモコンを模した画面デザインとなっています。そして、入力フォームは、同じく高齢者にもなじみのある銀行のATMを模しています。さらに、入力時の画面を触った感触や反応までこだわる徹底ぶりです。そのため、高齢者もストレスなくラクに自分の症状を入力できます。そして、長い陰鬱な待ち時間を有効活用して問診を行うため、患者にとって時間効率的であり、かつ事前に自分の病状が医師に詳しく伝わった状態で診察を受けられる安心感が得られたという患者の声がよく聞かれるそうです。

　AI問診ユビーによる事前問診の結果は、あたかも患者の病状を知った医師がカルテに書き込むような形式と内容・文言で、医師のデスクの画面に自動的に表示されます。これは、同じく論文データと医師のノウハウを基礎として、問診への回答を機械学習の入力として、あたかも医師が書くような内容・文言や傷病候補などを機械学習の出力とする、学習の束を中核として設計された独自の技術によって実現されています。

　この技術によって、AI問診ユビーを導入した病院の医師は口頭問診の開始時点で患者についての事前情報を十分に持つことができ、かつ口頭問診での聴取結果をふまえてラクに電子カルテに入力できるため、時間短縮になり効率的です。そして、患者と向き合った対話や、聴診や触診など、医師が医師としてやるべきことにはじめから集中できるため、AI問診ユビーは医師の診察の質と職務満足度にも貢献しています。さらに、医師がパソコンではなく自分の顔を見て診察してくれるため、安心感や満足感を得られたという患者の声もよく聞かれるそうです。

　AI問診ユビーは、単なる医療側の効率化ではありません。患者に

とっての効果性と効率性、そして医師にとっての効果性と効率性を同時革新し、患者と医療の間のコミュニケーションを最適化する価値共創支援型のサービスなのです。そして、このサービスイノベーションのアプローチは、サービス提供者と顧客との間で情報の非対称性が存在し、それゆえに時間非効率であり、効果も発揮しきれていない他のサービス分野で大いに応用可能だと考えられます。

3 常に進化するAIシステム

　患者と医師双方の効果性と効率性を同時革新する価値共創支援テクノロジーであるAI問診ユビーは、サービス開始当初から今のモデルであったわけではありません。むしろ当初は、医師にとっての効果性と効率性を重視し、ユーザージャーニー（利用者のサービス利用の文脈と体験プロセス）を描き、洗練された画面デザインでユビーを開発したそうです。しかしながら、このサービスは問診にかかる患者の入力が鍵であり、肝心の患者の多くが高齢者であったことから、協力病院における実証実験の中で「うまく入力できない／使ってもらえない」というUbieにとって想定外の状況が生じたそうです。そこで、Ubieの医師とエンジニアがペアを組み、公園にいる高齢者などに話しかけて調査をし続け、高齢者が入力しやすい画面デザインを模索しました。その結果、カラオケの電子リモコンやATMを模した現在のデザインにたどり着いたのです。

　その他にも、ユビーの根幹となるタブレットなどで入力される問診項目、問診への回答結果を基礎とした文書出力や参考病名の提示など、Ubieの医師とエンジニアが協働してシステム全体を進化させていく体制と方法論が構築されてきました。このように、ユビーのサービスイノベーションの本質は、提供サイドの価値共創の仕組みの創り込みにあります。2021年現在は、Ubieに所属する医師6人が、卓越したスキルを有するエンジニア37人による開発チームと密に連携を取り、患者にとっても医師にとっても効果性と効率性を同時追求できる

システムの進化を常に支えています。そしてこの体制と仕組みは、後述する、阿部氏と共同代表取締役である久保恒太氏の2人の信頼関係と掛け合わせによって成立していると考えられます。

４ 「想い」と「想い」、「課題」と「技術」の新結合 ————

　これまで取り上げてきたAI問診ユビーのサービスイノベーションを語るうえで、もう一人の共同代表取締役である久保氏の想いを忘れてはなりません。阿部氏と久保氏は、中学3年生の塾時代からの知り合いで、同じ高校の同級生でした。久保氏は阿部氏とは異なる大学の工学部に進学して技術力を磨き、その後大学院からは阿部氏と同じ大学の工学系の大学院に進学し、AIによる自動問診の研究を修士論文のテーマにしようとしました。しかしながら、所属する研究室の指導可能テーマとうまくマッチせず、久保氏は修士論文とは別に自分個人の研究課題としてやり続けたそうです。その中で、久保氏が修士2年になる2013年4月から、医学部6年生になった阿部氏を誘って共同研究が開始されました。結果として、これがAI問診ユビーの出発点であったといえます。

　同じ大学で自主的に1年を共同研究に費やした2人は、阿部氏が研修医となり、久保氏は医療×インターネットのプラットフォーム企業へと就職し、約2年間それぞれのドメインで知識とスキルを高めていきます。そしてその間にも阿部氏と久保氏の自主的な共同研究は続き、共同研究の社会実装を決めて創業に至ります。久保氏の想いをきっかけにしつこく勝手に進めた共同研究が先にあり、そこに研修医時代に経験した阿部氏の義憤にも似た想いが掛け合わさったこと。それだけでなく、阿部氏の体験した医療現場の課題と、久保氏のエンジニアとして磨かれた医療×ITの技術とが掛け合わされました。この2つの新結合が、問診×AIによって患者と医療のコミュニケーションを最適化するサービスイノベーションに直結したと考えられます。

　Ubie創業後も、阿部氏と久保氏の関係と想いは変わりません。む

しろ、強く、大きくなっていきます。同時並行的に、ベンチャーサポート企業の強力な支援もあり、2人の想いに共鳴する投資家や協業パートナーとめぐり合うことができました。さらに、2人の想いに共鳴する医療関係者の後押しもあり、そしてUbieに社員として参画する仲間も増え、AI問診ユビーの開発・社会実装・普及の展開が加速してきました。想いと想い、そして課題と技術の新結合が併せて起こった時、Ubieのサービスイノベーションによる社会イノベーションの扉が開きました。

⑤ 「AI問診ユビー」の事業的成果と社会的貢献 ─────

　共同代表取締役2人の想い、そして課題と技術の新結合によって実現されたAI問診ユビーは、2021年現在、400を超える医療機関で導入され、47都道府県すべてにまで範囲を広げてきました。この波及を促進したのは、協力病院での実証実験で外来の問診時間が3分の1に効率化され、その事実が2018年11月に頭痛学会で論文発表されたことだと考えられます。問診時間が劇的に短縮されるということは、陰鬱な待ち時間を含む患者の医院滞在時間が減って患者や付き添いの方の満足度が向上するとともに、この効率化が患者回転率の向上をもたらすため医院経営上のメリットがあります。また、医師もはじめから患者の顔を見て医師がすべきことに集中でき、すぐに次の患者の診察を行うことができるため、医師の労働時間の中で患者と向き合う時間割合が劇的に増え、喜びの声が多く聞かれています。

　AI問診ユビーには続々と医療機関での実践知が蓄積され、ノウハウが溜まっていきます。新型コロナ危機では医療機関の院内感染と医療崩壊のリスクが叫ばれましたが、Ubieは蓄積された固有の知財とノウハウを活かし、即座にAI問診ユビーに新型コロナウイルスのトリアージ(治療優先順位決定)機能を拡充しました。さらに2020年4月には、自宅などでスマートフォンなどから症状に応じた地域の医療機関や相談先を探すことができ、新型コロナウイルスの症状チェックも可

能な、生活者向けの「AI受診相談ユビー」を新たにサービス開始しました。「AI受診相談ユビー」については、すでに月間利用者のべ300万人を超えているそうです。

　医療機関向けAI問診ユビー、そしてそこでの知財とノウハウを活用した生活者向けAI受診相談ユビーと、医療と生活者の双方から感染症にかかる緊急事態に対応するUbieの姿勢は、我が国医療現場の過酷な労働環境、そして患者と医療の距離の遠さ、という2つの社会課題をなんとかしたいという阿部社長の創業の想いが生き続けているからこそであると思われます。名実ともに我が国を代表するヘルステックとなったユビーが、我が国医療だけでなく、世界中の医療を支え、世界中の生活者の健康長寿に貢献することが期待されます。

Ubieのサービスモデルの特色

　Ubieによる事前問診システムの価値提案は、患者には診察前に、慣れないタブレットとのやり取りで問診に応えることであり、医師に対しては、事前問診をシステムに任せ、自動記述された電子カルテの内容をチェックすることでスムーズな診察を行うという、患者、医師双方に行動変容を求めるものです。

　それが利用サイドの価値共創の仕組みとして、実証実験を経て実際の病院やクリニックでの診療に創り込まれていく過程で、その行動変容は、患者にとっては診療前の陰鬱な待ち時間に、カラオケの入力や銀行のATMの画面に似た親しみのある入力方法で、次々に発せられる質問にこたえさえすれば、医師はきちんと患者の目を見て診察してくれるようになるという変化をもたらしました。一方で、医師には、網羅性があり、聞き漏らしのない事前問診を、自分の問診方法でチェックしていくだけで納得できる問診ができ、問診が終わった段階では電子カルテの修正が終わっていて、記入が完了し、結果的に診察時間も短縮できるという、双方にとって効率性と効果性を向上する変化をもたらしていま

す。

　しかしながら、このUbieのサービスイノベーションをサービスイノベーションたらしめた「イノベーションの的」となったのは、提供サイドで患者と医師双方からの反応や意見を、現場経験で強い問題意識を持った医師と、自動問診の技術的な可能性を追求することに強い意欲を持つエンジニアが協働して、システムのインターフェイスやデータ、アルゴリズム、利用形態などを高速に進化させていく創造・改革・改善の提供サイドの価値共創の仕組みでした。

　この利用サイドと提供サイドの価値共創をつなぐのは、実証実験や実際の医療の現場からの患者、医師、医院経営者からの意見や情報の流れを、阿部氏、久保氏という医師とエンジニアの共同代表をトップとする協働組織が、常に分析・評価する体制です。

　また、この医師とエンジニアの開発の共同責任者が、同時にUbieという企業の共同経営者であるという体制、つまり創り手が同時に経営者であるという体制は、強い創造・改革・改善への志向性を持つ事業組織に、経営面でも常に前進させていくエネルギーを与えています。この世界のヘルステックの先端を走る強いサービスイノベーション志向の会社は、迅速な新技術の導入、果敢な資金調達だけでなく、新型コロナウイルス感染症患者向けのトリアージシステムの無料開放、医院外の一般生活者向け受診サービスの拡充、海外での実証実験といった新たなサービス形態の開発にも積極的です。

　この創業5年目の会社の、利用価値共創、提供価値共創、付加価値共創が直結して持続可能性の高いサイクルを形成するサービスモデルは、今後どのように発展していくかが大いに期待されるところです。

6

学習度評価で新たな知識・スキルの蓄積・共有

学習度評価を含まえた新たな知識・スキルの蓄積・共有を「イノベーションの的」としている事例としては、徹底した現場の「見える化」で生産性を向上させているゑびやを取り上げます。第１章の3-1でも、学習度評価は発展途上であることを述べましたが、今回紹介する17の事例の中では、適切な事例をあげることができませんでした。ゑびやの事例は、知識・スキルの蓄積・共有に関わるもので、老舗再生のノウハウや店舗運営の最新知識・スキルの蓄積・共有を情報システム(TOUCH POINT BI)を用いて行なっている事例です。

❶ 有限会社ゑびや

——ITを活用した徹底的な「見える化」で
経営を再建した老舗「ゑびや大食堂」——

[サービスの概要]———

伊勢神宮おはらい町で食堂
を100年にわたって営む。IT
を活用することで経営の「見
える化」を推進。従業員が
自主的に考え動くことで、
地域の素材を活かした商品
開発、客を待たせない対応、
作業の効率化などを実現し、
食堂を再建する。蓄積され
た経営ノウハウなどを活用
し、小規模事業者の経営革
新も支援している。

━━ サービスイノベーションの特色 ━━

◇経営再建の柱にデザインとITを据え、店舗のデザインコンセプトを
明確にし、IT活用で勘に頼らない効率的、効果的な取り組みによっ
て、収益と従業員満足度を向上。

◇「ゑびや大食堂」の再建の過程で自社開発した先端ITツールをグルー
プ企業から外販し、中小飲食店をはじめ小規模事業者に対する店舗
運営のコンサルテーションを行い、経営の活性化に寄与。

◇廉価で使い勝手の良いITシステムは、小規模事業者だけでなく、大
手デベロッパーにも評価され、街中活性化のツールとしても採用さ
れている。

■1 老舗食堂の継承と再建

　ゑびや大食堂は、伊勢神宮おはらい町の神宮入口に立地する創業100年を超える老舗で、売上高4億7,200万円、売上総利益2億6,600万円、従業員30名の飲食店です（2019年7月期）。おはらい町は、三重県にある伊勢神宮皇大神宮（内宮）の鳥居前町の街です。伊勢参宮街道の終点である宇治橋手前から約800m続く伊勢おはらい町通りの両側には商店街が広がり、各店舗は伊勢市まちなみ保全条例により、ほぼすべての建物が切妻・入母屋・妻入の木造建築で統一されています。伊勢神宮の鳥居前町として栄えたおはらい町は、江戸時代には参宮客が年間200〜400万人も押し寄せるなど庶民の憧れの地でした。現在も伊勢神宮（内宮）には、年間637万人の参拝者が訪れています（三重県「令和元年 観光レクリエーション人込客数推計書」）。

　このゑびや大食堂の事業承継をしたのが、娘婿でありソフトバンク出身の小田島春樹氏でした。入社した2012年には、人員が確保できない、メニューに独自性がない、来店客も少なく需要が見込めないといった理由から、事業縮小が検討されていました。そろばんを使った会計、手切りの食券など、効率が悪いうえに、人手不足も相まって、従業員は休みを充分にとれず疲弊し、顧客をもてなす余裕もない状況でした。

　このため、資金もなく飲食業から撤退して不動産業に変えようと考えましたが、不動産業に転業することも難しい状況とわかったといいます。社長の小田島氏によると「飲食業としての地域のマーケットはしっかりしているが、時代の状況に乗り切れていない。やり方を変えれば復活するのでは」と考え、ゑびや大食堂の再建に取り組みはじめました。当時を振り返り、「日々のお客様が何人来たか、そのデータを取るところからスタートした」といっています。そこで「①紙をなくす、②世の中の変化や、『現状のままだと日々の作業は増えるだけ』ということを伝える、③数字を取る」という3つから改革をはじめま

した。

　そして、社長に就任して約1年後にお店のコンセプトを大きく変えます。さらに4～5年かけて、観光地ビジネスの安かろう・悪かろうを払拭するため、食材すべてを三重県産に、ろう製の古びた食品サンプルをシズル感（美味しさが伝わる感）あふれる写真に変更し、手書きの看板にするなど、店頭の見せ方も変えていきました。再建策は、労働環境の整備、魅力あるメニューづくり、土産販売強化、屋台販売にまでおよびました。

　中小企業庁での産業別規模別企業数によれば、2009年の宿泊業・飲食サービス業に携わる中小企業の数は604,050社でしたが、小田島氏が社長就任の2012年には543,543社、2016年には509,698社にまで減少しています。小田島氏が入社した前後の2009年～2016年までに約9万社が消えている経済環境の中での立て直しだったのです。

　また、飲食サービスの労働生産性は、飲食サービス大手であっても、他産業に比べて非常に低い水準にあります（図表2-29）。労働生産性の向上も飲食店の今後の大きな課題となっていました。

図表2-29　企業規模別・業種別の労働生産性

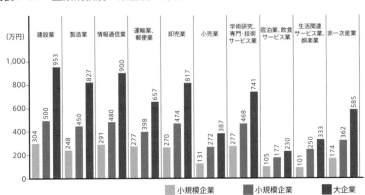

出所：中小企業庁「2021年 小規模企業白書」より

❷ IT活用で経営を「見える化」し、
改善を通して従業員の自発性を醸成 ─────

ITを活用することで経営を見
える化し、さまざまな改善活動を
通じて従業員が自主的に考え動く
仕組みをつくりながら、地域に
あった商品開発や客を待たせない
対応、運営の効率化を実現してい
きました。

　改革の第一歩として、従業員がおもてなしに注力できる労働環境の
整備を行い、アルバイト・パートを正社員として採用し直し、育成や
キャリア開発の土壌となる組織を構築しました。給与水準や労働時間、
休日休暇、有給休暇を改善し、働く場としての健全化を果たしました。

　また、客数や客単価を上げれば、社員や仕入先にも充分な報酬を提
供することができ、お客様におもてなしを提供できる好循環がつくれ
るという経営戦略のもと、伊勢神宮を参拝された方を地元の名産でも
てなす店というコンセプトをもとにメニューを開発してきました。

　そして、独自の魅力をつくることで、価格競争に陥らない強いブラ
ンドを築いてきました。社長自ら地元の生産者を訪ね、信頼できる生
産者とビジネスパートナー契約を結び開発した、地元の食材を使った
伊勢でしか食べられないオリジナルメニュー「お伊勢さんのご馳走定
食」「特製地魚のてこねずし」「松阪牛の焼石霜降り牛丼」は人気メ
ニューになっています。

　また、お土産の語源である伊勢神宮の旅先案内人が参拝客に手渡し
た宮笥の精神を届けたいとの想いで、土産物店「ゑびや商店」を新設

しました。地元の伝統職人技を用いたオリジナル工芸品など、伊勢の魅力を世界各地に伝える商品を自社で開発・販売しています。同時に、地元の名産あわびの新しい食べ方を提案する「あわび串屋台」を新設し、社員と一緒に販売しました。このアワビの串焼きで2,500万円のPOSレジ導入資金を稼いだといいます。

　一般的に飲食業は低価格戦略が多く、このしわ寄せが従業員や仕入れ業者にきている問題に着目しましたが、そこで先述した地元産の材料を使った魅力的なメニュー開発とともに、顧客にとっての値

頃感を知るために、実験的に850円から2,600円の幅で、100円刻みですべてのメニューの平均単価を検証し、適正な許容価格を算出しました。この結果、値上げにともなって顧客層が変わり、顧客単価も上がったことで、客数が減少しても利益が増加し、他店との差別化にもつながりました。

　小田島氏は、「三輪車のような経営」とよくいいます。「アイデアや企画があり、それを支えるテクノロジーがあり、それを支える組織がある。すべてがそろって、馬力が出る。アイデアはたくさん思いつくが、その根拠を検証しないといけない」といい、ITを活用した経営の見える化により、勘だけに頼らない経営の仕組みづくりをしてきました。

3 TOUCH POINT BIの開発と利活用で
抜本的な生産性向上

　この改革を通して徐々に顧客数が増えていきます。しかし、顧客数増加の原因が改革の結果なのか、単に店舗前の通行量が増えただけなのかがわかりません。そこで、POSレジを導入し売上や売れ筋、時間帯ごとの来店数や客単価を記録し、店舗の状態を可視化していきまし

た。続いて、店頭の通行人の数を計測するためにセンサーを取り付けた機器を自作し、歩行者数のデータをもとにした来客予測もはじめました。

　分析は、最初はエクセルで行なっていましたが、その後、小田島氏が自動でデータの収集や分析ができるシステムを開発します。周辺で行われるイベントや天候などが来店客数におよぼす影響や、おはらい町の通行量など、100を超える多様なデータをもとに食堂の来店客数や注文されるメニューを予測する機能などが搭載され、経営や現場に必要な情報の見える化を実現しました。これらの見える化されたデータをもとに、各部署のスタッフが常に変化を先取りした活動を行なっています。

　ホールスタッフは、客層を見ながら店頭に置く看板を入れ替える作業を行なっています。店頭で掲示しているおすすめメニューを替え、それによる売上変化を確認することで、店前を通る客層に応じた最も売れ行きにつながるメニューづくりをします。そのデータをもとに1時間ごとに店頭の通行客の属性にあったメニューを掲示することで売上を増加させていきます。また、バックヤードは、来店者数と来店予想数をモニターで確認することで、その日に米を炊く量を調整し、空いている時間は、自主的に下準備などを行なっています。見える化されたデータがあることで、すべてのスタッフは、毎日、毎時間ごとにそれぞれの部署に必要なデータを見ながら行動しています。データを共有しデータに基づく意見交換をすることで年齢の若いアルバイトスタッフでも改善点やアイデアを発言できるようになり、現場の意見が届く経営になりました。

　また、顧客は食事が終わったらQRコードを読み込み、スマートフォンでその場でアンケートに答えることで景品をもらうことができます。このアンケートは、すぐに集計され、全スタッフが見えるディスプレイに掲示され共有されています。顧客から改善要望があがればメニューや対応を改善し、その結果、どのように評価が変化したかを時

系列でわかるように仕組み化しています。そして、自分で考えて実行したことの効果がディスプレイに見える化されるため成果が実感でき、やる気が高まるサイクルが回っています（図表2-30）。

図表2-30　TOUCH POINT BI とゑびやの経営

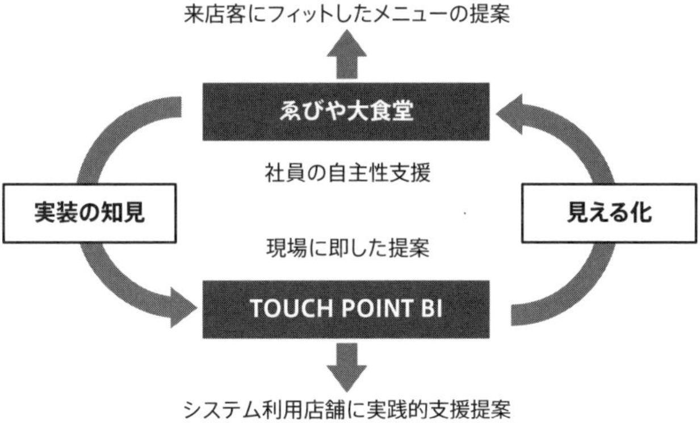

来店客にフィットしたメニューの提案

ゑびや大食堂

実装の知見　　　　社員の自主性支援　　　　見える化

現場に即した提案

TOUCH POINT BI

システム利用店舗に実践的支援提案

出所：ゑびやより提供

　このITシステムは、現場のスタッフがデータという嫌なものをどうしたら毎日見たくなるかを考え、「高校生にもわかるシステムにしよう」という合言葉のもと、インタフェースをわかりやすくつくられました。またシステムにAIによる機械学習を実装したことにより、ゑびや大食堂での実践を重ねるほど予測精度は高まり、変革を後押ししていきました。

　このように、仮説検証サイクルを迅速に回すことで売上を大きく増加させることに成功し、加えて、「見える化」された事実に基づくオペレーションを行うことで、だれもが自由に意見を言え、自主的に動ける組織風土を醸成しました。こうしてサービスを現場で改善して標準化し、均質で高いレベルのサービスの提供が可能となりました。作業の標準化によりスタッフのサービス品質のバラツキがなくなったことで、スタッフは２週間の長期休暇がとれるようにもなったそうです。

4 自社の経験が詰まった TOUCH POINT BIの外販

　ゑびや大食堂再建過程で構築してきたシステムは、予測精度90%以上の来店者予測システムで短期・中期の従業員シフトや仕入れを最適化して、週休2日制導入や長期休暇を可能にしたり、82%の食品ロス削減を行なってきました。

　このシステムを『TOUCH POINT BI』（開発当初のシステム名は『EBISIO（エビシオ：EBILAB Store Intelligence Optimization、店舗運営インテリジェンス最適化）』）の名のもとに体系化し、現在、運営会社『株式会社EBILAB（エビラボ）』を通じて店舗運営ソリューションサービスとして外販しています。

　外販するTOUCH POINT BIによる店舗分析BIには、POSレジのデータ分析をメインとし、来客予測、通行量調査のメニューがあります。オプションとして、画像解析、アンケート分析、WEB・食べログ分析などもついています。コンセプトは「わかりやすく、見やすく、かわいく」。店舗のスタッフに、パソコンを渡して、「開けて」「立ち上げて」という面倒なことを要求するのは困難との認識のもと、システムのインターフェイスはわかりやすくつくられており、店頭、店内のWebカメラの画像解析による来店意向者分析、リアルタイムの男女別や幸福度別の来店者把握による発注タイミング、メニュー予測により、着物姿であっても余裕のある接客と迅速な料理出しを実現しています。

　今まで多くの小規模事業者の経営者は、経営、事業運営、オペレーションに対する意思決定や判断基準のためのデータを持っていなかったため、勘と経験に頼らざるをえませんでした。この状態を改善するために必須となるのは、経営者の頭にある思考パターンや思考プロセスを、客観的なデータを使ってメンバーと共有することです。また、スタッフの個々の作業に対する考え方のばらつきをなくすことで、効率を追求します。店外や店内の多様なデータを収集することによって、

自分たちで顧客の行動についてさまざまな予測を行うことができます。変わっていく市場環境に柔軟に対応するための判断基準になるものがTOUCH POINT BIで「見える化」したデータです。

5 ゑびやの事業的成果と社会的貢献

2012年から2019年にかけて、店舗の売上を約1億円から約4倍の4.7億円へ増加させました。また、1人当たり売上を392万円から3.5倍の1,400万円へ、坪売上を62万円から5.4倍の333万円へと大幅に向上させました。知らない土地で飲食店を探す時多くの人が参考にする口コミサイトの評価は、2.88から3.50と上昇しました。

90%以上の的中精度の来店者予測により、社会的な問題である食品ロスに対しても欠品を生じさせることなく、食品ロス82%削減も実現しました。同時に、週休2日制導入や長期休暇も可能にしました。

新型コロナによる緊急事態宣言を受けて、ゑびやも大きな影響を受けましたが、このシステムの効果で店の前の通行量などのデータから、店舗クローズの見極め(損益分岐)の計算が正確にできたといいます。近隣の店舗がクローズする約1週間から10日前にはアクションを取ることができ、影響を最小限に抑えました。そしてクローズしていた、4月21日から5月末までの期間は毎日、従業員の勉強にあて、朝9時20分から夕方17時10分まで学校と同じように6時限でさまざまなテーマのプログラムを編成し、アルバイトや社員全員が決められた単元をオンライン上で履修していたそうです。そして観光客が戻りはじめた時には、再開のタイミングも適切にとることができました。

TOUCH POINT BIの導入の実績としては全国で約170店舗。これにより個人経営店舗の生産性向上や地域活性化に貢献しています。

ゑびやのサービスモデルの特色

　ゑびやのサービスイノベーションは、2つの側面を持っています。1つは、創業100年を超える老舗ながら、2012年には事業縮小が検討されていたゑびや大食堂が、デザインやメニューを一新して近代的なレストランとして再生していったプロセスです。もう1つは、TOUCH POINT BIというITツールを開発して店舗運営を「見える化」し、それを広く外販するまでになったプロセスです。このうち、ITツールそのものは、顧客への価値提案としては、すぐさま顧客に見えるわけではなく、それによって、スタッフの接客が変化することで、その価値を感じられるようになります。

　利用サイドの価値共創の場で顧客は、デザインが一新されたレストランで、IT利活用のおかげで、常に変化を先取りして接客するスタッフや厨房の対応によって、待つことなくタイミングよく、地元産品を使った斬新なメニューの食事を提供され、快適に過ごすことができるようになっています。

　これを実現しているのは、スマホによるアンケートや店舗前の通行量や顧客プロフィールや天候、催事などの情報を常時インプットされるTOUCH POINT BIの店舗運営ソリューションです。この提供サイドの価値共創の仕組みによって、高い的中率を持つ来店者数や顧客行動の予測を用いて店頭のスタッフは常に変化を先取りして接客が可能となり、厨房のスタッフも変化に合わせて迅速に料理を出すことができるようになっています。

　TOUCH POINT BIのソリューションには、机上の空論ではないゑびやの再生のノウハウが詰まっており、現場の使いやすさにこだわりぬいて店舗の状況を時々刻々と共有できるその実用性で、多くの中小のサービス企業からも支持を得ています。

　したがって、ゑびやのサービスイノベーションにおける「イノ

ベーションの的」は、常に店舗運営の最新の状況についての情報をTOUCH POINT BIで「見える化」して蓄積し、変化を先取りするスタッフの間で素早く共有し、アクションにつなげていく実効的な仕組みを創り上げたところにあるといえるでしょう。

TOUCH POINT BIは、街の中に店舗があり、人が訪れて、サービスを受ける形態であれば、クリニックや整骨院などの施設でも導入が可能であり、幅広い中小のサービス業の生産性向上への貢献が期待されます。

7

適正配分による付加価値の共創を実現

付加価値を最適に配分して、共創・拡大していく際の「イノベーションの的」とする事例としては、労働時間の４割を使って、地域コミュニティの豊かさと幸せを求める300種類を超える地域活動を展開する大里綜合管理と、北海道の幅広いエリアのすみずみにまで立地し、地域のライフラインにもなっているコンビニ経営の革新を実現するセコマを取り上げます。それぞれに付加価値共創を重視する新しい経営のモデルを提供しています。

❶ 大里綜合管理株式会社

——人も本業も地域も伸ばす　300を超える交流型地域活動——

全就業時間の4割を使って300種類を超える地域活動を展開する。不動産を土地という「モノ」としての側面だけでとらえるのではなく、「暮らしの場」として有機的にとらえ、地域活動を通して地域の価値を高めることを目指す。「誰の仕事か決まってない。すぐに成果に結びつかない。でも大切なこと」を民間事業者の立場から取り組む。

━━━ サービスイノベーションの特色 ━━━

◇1つひとつの地域活動は粗利黒字を確保。社員育成の場であると同時に、住民の信頼獲得と本業の潜在顧客づくりにつなげる。企業の短期・長期の利益と、地域住民への価値提供を両立している。

◇社屋を地域に開放し、本業と地域活動を同じ時間に、社員と住民が混然一体となって行う様子は圧巻。「お客様、地域、会社、自身の豊かさと幸せ」という個と全体の調和を目指す経営を体現している。

◇地域課題の解決に企業が使命感を持って臨み、社員の積極的な行動で住民を巻き込み、自助・共助の輪を拡げながら地域の活力を引き出している。

1 地域の不動産会社が、不動産価値の下落と人口減少の問題に直面

大里綜合管理は、千葉県の九十九里地域で土地などの不動産管理、不動産売買仲介、木造建築設計などを本業とする従業員32名の不動産会社です。好景気時に開発され放置された別荘用分譲地の空き地の草刈りから事業をスタートし、「人と人とのつながり」を大切にしたサービスで1975年の創業以来の黒字経営を堅持しています。例えば、「空き地を花畑に変える」土地管理サービスでは、年２回の草刈りと４回の見回りに加え、毎年、管理地に水仙の球根を植えて空き地を花畑に変え、さまざまなイベントで地主と地域住民をつないでいます。

しかし、九十九里地域の事業環境は厳しく、かつて500万円だった土地は100万円でも売れなくなり、バブル期に７億5,000万円あった年商も、2019年度には４億3,000万円にまで減少しています。また、過疎化の問題にも直面しており、地域企業の担い手不足、職人不足、地域全体の活力低下などの課題を抱えています。このような苦境を乗り越え、創業以来大切にしている価値観を、どうやって若い世代へ伝え、事業を継承していけばよいのか。「地域にとっても、企業にとっても本当に大切なことは何か」を模索する日々が続きました。

2 本業６割・地域活動４割の時間配分で確立した好循環サイクル

こうした状況を打開する糸口になったのは、1994年にはじめた「民間学童保育」でした。当時９割を占めた女性従業員は、地域に公設の学童保育がなかったため、子どもの食事、夏休みなどの長期休暇の過ごし方など、いくつもの悩みを抱えていました。そこで、「社員の子どもと地域の子どもを一緒に集めて楽しく

管理地の写真を添えて地主に送る年間レポート

過ごそう！」と、一人の保育士と場所を用意し、最初の地域活動である民間学童保育がはじまりました。「子どもたちは将来のお客様であり、将来一緒に働く社員でもある」という考えから、公的な補助金などには一切頼らず、経費を販売促進費から捻出する運営は今も続けられています。

この民間学童保育で地域住民に喜ばれたことをきっかけに、住民の困りごとから目を逸らさず、「誰の仕事か決まっていない。すぐに成果に結びつかない。でも大切なこと」に、積極的に取り組む活動が次々に展開されていきました。朝の地域清掃、交通整理、幹線道路沿道にアジサイを植える活動など、27年目を迎え、今では300種類を超えるまでになっています。

さまざまな地域活動の様子

工芸品などを販売する棚ショップ「ハンズフル」
出品経費は月 1,000 円／棚
10％の販売手数料

■地域活動の例

	活動内容	参加費／回数
1	文化イベント （音楽コンサート、講演会、アート作品展示）	参加費：2,000円、1,500円 無料など
2	市民が講師を務める約50種の教育講座 （パソコン、ヨガ、写真撮影、英会話など）	参加費：500円 毎日5講座程度開講
3	清掃活動 （JR外房線大網駅前ロータリー、周辺道路、九十九里浜）	毎日6:30 ～各所にて
4	子ども見守り （平日学童保育、サマースクール）	毎日15:30頃から
5	コミュニティダイニング （市民によるワンデイシェフのレストラン）	ランチセット1,200円/毎日など

6	ウオーキング (30km、50km、100km)	参 加 費：1,000円、3,000円、 8,000円/年間4回実施
7	災害ボランティア(東北や熊本、常総、千葉などの被 災地へ地域の人とボランティアへ)	
8	元気かい（独り身の高齢者が月に一度集まりお互いの 近況を語り合うサロン）	参加費：500円/毎月1日
9	戦争体験語り部の会（東京大空襲の体験や戦時中の 生活を後世に伝える取り組み）	参加費：無料/年2回
10	ユニバーサル就労支援（環境整備や地域活動に参加 することで、中間就労支援事業）	参加費：無料

　社会貢献的な側面を持つ活動の多くは、賛同する地域住民とともに行われており、主な活動拠点である本社社屋には、毎日100人、年間に換算すると約36,000人が来訪します。このうち、本業に関係する人は年間6,000人程度。それ以外の人々は地域活動の参加者で、朝のヨガ教室、コミュニティダイニングでのランチ、ギャラリーでの商品購入、コンサートなど、思い思いの活動に参加しています。まるで地域のコミュニティセンターのような本社社屋の各スペースは時間ごとに目まぐるしく使われ方が変わり、本業と地域活動の境界がほとんどない混然一体となった活動の様子は、いわゆる「会社」の概念を覆す自由さと躍動感にあふれています。

　このような、普通では考えられない経営が生まれたところには、野老真理子会長の「地域が豊かでなければ会社の未来もない。地域の困りごとを解決することに時間を使うのは当たり前」という経営哲学があり、それを地域活動の仕組みによって具現化しています。

　双方がメリットを感じ、活動が回る仕組みをつくることが大切である」という考えから1つひとつの地域活動は原則黒字化（赤字が出ない）されています。中でも約30種の社員発案の活動はナノビジネスと呼ばれ、社員教育を兼ねて年間5万円の売上目標を設定して取り組まれています。社員は入社してすぐナノビジネス用に銀行通帳を作成し、仕入れ、人件費、部屋の賃料など、1円単位の出入金まで記録して管理します。1人ひとりが小さくともプロジェクトマネジメントの経験を

積む過程で、営業力、段取り力、調整力、リーダーシップなどのビジネスに必要な能力が磨かれ、感謝される喜びを知ります。住民との協働で築かれた信頼関係は本業へのクチコミとなり、広告宣伝費を一切かけずに新規顧客を獲得できる好循環を生み出しています。野老会長は「最初から、このようなサービスモデルを構想していたのではなく、結果的に就業時間の6割を本業、4割を地域活動に充てる配分になりました」と話します。6割の時間で本業の成果を出すことは決して容易ではなく、毎朝1時間の「気づく訓練」と呼ばれる清掃活動による1,000の改善と徹底した業務効率化により、地域活動の時間を削り出しています。

❸ 長期視点で民間企業が挑む「人・企業・地域」の成長と幸福の共助モデル —————————————

　大里綜合管理のサービスモデルの特筆すべき点は大きく2つあります。1つは、地域資源である「人・企業・地域」それぞれの成長と幸福を目指す共助モデルであること。もう1つは、経営資源である不動産を「暮らしの場」として有機的にとらえ、会社を拠点に地域コミュニティを形成し、不動産に無形の価値を付加している点です。これには大里綜合管理の価値観が深く関係しています。

　経営理念である「一隅を照らす」は、「その場所でお役に立つことが、自身のまわりの足元を照らし、それが例え小さな灯でも、その広がりがいつか心豊かな世界を作る」という考えで、地域と個人の関係や人としてのありようを示しています。また事業活動については、「不動産業は、地域との密接な関係性の上に成り立つ事業である」と定義しています。これらを基準に、社員は本社社屋を訪れる地域住民の「困った」「やりたい」のつぶやきを真摯に受け止め、課題を抱える住民と一緒に今できることを小さなビジネスにして取り組んでいます。

　ナノビジネスには、社員の小さなチャレンジと交流で湧き上がる感謝がありますが、この2つは人間の幸福の2大因子ともいわれていま

す。「幸福な社員は企業の生産性を31％高める」という近年の幸福研究の結果からも、これらの要素が本業6割、地域活動4割のサービスモデルを成立させる重要なドライバーになっていることが推察されます。

　理念と一貫した地域活動を住民とともに積み重ねていることにより、地域の困りごとの解決（短期の社会的成果）と地域コミュニティの形成（長期の社会的成果）、さらに、本業へのクチコミと潜在顧客づくり（中・長期的な事業成果）という、それぞれの活動が矛盾なく調和した大里綜合管理の共助モデルは成り立っています。本業での元請け案件の増加、利益率の高さはこのモデルの有効性を裏付けており、「やっと大里さんに頼める」と喜ぶ顧客の声からも信頼の厚さがうかがえます。

4 地域社会への価値提供で　事業成果を高めるCSV経営 ────────

　野老会長は自社の革新性についてこう話します。「補助金を受けて活動するＮＰＯや公民館などは全国に多く存在しますが、当社の革新性は、株式会社でありながら、地域の課題解決のために行動し、補助金に頼らず、事業を企画し、最終的に納税を目標としているところです」。この言葉には、地域に対し、社会的にも経済的にも貢献しようとする企業姿勢がよく表れています。このような考え方は、ハーバード大学教授のマイケル・E・ポーターが提唱するCSV（Creating Shared Value：共有価値の創造）の考え方に通じるところがあります。CSVは、企業が社会課題への取り組みを通して、社会的価値と経済的価値をともに高めて競争優位を確保する戦略で、これまでのCSR（企業の社会的責任）とは異なる、社会貢献こそが事業成長の源泉であるとする考え方です。成果を出すためには長期的視点と広い視野、共創的な実践が必要とされますが、これらは大里綜合管理が長年大切にし、実践してきたことと合致します。「お客様、地域、会社、自身の豊かさと幸せ」を追求する大里綜合管理の経営はCSV経営の好事例といえるでしょ

う。

5 大里綜合管理の事業的成果と社会的貢献 ────────

　事業的成果は、創業以来の安定した黒字経営と粗利益の高さに現れています。バブル期は7億5,000万円の売上に対し、粗利益1億8,000万円。2019年度は4億3,000万円の売上に対し、粗利益2億2,000万円。粗利率は24％から50％に上昇しています。これは徹底した業務効率化と元請け案件の増加などによってもたらされた成果であると考えられます。この他、学童保育の卒業生から5人が社員になったことも事業面の大きな成果です。

　社会的成果としては、第一に本社建屋を拠点にした災害時の共助ネットワークがあげられます。地域の駆け込み寺と認識されている同社には、2019年に千葉エリアを直撃した台風15号、19号、集中豪雨災害の際、600名を超える住民からSOSが寄せられ、社員は日頃ともに地域活動を行う住民と一丸となって対応にあたりました。民間企業から自助・共助の輪が拡がり地域の安全性を高めていることは目を見張る成果です。また、地域活動は、住民が主役となって活躍する場を提供するものであり、住民同士の協働と学び合いが地域に活力を与えています。

　コロナ禍にあっても「今、できることに取り組む」という姿勢は変わりません。人と会う機会が減り孤立を深める高齢者を思いやり、大里ファミリーの会という新しい活動をスタートさせています。「緊急時の24時間対応」「週一回の安心コール」で不安を受け止め、地域の若者の力を借りるお掃除サービスや送迎サービスで不便を解消するなど、このサービスにも住民との協力で課題を解決する工夫が盛り込まれています。年会費1万円で、これもまたナノビジネスです。大里綜合管理はこれからも人と人とを結ぶ心豊かな地域活動で人、組織、地域づくりを追求していくことでしょう。

大里綜合管理のサービスモデルの特色

　大里綜合管理のサービスモデルの特色は、売上4～5億円の小規模な不動産管理業ながら、就業時間の4割を使って展開する300種類を超える地域活動によって、価値共創のサービスモデルの全体をつないで回し続けるサービスイノベーションの持続的なサイクルを確立しているという点です。

　大里綜合管理が行なっている価値提案は、本業以外の時間で地域住民の困りごとや楽しみごとに貢献する地域活動の展開です。その提案に応じる地域住民との間では、本社社屋を開放し、社員の4割の時間での住民への身近な貢献活動が地域に定着しており、利用サイドの価値共創の仕組みが有効に機能しています。

　本業である不動産事業に一切広告費をかけておらず、地域活動に参加する住民の間の口コミだけで事業継続が行われています。主要部門の1つである不動産管理のリピート率は常に9割以上という高い顧客満足度を確保してます。このような地域活動で本社には、常時1日100人以上の来訪者があり、常にスタッフとの濃密なコミュニケーションが行われ、その中から新たな地域活動のアイデアも生まれています。

　このような活動を、提供サイドの価値共創の仕組みとして支えているのは、地域住民の自発的参加を大里綜合管理の社員が受け止め、行政からの補助金などは一切受けず、自社からの持ち出しもせず、地域活動1つひとつを原則黒字で展開するという独自の仕組みにあります。中でも社員の発案によるナノビジネスは、年間の売上5万円を目標に、社員自らの創意工夫で少額ながら事業化する独自の社員教育の仕組みとして機能しています。このナノビジネスを含む原則黒字の地域活動の中に、大里綜合管理の最新の知識・スキルが蓄積されていることになります。

　このような経営を支えているのは、野老会長の、利益の最大化

を目標とするのでなく、地域に対する感謝の気持ちに裏付けられた「お役に立つ」という1人ひとりの願いで「一隅を照らす」という経営理念であり、これは現在の野老憲一社長にも受け継がれています。この地域コミュニティとの共生を最重要視する地域共創の経営の結果、大里綜合管理は、創業以来の黒字経営を続けています。

　そしてこの経営が、300種類を超える地域活動という大里綜合管理の価値提案につながり、この持続可能なサイクルが回り続けています。決して華々しい経営ではありませんが、持続可能性を大切にする次世代の付加価値共創経営の1つのモデルになっています。

❷ 株式会社セコマ

──顧客満足第一の北海道のライフライン「セイコーマート」──

[サービスの概要]───

地域に根差したコンビニエンスストア「セイコーマート」を北海道全域で展開。道産素材をふんだんに用いた商品を低価格で提供。国内外におよぶ調達網を独自に開拓するとともに、原材料の生産・食品製造・物流分野へも事業領域を拡大してサプライチェーンを充実させ、サステナブルなコンビニ経営を実現している。

サービスイノベーションの特色

◇コンビニ業界の常識を崩し、北海道内での人口カバー率99.8%、道内1,131店(2020年12月。道内コンビニ総数は約3,000店)の店舗網を実現。人口減少時代の地域を支える新たなコンビニのモデルである。

◇生産・製造・物流・小売までをカバーする垂直統合経営モデルにより、サプライチェーン全体で収益を確保しながら、低収益の過疎地域でも地域の要請に応じて出店を継続している。

◇2018年9月の北海道胆振東部地震では、震災当日から道内1,100店舗中1,050店舗で営業するとともに、自治体等災害協定締結先に食料や日用品を20万個供給するなど、地域のライフラインとなっている。

■1 ドミナント戦略による短期利益追求への疑問 ──────

　セイコーマートは、1971年に札幌で1号店をオープンした、日本で現存する最も古いコンビニエンスストア(CVS)の1つです。創業当初からセイコーマートはシンボルマークを「フェニックス(不死鳥)」とし、北海道内各地域とともに共存共栄を目指す「サステナブル経営」を理念として店舗数を拡大してきました。他の大手CVSが地域を絞って集中的に出店するドミナント戦略をとるのとは一線を画し、セイコーマートは地域を面でとらえ、北海道内全域をカバーする出店戦略をとってきました。この戦略を実現可能とした背景には、「必要なものは、自分たちの手でつくり、自分たちの足で見つけ、自分たちの目で確かめる」という考えのもと、生産から仕入れ・調達、製造、物流、小売まで、時代に応じて変化し続ける独自のサプライチェーンがあります。

　セイコーマートは、創業当初から独自の出店戦略とサプライチェーンを持っていたわけではありません。むしろ創業から10年は、他のCVSと同様に札幌地域に集中出店し、小売業界の競争にさらされてきました。その後、道内100店舗を超え、1980年代にはじめて北海道の他地域に進出し、さらに出店地域を拡大させた2000年代頃から、理念とする「サステナブル経営」の意味が徐々に進化していきました。それまでの「自分の店舗が存続する」という意味でのサステナブル経営から、「この地域を存続させたい」という地域の持続可能性を重視したサステナブル経営へと変わっていったのです。

　北海道の主要産業は農業と観光であり、それらは過疎地に多く存在します。特に農業は、過疎地だからこそ大規模な生産空間を確保可能であり、その地域から食料品の製造拠点や小売店舗がなくなってしまうことは、その地域の衰退スピードを加速させてしまうリスクがあります。小売と流通に特化した典型的なCVSは、ある地域に集中的に出店し、その地域でのシェアと物流効率を高めて高い収益性を維持しようとしがちです。しかし、これが進むと、地方や過疎地が置き去りにされてしまいます。地方や過疎地に住み、困っている住民の期待とニー

ズにも応え、北海道を全面的に支えるCVSを目指すことが、地域との強い信頼関係づくりとなり、他の大手CVSとの差別化になります。しかし、これは典型的なCVSのモデルでは困難です。1980年代後半以降のセイコーマートは、この難題に立ち向かい、物流基盤づくりとともに進化を遂げて現在に至ります。

② 地域住民の期待とニーズに応えた 漸進的なサプライチェーン革新 ─────

　北海道のすべての地域が、札幌のように恵まれているわけではありません。1984年、旭川を拠点に道北地域に進出し、さらに他の地域に事業拡大する中で、北海道におけるCVS経営の難題が「日本の面積の４分の１の広さであり、かつ都道府県で最も低い人口密度において、いかに持続可能なサプライチェーンを設ければよいか」にあることがわかってきました。そして道南地域、さらには道東地域と出店を進める中で、北海道で全面的に持続可能な利益をあげるために1990年代後半にはいち早く配送センターの整備とシステム化に着手するなど、人口密度の低い地域で困っている住民の期待とニーズにも応えるべく試行錯誤してきました。

　その中で、北海道を全面的に支えるCVSを実現できるきっかけが起こりました。経営が厳しくなっていた第三セクターの牛乳工場の経営について、亡き創業者が相談を受けたのです。創業者は1996年、当時の大手CVSではできなかったであろう、資本参入という決断をしました。その意思決定の理由は、地域住民が、毎日買いに来る必需品の安定的な供給力を持つ、という販売戦略的側面も強かったようです。しかしここで、セイコーマートが重要な製造機能を手に入れ、「地域の農産物を加工し、地域住民に安くておいしいものを届ける」という大手CVSとの差別化となるサプライチェーン経営の基礎が生み出されたのは画期的でした。

　2000年になると、離島(利尻町)への初出店もなされ、道内800店舗に

達する店舗展開が実現されていました。そして、先述の1990年代に形成した物流機能、さらには製造機能がそれぞれ発展し、北海道の全面的なサプライチェーン改革を実行可能な状況が整いました。そこで1997年から、大規模な設備投資によって配送センターのさらなる高度化を推進するとともに、2006年からは農業事業に参入し生産機能を手に入れました。こうして、セイコーマートは典型的な小売業を越え、農業生産・仕入れ・食品製造・物流・小売のすべての機能を包括した6次産業型の地域サプライチェーンとして独自の進化を遂げるに至りました（図表2-31）。このサプライチェーン革新を基礎として、2008年には北海道との間で連携と協力に関する包括協定を締結し、名実ともに北海道を全面的に支えるCVSとなりました。

図表2-31　セイコーマートの革新的な地域サプライチェーン

6次産業型コンビニ経営

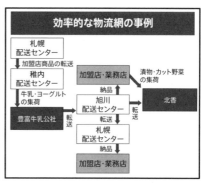

北海道全域をカバーする物流網

出所：セコマ資料より作成

3 地域第一の循環型エコシステム ─────────

　地域の持続可能性を重視したサステナブル経営は、2020年現在まで続くセイコーマートのDNAだといえます。そしてそれが北海道の地域住民に全面的に伝わり、2010年代は独自のサプライチェーンでモノの流れを最適化するだけでなく、つながりあう企業活動全体を最適化

する地域バリューチェーン化、そして地球環境にもやさしい循環型の
エコシステム化が進んできました。丸谷智保会長曰く、「我々は製造
業を持っているから、それをサービス産業で活かすことができる。そ
れが農業の助けにもなり、地域の誇りにもなり、また我々を応援して
くれる。こういうサプライチェーンとしてサービス産業を実施してい
るだけに、それが循環型になっていることが最大の強み」であるとい
います。ここでいう循環型とは、例えば地域で型落ちして廃棄される
農産物と、それらが「もったいない」ことを地域から教わり、それを
活用して加工した新たな名産を製造することで、それを店舗で手にす
る地域住民も喜び、廃棄ロスという地域課題も解決される、という社
会価値共創のエコシステムを意味しています。

　セイコーマートのサービスイノベーションの本質は、最適な資源投
入による付加価値の拡大にあります。しかし、それが後述する2011年
以降のJCSI（日本版顧客満足度指数）CVS部門１位という社会的な評価に
結びついたことには、正直、驚いたそうです。むしろ、それまでのセ
イコーマートは、顧客満足で１位になることを全く意識していなかっ
たといいます。そもそも、JCSIの取り組みさえ知らず、「あれ？　ど
うしてだろうね？　どうしてそれが生産性と結びつくんだろう？」と
疑問に思い、社内で調査したそうです。そして、「あぁ、なるほど。
確かにわれわれがやってきたのは、こういうことだ」と理論と論理が
あとから付いてきた感覚だったそうです。

　セイコーマートは、大手CVSとの差別化を常に意識し、北海道の地
域住民の期待とニーズに応えていくことを追求し続けてきました。そ
して、本ケースで取り上げてきたように、セイコーマートの革新的な
独自のサプライチェーンは、北海道とともに長い時間をかけて漸進的
に進化してきました。常に地域の困りごとやいい素材を知ろうとし、
独自のサプライチェーンを活かして解決を図るセイコーマートの変わ
らない姿勢は、他にもよくある単なる顧客第一主義ではないことを強
調しておきます。過疎地域や無店舗地域に出店して生産空間を維持す

ること、まちづくりと一体となって地域を活性化すること、震災など
の非常時でも店長が店を自主的に開けて地域住民に必要なものを届け
続けること、事業継続困難な食品関連企業を買ってでも維持すること、
非常時にも止まらないサプライチェーンを実現するために物流拠点の
非常用電源に投資すること、といった2000年代以降のセイコーマート
の取り組みは、いい時も悪い時も地域に寄り添い伴走する、「地域第
一」の循環型サービス・エコシステムであることを如実に物語ってい
ます。

4 消費者視点での原価企画的な商品開発 ─────────

　これまで見てきたように、セイコーマートのサービスイノベーショ
ンは、サステナブル経営、サプライチェーン経営、地域第一の循環型
エコシステムといった特長があります。そして、これらを土台とし、
トヨタの原価企画のような商品開発が商品企画段階で実践され、「い
いものを、無駄なく、安く作り届ける」仕組みが組織的に整備されて
いることも忘れてはなりません。

　後述するセイコーマートの高い顧客満足を語るうえで欠かせないの
は、2002年に発売された100円惣菜に端を発する「安くておいしい」
惣菜商品の存在です。セイコーマートの惣菜商品は、SNSで「コスパ
最強」といわれたり、大手ドラッグストア・チェーンで取り扱いがは
じまり話題となったりと、広く知られはじめています。セイコーマー
トは100円惣菜の開発当初から、株式会社セイコーマートと株式会社
北燦食品を中核企業に原価企画として的確な商品開発を行い、それを
継続し、発展させてきました。

　かつて日本の製造業の競争優位の源泉の1つとして世界に紹介され
た原価企画は、目標原価計算が特徴的です。目標原価計算とは、「原
価＋利益＝価格」というコスト起点で価格をつける発想ではなく、「価
格－利益＝原価」という市場受容価格を起点とする発想で目標とする
利益と原価をつくり込むことを意味します。これを、開発から販売後

までの全サイクルを通じて行なっていくのが特色です。例えば、北海道の地域住民が受け入れる惣菜商品の価格は100円であったとすると、まずはこれを基準とします。次いで、100円惣菜の1品について、セイコーマートが生き残るために必要な利益水準を設定します。目標とする1品の利益が仮に20円だったとすると、惣菜やパッケージのような商品原価と物流費などの総原価の目標値が80円となります。この原価の範囲内で、おいしい惣菜を開発しなければなりません。

　セイコーマートでは、100円惣菜開発の当初から、この目標原価計算の考え方で商品開発に取り組みました。そして、機能（味のおいしさやパッケージの強度など）と原価の関係を検討し、例えばサプライヤーと協力して必要最小限のパッケージにして原価を切り詰めました。パッケージに関しては2008年からは可能なものは内製化によってさらにパッケージ原価を切り詰める工夫をしています。そこで確保された目標原価に対する原価の余裕額について、1円でも多くの原価を惣菜の素材に費やし、目標原価の範囲内で少しでもおいしい惣菜のレシピを開発してきました。

　この目標原価のつくり込みの過程は、セイコーマートの独自のサプライチェーンがあったからこそ有効に実現できています。一部の農産物は自身で生産し、多くの食品を自身で製造できるセイコーマートは、破損したゆで卵をタルタルソースや卵サラダにも使用することなどで歩留まり向上と廃棄ロス極小化を実現したり、取引先の中間マージンを回避したりすることができます。そのため、原価と利益のつくり込みをするうえで明らかに競争優位となるのです。さらに、惣菜のレシピなどのいわゆる設計情報は、原価情報とともにデータベース上に蓄積され、セイコーマート固有のコストテーブルを形成し、現在まで続く惣菜開発の知的基盤となってきました。

　セイコーマートの原価企画的な惣菜開発は、トヨタなどの原価企画を参考にしたわけではありません。北海道の地域住民の期待に応え、どの地域でも受け入れてもらえるわかりやすい価格設定とコンセプト

である「100円惣菜」を実現するために、セイコーマートの独自のサプライチェーンを駆使して真摯に取り組んだ結果が、原価企画のような取り組みとなったのです。そして、惣菜だけにとどまらないこの原価企画的な商品開発が、セイコーマートの高い顧客満足を形成するうえで欠かせない「安くておいしい」中核商品、「いいものが安い」中核商品を生み出すことに貢献し続けてきたのです。

5 セイコーマートの事業的成果と社会的貢献

　サステナブル経営、サプライチェーン経営、地域第一の循環型エコシステム、そして原価企画的な商品開発という特長を持つセコマグループは、2020年12月末現在、北海道175/179市町村（人口カバー率99.8％）1,131店の店舗網を実現するに至っています。地域を面でとらえ全面的に北海道を支える発想と、それを実現可能な6次産業型サプライチェーンは、人口減少時代の地域を支える新たなCVSのモデルであるといえます。

　加えて、セイコーマートは地域住民の日常生活を支えるだけでなく、災害時のライフライン的な役割も担ってきました。2008年の北海道との包括連携を結んで以降、道内の自治体との連携や協定を進めるとともに、2018年9月の北海道胆振東部地震の際には発災当日から道内1,100店中1,050店舗で営業し、水や食料を求める地域住民を支えました。また、今回の新型コロナ危機に際しても、店長とスーパーバイザーを中心とした地域ニーズの取り込みと、サプライチェーン経営を活かした商品供給によって、地域住民を支え続けています。

　いい時も悪い時も地域に寄り添い伴走する「地域第一」の循環型サービス・エコシステムが地域住民に安心感をもたらし、原価企画的な商品開発が高い知覚価値（コストパフォーマンス）を生み続け、これらの総体としてJCSIで非常に高い評価を受け続けていると考えられます。2011年に開始されたJCSIは、我が国サービス産業を横断する顧客満足度調査です。セイコーマートはこのCVS部門で2011～2014年、

2016 ～ 2020年と顧客満足１位を獲得してきました（2015年は２位）。併せて、同調査の知覚価値（コストパフォーマンス）では、2011年以来10年連続で１位を獲得しています。そしてこの度、セイコーマートは第３回日本サービス大賞の経済産業大臣賞を受賞しました。一般的なCVSのモデルの限界を克服した北海道発の地域との社会価値共創モデルとして、全国さらには世界にセイコーマートの取り組みが伝わることを願っています。

セコマのサービスモデルの特色

　セコマは傘下のコンビニエンスストアで、セイコーマートの売上規模が1,800億円に達する大企業ですが、北海道という地域第一のサステナブルな経営を目指すコンビニとして、顧客接点の利用価値共創、事業組織の提供価値共創、企業経営の付加価値共創のサイクルがしっかりとつながって、持続可能なサービスイノベーションのサービスモデルが実現している非常に興味深い事例です。

　セコマが行なっている価値提案は、北海道内なら全域どこででもコストパフォーマンスに定評のある商品を購入でき、８割は24時間営業ではないにしても普通に買い物する時間は営業していて、災害時には９割が当日から水や食糧を提供することができる、頼りになるコンビニエンスストア・サービスです。小ぶりで種類が豊富な100円惣菜や、悪天候や離島で少々デリバリーが途絶えてもあつあつが食べられる店内調理の丼物、地域の原材料を使用したカップ麺や酒類、アイスのセレクションなど、北海道の住民から高い支持の得られる品揃えにも注意が払われています。

　その結果、サービス産業生産性協議会（SPRING）のJCSI（日本版顧客満足度指数）調査での品質と価格両方で評価する知覚価値において10年連続１位、総合評価でも過去10年で９回１位の評価を獲得しており、コンビニ営業の現場では非常に高い水準の利用価値共

創の仕組みが創り込まれています。

　このような利用サイドの価値共創を支える提供サイドの価値共創の仕組みは、全国チェーンのコンビニ経営の常識とは大きく異なったものとなっています。第一に、通常のコンビニ経営では、地域ドミナント出店が常識ですが、セコマは離島や過疎地も含めて、求められればどこへでも出店を検討するというスタンスで、人口カバー率99.8％の広がりを持った出店を行なっており、道内どこででもサービスが受けられる体制になっています。

　第2に、店舗の経営は、通常のコンビニではフランチャイズ店が大半で、直営は2～3％というのが普通ですが、セコマの場合は約8割までが直轄店であり、平時であろうと非常時であろうと自在に商品の供給を最適化できます。

　第3に、通常のコンビニは、小売専業で、仕入れを効率化することに注力しますが、セコマは、牛乳工場を買収したのを皮切りに、北海道全域に、120haの農場で19品目の野菜を生産し、さらに21の食品工場で加工も行なっています。つまり、第3次の流通産業だけでなく、第1次の農業、第2次の食品加工業までを持つ第6次産業の業態となっているのです。これが、100円惣菜に典型的にみられるような原価企画的なプライベートブランド商品の開発の自由度を高め、業界日本一の知覚価値の実現に寄与しています。また、第3次産業のセイコーマートが北海道に立地するからといって、セコマの第1次産業や第2次産業部分が北海道内に止まっている必要はなく、北海道外への移出や輸出によって、事業全体の効率を向上させることもできます。

　第4に、通常のコンビニは、多頻度物流で品切れのないきめ細かいデリバリーを重視しますが、セコマは北海道全域に13の物流拠点を持ち、生産・加工拠点と、北海道内1,131の店舗網の間のサプライチェーンマネジメントを高度化することによって、物流効率を最大化することを追求しています。

これらの一見、通常のコンビニ経営の常識の真逆を行く、生産から販売までを一体で運営する垂直統合型の事業組織が、JCSIでの業界における知覚品質日本一、総合顧客満足度日本一を実現する、提供サイドの絶え間ない提供価値共創の仕組みとなっています。

　このような事業組織の提供価値共創を持続的なものにしているのは、設立当初からフェニックスをシンボルマークとして、時代の変化に合わせて生まれ変わり続ける「サステナブル経営」を重視する経営理念です。地域ドミナントで利益を最大化しようとするのでもなく、顧客の利益をひたすら追求する顧客第一主義に偏することもなく、北海道という地域に根差して、平時でも非常時でも、企業、顧客、地域全体のバランスのとれた適正配分を志向する経営です。そして、これがセコマのサービスモデルの持続性を担保して、付加価値の適正配分による付加価値共創という「イノベーションの的」となっているのです。これだけコンビニ経営の常識の真逆を行く事業組織の構築を可能にした経営は、株主利益の最大化を狙う通りいっぺんの経営とは、あきらかに一線を画するものとなっています。

第3章

SERVICE INNOVATION

サービスイノベーションを実践する

SERVICE INNOVATION

　第1章ではサービスイノベーションを、価値共創の
サービスモデルで理解したうえで、7つの経営革新のう
ちどれを「イノベーションの的」にし、他の経営革新を
どう関係付けるかの「構想」が重要であることを学びま
した。第2章では、日本におけるサービスイノベーショ
ンの最前線を、日本サービス大賞の受賞組織の個別事例
で見てきました。

　第3章では、実際に自社において「サービスイノベー
ションをどのように起こすか」に挑戦していきます。そ
の際にまずやるべきは、自社にとっての7つの経営革新
の具体的なイメージを明確にすることです。自社が「ど
のようなサービスイノベーションを起こそうとしている
か」の目標像を定めていきます。7つの経営革新の中に
は自社の実態にそぐわないものもあるでしょうし、1つ
の経営革新について複数の目標像が生まれる場合もあり
えます。その具体的な検討の拠り所となる知見は、第2
章で紹介した17の最前線事例が、豊かに提供してくれ
ます。そのうえで、「イノベーションの的」、7つの経営
革新の「連結による強化」や「統合による持続可能性」
を鍵概念として、自社にとっての価値共創のサービスモ
デルを最適化していくのが、サービスイノベーションの
「実装」のプロセスです。

　この挑戦に役立つように巻末には、第2章の事例が第
3章でどう活用されているかを示す組織名索引を掲載し
てあります。また、第3章で頻繁に引用される図表を「頻
出図表」として再掲してあります。切り離して、第3章
を読み進む際に活用してください。

1 サービスイノベーションの 7 つの目標像

　いよいよ「どのようにサービスイノベーションを起こすか」という課題に取り組むことになりますが、その前に、ひとつ重要なステップがあります。それは、一体、自社がこれから「どのようなサービスイノベーションを起こそうとしているか」を明確にすることです。サービスイノベーションに挑戦することで何を実現しようとしているか、という目標像を明確にしないまま、闇雲に「どのようにサービスイノベーションを起こすか」を議論することはできません。まず「イノベーションの的」の候補となる 7 つの経営革新の目標像をかためて、構想を具体化することです。

　その目標像は、自社が決めるしかありません。その目標像に向けての強い意思があってはじめて、「サービスイノベーションをどのように起こすか」という行動指針をともなう基本構想ができてくるはずです。ただ、多くの企業にとって、「どのようなサービスイノベーションを起こすか」という目標像の設定自体が難しい課題であるはずです。

　その課題に対して、第 2 章の17の最前線事例は、豊かな知見を与えてくれます。以下では、第 2 章の17の組織が、どのようなサービスイノベーションを起こしたかを、7 つの経営革新別に整理して事例を分析していくことによって、自社が「どのようなサービスイノベーションを起こすか」の目標像を設定するためのヒントとなる知見を引き出していきます。

　そして、これを活用して、7 つの経営革新のそれぞれについて、自社が「どのようなサービスイノベーションを起こすか」についての具体的なイメージを形成していただきたいと思います。

　7 つの経営革新の目標像すべてを策定するのが理想的ですが、7 つの中には自社にそぐわないものがあるかもしれません。その場合は、どんどん先に進んでください。そして、再度、戻って読み返して再検

討してみるほうが生産的です。

　また、1つの経営革新について複数の目標像ができることもあります。
すが、それはのちの構想実践の選択肢を増やしてくれるはずです。

■1 革新的で優れた価値提案を生み出す ──────────
1．サービスイノベーションの3つのタイプ
──「改善」「改革」「創造」

　革新的で優れた価値提案を「イノベーションの的」にしている最前
線事例としては、森ビル／チームラボの「デジタルアート　ミュージ
アム」と、長野県阿智村の「天空の楽園　ナイトツアー」（以下、阿智）
という2つの事例を取り上げています。

　どの価値提案も「革新的で優れた」ものであるべきですから、「新
規性」と「競争優位性」を兼ね備えている必要があります。
「新規性」に着目すると、サービスイノベーションは、改善（improve）、
改革（reform）、創造（create）という3つのタイプに分けることができま
す。通常、この3つのタイプは、新規性がゼロの模倣（imitate）と比較
すると、図表3-1の矢印の角度で示すように、模倣より新規性が高い
のが改善、さらに新規性が高いのが改革、最も新規性が高いのが創造
ということになります。3つのタイプの違いは矢印の角度で示されて
います。

　サービスイノベーションは、サービスに新規性を創り込むという点
が最も際立った取り組みですが、サービスイノベーションは、新規性
をもたらすだけでは十分な競争優位性を確立できるわけではありませ
ん。サービスイノベーションが市場で行われる以上、新規性を持った
サービスが十分市場で受け入れられる市場性を持つ必要があります。
そして、概念的には「競争優位性」は、「新規性」と「市場性」の積
で表されます。創造の場合は、その新規性だけで市場に受け入れられ
るだけの市場性を持ちえますが、改革と改善は、創造とは新規性の水
準が異なるため、創造と同じ程度の市場性では、十分な競争優位性を

獲得できない可能性があります。このため、もし、イノベーションの強度[20]に水準があるとすると、改革や改善が、創造と同じ水準の強度を持ったイノベーションを実現するには、追加的に市場性を向上させる取り組みを行うことが必要で、その程度は、改善の方が改革よりも大きくなければなりません。

図表3-1　サービスイノベーションの3つのタイプ

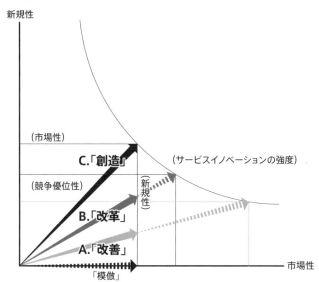

注1：(競争優位性)＝(新規性)×(市場性)

注2：(サービスイノベーションの強度)＝$\sqrt{(新規性)^2 + (市場性)^2}$

　本書で扱うサービスイノベーションは、創造と同じ水準のイノベーションを実現する改革であり、改善です。改善、改革、創造は、それぞれ、新規性の水準は異なりますが、サービスイノベーションとして優劣があるわけではありません。イノベーションの戦略の選択の方向性が異なるだけなのです。

　本書では、サービスイノベーションを、価値共創のサービスモデル

という視点で一貫して見ているので、A.「改善」は、既存のサービスのコンテンツやチャネル、コンテキスト、標的顧客などの、一部をよりよいものに変革することによってサービスの「新規性」を訴求するものであると考えることができます。さらに、B.「改革」は、既存のサービスを前提としながらも、標的顧客、コンテンツ、チャネル、コンテキストといったサービスの要素の大半、あるいは全部を新しいものに変革してしまうことになります。そして、C.「創造」は、既存のサービスを超えて、これまで全くなかったサービスを新たに生み出し、サービスの新しいカテゴリーをつくり出すことです。

　改善というと、トヨタ生産方式の作業の改善、KAIZENやQCサークルの品質改善が頭に浮かびます。これらの改善は、現状のビジネスモデルを前提として、その作業や品質の一部をよくしていくことを意味しますが、本書における「改善」は、前提となっているサービスモデルそのものの一部を変えていく経営革新としての「改善」で、そのイノベーションのタイプは、KAIZENやQCサークルの改善と異なります。このため本書では、改善に常に括弧をつけて「改善」と表現します。同様に、「改革」や「創造」も、サービスモデルで定義されるそれぞれの概念を示していますので、A.「改善」、B.「改革」、C.「創造」と、同じく括弧をつけて用います。

　この3つの状態は、連続的なものでA.「改善」、B.「改革」、C.「創造」は必ずしも明快に区分できるものではありませんが、この2つの事例でみると、スタービレッジ阿智誘客促進協議会(以下、阿智)の場合、これまでも他の地域で行われていた星空観光というコンテンツを、解説型の天体観測からエンターテイメント型の星空ツアーに転換したものですのでA.「改善」であり、森ビル／チームラボのデジタルアートミュージアムは、美術館の概念を根底から変える21世紀型のアートの楽しみ方を提案しているサービスとしてC.「創造」であるといえます。

　他の企業のサービスイノベーションを同様の考え方で分類してみると、図表3-2のようになります。ビースタイルホールディングス(以下、

ビースタイル）、SKIYAKI、スプリックスは、いずれもネット上のデジタルプラットフォームですが、ビースタイルは、求人サーチサービスにおいて対象を主婦のパートに絞った「改善」。SKIYAKIは、同じWebサイトの形はとりますが、ファンとオーナーがそれぞれに居心地のよいつながり方を見つけるのをダッシュボードとアナリティクスで支援する仕組みを持つのと、ファンの熱量測定という新機軸をもっているため「改革」。スプリックスのAIを活用するeフォレスタとREDナビ・リファは、それ自体が、これまで存在しなかった学習塾の第3の形態、自立学習塾を生み出しているため「創造」としています。同じ食品系のゑびやとセコマとクラダシの間にも、「改善」と「改革」「創造」について同様の違いがあります。

図表3-2　サービスイノベーションのタイプ別最前線企業事例

	最前線企業事例		
A. 改善 Improve	阿智 つばめタクシー ビースタイル	ゑびや ハクブン 星野リゾート	大里綜合管理
B. 改革 Reform	イーグルバス SKIYAKI 徳部産業	セコマ	
C. 創造 Create	コマツ 森ビル／チームラボ	クラダシ スプリックス ミスミ	Ubie

　結果として、17の組織のサービスイノベーションは、図表3-2にみられるように、「改善」「改革」「創造」と、まんべんなく分布しています。

　革新的で優れた価値提案を「イノベーションの的」とする事例としては、森ビル／チームラボと阿智を取り上げましたが、その他の組織事例も、イノベーションの的は別のところにあるが、価値提案が革新的で優れたものであるサービスはたくさんあります。革新的で優れた価値提案には、「新規性」と市場性に裏打ちされた「競争優位性」と

いう２つの側面がありますが、新規性に着目すると、価値提案の新規性は、サービスイノベーションの必須の条件ともいえ、17の組織は程度の差はあれど、いずれも価値提案の新規性を備えています。したがって、価値提案の新規性については、図表3-2に見られる17の事例すべてが学びの対象となります。

　自社で「どのようなサービスイノベーションを起こすか」を検討する際に、まず大きな分かれ目になるのは、「改善」「改革」「創造」のどこに焦点をおいたイノベーションを目標とするかです。この３つの中では、先に述べた通り「創造」が最も新規性が高いのですが、その実現には高い新規性を実現する覚悟が必要です。逆に、「改善」の場合には、「創造」と同程度のイノベーションの効果を得るために、価値提案の新規性以外に、競争優位性を強化する取り組みをより強力に行なわなければなりません。この兼ね合いをどうするかは、自社の経営資源の現状に照らし合わせて行う重要な戦略的判断になります。

　いずれに落ち着くにしても、17の事例は、「改善」「改革」「創造」のそれぞれについての知見を提供してくれます。以下、「改善」「改革」「創造」の３つに分けて見ていきます。

「イノベーションの的」が革新的で優れた価値提案である「創造」の事例は、森ビル／チームラボの「デジタルアート　ミュージアム」ですが、コマツ、Ubie、ミスミ、クラダシ、スプリックス、いずれもこの事例になります。第２章で見たそれらのサービスイノベーションを概観すると、「創造」的な価値提案というサービスイノベーションを起こしていくには、次の３つのアプローチが鍵になっていることがわかります。

　第１は、森ビル／チームラボのように、サービスイノベーションに向けて異業種間連携、異分野間連携を仕掛けていくことです。都市開発事業者である森ビルは、単独では、デジタルアート　ミュージアムのような国際的発信力のあるテクノロジー性とエンターテイメント性を兼ね備えたアート施設を開発することは、できなかったでしょうし、

チームラボ単独では、お台場に1万㎡の大規模施設を常設で開設することは困難だったと思われます。それが、両者の異業種間連携によって21世紀を代表するようなアート施設を生み出しました。

　異分野間連携の姿は、AI活用の事前問診システムUbieに典型的に見られます。Ubieは、医師の阿部氏と、先端的なAIを使いこなすエンジニアの久保氏が出会ったことによって可能になりました。これら、自社が持たない知識・スキルを探索して他の企業との積極的な異業種間連携を仕掛けるオープンイノベーション型のアプローチは、革新的で優れた価値提案の重要な糸口となることは確かです。

　第2は、サービス産業も、先端技術や先端的なICTの研究開発や導入にオープン且つ積極的であれ、ということです。森ビルにとっては、デジタルアートは未知の領域であり、知識・スキルの高い壁があったかと思われますが、そこを超えて積極的に自分たちの求めるものを探索し、研究することによって、チームラボとの開発活動に成功しました。

　土木建設機械メーカーとしてのコマツにとっては、ドローンや、3Dクラウド、デジタルツイン、エッジコンピューティングといった先端の情報技術は、決して親和性のある分野ではありません。しかし、幅広い研究開発活動の中から次々に新たなソリューションが生まれ、それらがつながって、ついにはスマートコンストラクションという世界に誇るソリューションを生み出しました。

　もともとは紙のカタログビジネスからスタートしたミスミグループ本社(以下、ミスミ)にとっては、AI自動見積もりシステムはある程度手の内だったと思われますが、デジタルマニュファクチャリングの技術は、かなりの跳躍をともなうものです。

　日本では、研究開発というと製造業がやるものという通念があり、サービス産業にとって研究開発活動は、縁遠いものと見られがちですが、その日本の常識は世界の常識ではありません。日本のサービス産業の研究開発費は、製造業全体の4分の1くらいしかありませんが、

EUに行くと、両者は半々位になり、米国では、サービス産業の研究開発費の方が製造業のそれよりはるかに大きいのです[21]。日本のサービス産業にも、もっと研究開発活動に積極的になり、幅広い先端技術に慣れ親しむべき時が来ているといえるでしょう。

第3は、深刻な社会的課題を自分ごととして突き詰める、ということです。クラダシは、年間600万トン以上という大量の食品ロスが発生しているという現実に対して、通常の静脈流通に社会貢献型という付加価値を付けて、「三方よし」の1.5次流通のプラットフォームを確立しています。これは、何とかして食品ロス問題へのチャレンジを成功させたいという強い問題意識が、社会貢献組織への寄付の仕組みに加えて、これに賛同する会員の支援を見える化するキズナポイントや、飲食店や卸の在庫食材を企業連携によって飲食店で販売するレストランマルシェなどの新機軸を生み出しています。

AI事前問診のUbieにも、医師である阿部氏の患者に向き合う時間をもっとつくり出したいという強い問題意識があります。この強くて深い問題意識を、何とかして形にしたいと突き詰めていくところに、全く新しいサービスモデルの実現がありました。

では次に、「改革」にあたる価値提案は、どのようにアプローチすればよいでしょうか。「改革」の事例としては、徳武産業の価値提案があげられます。

もともとは靴のOEMメーカーだった徳武産業が、対象を高齢者や障害者が歩行に困りごとを感じているコンテキストに着目し、消費者一般に対するサービスでなく、それぞれがそれぞれに特別な問題を抱える個人に対するサービスと考えて4段階の個別ニーズ徹底対応システムへとチャネルを抜本的に変革し、コンテンツを単なる靴の歩行機能から、「高齢者や障害者の歩く喜び」の提供へと、視点を転換したことによって、全国シェア55％の介護シューズメーカーに転換することができました。

セコマは、通常のフランチャイズ型のコンビニチェーンとは180度

異なるチャネルのスタイルを導入することによって、従来のコンビニとはかけ離れて高い水準の顧客満足度を持ったコンテンツの提供を、平時、非常時のコンテキストの違いなく提供するコンビニの新しいモデルを提案しています。

「改革」は、普段見慣れてしまっている自社のサービスを、コンテンツやチャネル、標的とする利用者といった要素に分けて、全く違う視点から見直してみることからはじまります。そして、標的顧客、コンテンツ、チャネル、コンテキストの一部または全部を入れ替え、多様な経営革新を重ね合わせることによって、「改革」が起こるのです。

第3に、「改善」によって、新しい価値提案を生み出した事例としての阿智の「天空の楽園 ナイトツアー」では、人口6,500人ほどの多くの課題をかかえる温泉しか観光資源のなかった阿智村で、既存の観光資源の利用者像を星空マニアから若者やファミリーへ、提供するサービスコンテンツを自然観察からエンターテイメントへと、180度転換することによって大きなイノベーションを成し遂げました。

同様な「改善」としては、魅力会議を通して毎年約400の新たな宿泊体験プログラムを生み出す星野リゾートや、同じタクシー業務でも、ドライバーが介護士や警備員であるタクシーサービスを生み出したつばめタクシーグループ（以下、つばめタクシー）の事例があります。

これらの場合、その価値提案の「新規性」だけで大きなサービスイノベーションを推進できるわけではありません。これらの「改善」の事例においては、星野リゾートの場合なら提供サイドの価値共創の仕組みの創り込み、つばめタクシーなら安全・安心という事前期待の形成という、それぞれの企業の「イノベーションの的」になっている側面によって「競争優位性」を強化していくことが重要です。「改善」の場合には、価値提案の「新規性」だけでなく、同時に他の手段で「競争優位性」を高める努力が、サービスイノベーションの成功には不可欠だということです。

2. 価値提案の4つの基本要素
——コンテンツ、チャネル、コンテキスト、標的顧客

　サービスモデルにおける価値提案には、図表3-3に示されるように、コンテンツ、チャネル、コンテキスト、利用者、社会経済システムという5つの基本要素があります。

　サービスイノベーションに取り組もうとする企業には、現在のサービスモデルがあるわけですが、新しい価値提案に際しては、これらのどれか、あるいはすべてを新たなものに革新する考え方が重要です。図表3-4は、最前線事例が、これらの5要素のどれに着目してサービスイノベーションを行なっているかをみたものです。5要素のうち、社会経済システムは、原則として同じと想定しますので、4つの要素を取り上げています。

図表3-3　サービスモデルにおける価値提案の5要素

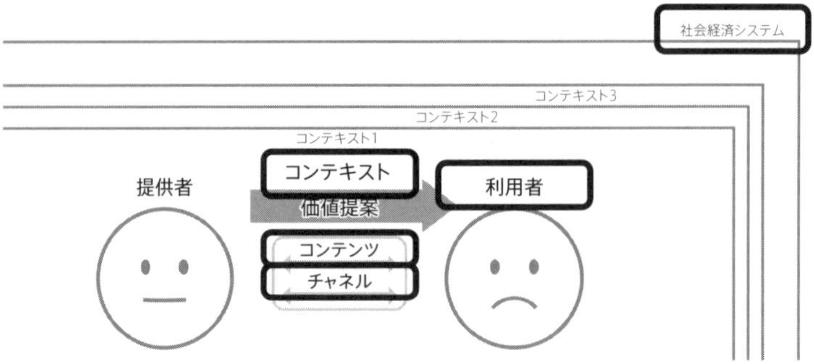

　自社で「どのようなサービスイノベーションを起こすか」を検討する際には、これらの4要素のどれを、どのように変えることができそうかを見極めることが鍵になります。それを検討する際には、図表3-4の最前線企業が、それらの4つの要素のどれに着目して、新たな価値提案を行なったかを整理したものが参考になります。

図表3-4　最前線企業の価値提案の着目点

	標的顧客	コンテンツ	チャネル	コンテキスト
A. 改善 **Improve**	ハクブン ビースタイル	星野リゾート	ゑびや つばめタクシー	阿智 大里綜合管理
B. 改革 **Reform**	セコマ		イーグルバス SKIYAKI	徳武産業
C. 創造 **Create**		森ビル／ チームラボ	コマツ スプリックス ミスミ	クラダシ Ubie

　例えば、ビースタイルは、通常の求職サイトが、男性総合職やアル
バイトといった標的顧客像を持つのに対して、「資格や能力を持って
いるがフルタイムでは働きにくい主婦」という標的顧客のカテゴリー
に着目しました。ハクブンは、「地方・過疎地の理美容難民のシニア」
です。セコマは、逆に人口カバー率99.8％とあえて限定しませんが、
原則「北海道在住の消費者のみ」を標的顧客とします。

　また、コンテンツの変革の事例としては、星野リゾートは、従来の
ホテルの持つ定型のアトラクションに替えて、各種の斬新な体験プロ
グラムを提案し、森ビル／チームラボは、従来の美術館に対して、全
く新しいアートの楽しみ方というコンテンツを提案しています。

　チャネルの変革の事例としては、ゑびや、ミスミ、SKIYAKI、ス
プリックス、コマツのように、従来、アナログだった仕組みに対して、
デジタルプラットフォームを提案するデジタルトランスフォーメー
ション(DX)のケースの他、つばめタクシーは、ドライバーが介護士
や警備員資格を取ってサービスするという仕組み、イーグルバスは3
段階のハブ＆スポークの仕組みとなっています。また、おなじデジタ
ルプラットフォーム型でも、ゑびやミスミ、SKIYAKIのように、
情報システムが主役になっているものと、スプリックスやコマツのよ
うに、情報システムを核としつつも、複雑な業務の仕組みそのものが
主役になっているものとは、微妙に違います。

　本書では、「仕組み」という言葉について、いろいろな使い方をし

ています。これらのつばめタクシーや、イーグルバス、スプリックス、コマツの個別の事業の仕組みは、「提供価値共創の仕組み」といったより大きなサービスモデルの一部の仕組みとは、概念のレイヤーが異なっています。ここに示す仕組みは、事業運営の具体的な構造であり、明快な共通の目的と共通のルールを持った事業のオペレーション上の仕組みです。そこで本章では、同じ仕組みでも、このような特定のサービスの個別の事業の仕組みについては、「事業スキーム」とよびます。スプリックスやコマツは、同じチャネル革新でも、事業スキームを革新した事例です。

　コンテキストという面で見ると、阿智は、ファミリーとして、カップルとして、マニアとして、日本一の星空を楽しむという３つのコンテキストを対象とします。大里綜合管理は千葉県外房の九十九里地域の住民の困りごとや楽しみごとに、徳武産業は高齢者、障害者の歩行の喜びに、クラダシは、年間600万トンの食品ロス問題に、Ubieは、患者の目を見て診察したい医師や新型コロナのトリアージにそれぞれ向き合うサービスイノベーションに着目しています。

　ここでは取り上げていませんが、AIやサービスロボットのような大きな技術革新や、新型コロナ危機や東日本大震災などの人々の価値観の大きな変化をともなうような社会経済システムの変化を挟む場合には、価値提案の仕方が大きく変化することになります。これらについては、別途、社会経済システムの変化についてのシナリオの作成が必要になります。

　このように、自社で「どのようなサービスイノベーションを起こすか」を検討するに際しては、「改善」「改革」「創造」のどのレベルのイノベーションに取り組むかという骨太の目標設定と、価値提案の４つの基本要素のどれをどう革新するかについての精確な目標設定が鍵になります。そして、その標的設定の重要な拠り所になるのが、価値共創のサービスモデルなのです。

　なお、第３章では、同じ最前線企業の事例が形を変えて何度も出て

きますが、その度毎に取り上げている側面は、異なっています。常に、価値共創のサービスモデルの該当箇所を思い浮かべながら読み進めてください。

2 利用サイドの価値共創が 活発に行われる仕組みを創り込む

　革新的で優れた価値提案を行うのは、サービスイノベーションの出発点でしかありません。価値共創のサービスモデルでは、それに利用者の事前期待が出会い、両者のダイナミックな相互作用のもとで、両者が折り合う仕組みを創り込むことが重要な経営革新となり、その巧拙が、自社で「どのようなサービスイノベーションを起こすか」を検討する際にも、サービスイノベーションの推進力や持続性を分けるものとなります。

　利用サイドの価値共創の場としては、デジタルプラットフォームや、アプリケーション、より範囲の広いソリューション、サービススキームやサービスメニュー、さらには工夫の凝らされた会議体などがあります。サービスイノベーションは、利用価値共創における提供者と利用者の間の合意形成の仕組みなしにはありえないのですが、この合意形成の仕組みが存在するからといって、有効な利用価値共創が保証されるわけではありません。図表3-5に見られるように、それを補強する仕組みが必要です。価値共創のサービスモデルを有効に作動させるための、(1)利用者の事前期待の可視化、(2)利用者と提供者の間の相互作用の刺激、(3)提供者と利用者の合意、という3つの段階に応じた仕組みです。

　利用者の事前期待の可視化には、前節でも強調しましたが、そのサービスイノベーションが対象とする利用者像を明快に定義する①「標的顧客の明確化」が必要です。そして顧客は、リピートの場合のように自分が受けたいサービスが明確にわかっている場合もあれば、初めてサービスを受ける際のように、ぼんやりとは理解していても、はっき

りとその具体的なイメージを持つに至ってない場合もあります。したがって、提供者の価値提案との間のダイナミックな相互作用が起こりやすくするには、その標的顧客がサービスを受けるに際して自分の中に持っている②「事前期待の可視化」が重要です。

　これで、提案者の価値提案と利用者の事前期待が出会うわけですが、よりよい価値共創が起こるようにするには、その両者の間の（2）「相互作用の刺激」をして両者のやりとりを活発化することが有効です。この相互作用の刺激には、提供者から③「顧客への働きかけ」という面と、提供者への④「顧客からの働きかけ」という2つの面がありますが、もうひとつ、外部の⑤「第3者への働きかけ」を行い、その第3者を介して、利用者と提供者の相互作用が活性化される場合もあることに留意する必要があります。

図表3-5　価値共創のサービスモデルの利用価値共創の仕組み

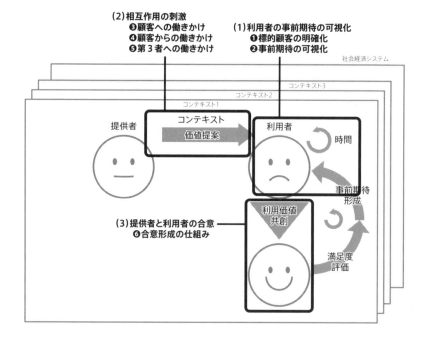

264

　それがあって初めて、(3)「提供者と利用者の合意」が⑥「合意形成の仕組み」のうえで達成されることになります。このように、利用価値共創の仕組みは、6段階のステップを踏んで達成されているのです。

　図表3-6は、本書で取り上げている最前線企業のうち、利用サイドの価値共創に関わる活動を行なっている企業が、このような枠組みで現わされる利用価値共創の仕組みをどのように創り込んでいるかを一覧化しています。自社で「どのようなサービスイノベーションを起こすか」を検討するに際しては、6段階のステップをどのように踏んでいくかの展望を行うことによって、利用サイドの価値共創の仕組みの目標像についての知見を得ることができます。

図表3-6　最前線企業の利用価値共創の仕組み

	(1) 顧客の事前期待の可視化		(2) 相互作用の刺激				(3) 提供者と利用者の合意
	①標的顧客の明確化	②事前期待の可視化	③顧客への働きかけ	④顧客の働きかけ	⑤第3者への働きかけ	⑥合意形成の仕組み	
1.森ビル／チームラボ	ネット感度の高いアート好き	顧客に任せる	ガイドしない、写真自由	自発的にアートに没入	SNSで自由に発信	デジタルアートミュージアム	
2.阿智	星空を誰かと楽しみたい	エリアの選択	3つのエリアを設ける	それぞれの楽しみ方を選択	マーケティング・パートナーシップで発信	天空の星空ツアー	
3.コマツ	危機感を持つ土木建設事業者	体験機会を提供してコンサルで徹底対応	IoTセンタでコンサル	体験への参加、感想を自発的に発信	体験の自発的インターネット発信	スマートコンストラクション・ソリューション	
4.ミスミ	カタログでは対応できない図面品顧客	自由に作成した設計図	AIで自動見積り、なければ製造	自由な設計で試行、学習		meviyのマッチング	
5.ビースタイル	能力や資格を持つ働きたい女性	能力、資格や働きやすい働き方で細分化	頻繁なアンケート、求人企業に業務編成提案	内容豊富な自発的自由回答	しゅふJOB総研による社会的発信	しゅふJOBのWebマッチング	

6.クラダシ	食品ロスへの社会貢献志向の消費者	社会貢献志向メニュー	1.5次流通と三方よしのスキーム	エシカル消費へのSDGs志向企業の協賛	産学官民連携で多彩な社会的活動	KURADASHI
7.つばめタクシー	高齢者、妊婦など、困りごとを持つタクシー客	移動と介護・警護を結合	生活者の必需ニーズを提案	「つばめさん」への信頼もとに新サービス	自治体と連携して徘徊老人問題に対応	つばめタクシーの「あんしんネットワーク」
8.ハクブン	地方、過疎地の理美容顧客、理美容師	理美容メニューを分解してアンバンドル	地方、過疎地にも出店	口コミ、応援団		
10.徳武産業	歩行に問題を持つ高齢者、障害者	4段階スキームを逆行してメニュー開発	4段階スキームで悉皆・徹底・個別対応	信頼して自身の個別的な問題を発信	顧客からの感謝のメッセージが冊子に	徳武4段階個別ニーズ徹底対応システム
11.SKIYAKI	アーティスト等とファンとファンクラブ	ファン、オーナーに任せる	参加の可視化と熱量評価	相互に居心地のよい繋がり方を選択	コロナで配信に注力してアーティスト支援	Bitfan
12.星野リゾート	宿泊体験志向のホテル利用者	斬新な体験プログラムメニュー提示	魅力ある体験プログラム提案	斬新な体験を口コミ発信	年間6,000件の記事、マイクロツーリズム論	
13.スプリックス	地方の定期テスト成績志向の生徒、父兄	地方でも廉価な第3の塾形態	進捗の可視化、父兄にレポート	週5件改善提案制	コロナでオンラインに転換	eフォレスタ
14.Ubie	医師が患者と向き合うのを求める医師、病院	AIの体系的事前問診クエリー	AIの体系的問診と自動自然言語記述	すきま時間で自発的応答	コロナでトリアージアプリ公開	AI問診ユビー

3．利用者の事前期待の可視化

　最前線企業は、①「標的顧客の明確化」に際しては、ほぼ例外なく、他社ではアプローチしきれていない顧客を標的にしているということがわかります。例えば、森ビル／チームラボが対象とするのは、同じアート好きや美術愛好家の中でも、SNSなどのネット感度がよく、デジタルな世界を特別視せず、新たなアートの楽しみ方にこだわりのない、どちらかといえば若い世代の新たな「体験」への好奇心の強い層です。この層は、21世紀に入って激増しているにも関わらず、アートの世界からのアクセスはこれまであまりなかった顧客層です。

　ミスミのmeviyの顧客は、すでにミスミのカタログには慣れている顧客の中でも、カタログにないような特殊な部品を必要とする顧客で

す。ビースタイルが主要な顧客としてねらうのは、通常の求人サイトの顧客でなく、資格や経験を持っていて、より働きやすい環境を求める主婦であり、そのような女性を雇用したいベンチャーや士業などの中小企業です。

ハクブンは、同じ理美容客でも、下手をすると理美容難民になりかねない地方、過疎地などの、特にシニア層の顧客が、理美容サービスが受けられるような工夫を凝らしています。徳武産業も、通常のシューズマーケットでは、全く対応してくれない、歩行に厳しい問題を持つ高齢者、障害者が主要な顧客です。

いずれも非常に明確な標的顧客設定を行なっていて、そのような戦略的な意思決定だけでも優れたサービスイノベーションが期待できるものとなっています。

②「事前期待の可視化」については、森ビル／チームラボやSKIYAKIのように、あえて事前には可視化せず、顧客の求めるままに任せる場合もありますが、多くは、顧客の潜在的な事前期待を可視化するために周到で多様な努力を行なっています。阿智の場合は、星空ガイド、映像や音楽のエンターテイメント、ゆっくり星空を楽しむリクライニングチェアという3つの選択肢を提示して、それぞれの顧客の事前期待を「分離」していますし、ハクブンはセットメニューを「分解」して、洗髪を含まない、カットのみ、カラーのみといったアラカルトメニューをはじめましたし、つばめタクシーは、移動サービスに、介護や警備という全く別のサービスを「結合」[22]して顧客の潜在的な事前期待を見事に顕在化しました。

コマツやミスミなど、いくつかの最前線企業に見られた、自社に関心を持つすべての顧客に対して、その事前期待に徹底的に個別対応することを引き受ける「悉皆(しっかい)・徹底・個別対応」のスキームも、②「事前期待の可視化」においては、事前期待がどの段階のものであろうと、あますことなく充足していく仕組みを持つことによって、かならず事前期待を顕在化させる仕組みになっています。

コマツは、スマートコンストラクションに対して関心を持つ顧客に、全国10カ所に展開するコマツIoTセンタで利用体験の機会を提供するだけでなく、顧客には、個別対応するスマートコンストラクション・コンサルタントが付いて、徹底的に顧客の持つ導入に関わる不安や課題を洗い出し、必要なものはすぐさま改善施策として全社的に対応する体制を具えています。

ミスミのmeviyも、カタログでは対応できない図面品を持つ顧客が、3D設計図面をアップロードさえすれば、AIの形状認識エンジンがカタログ品とカタログでは対応できない部品を弁別し、AI自動見積もりシステムが瞬時に見積もりを作成してくれます。もし、カタログでは対応できない部品であっても、ミスミが構築しているデジタルマニュファクチャリングシステムで、個別に製造して、短納期で届ける徹底対応の体制を整えています。これらによって、顧客の持つ機械部品に対するニーズを、悉皆で充足することをねらっています。

「悉皆・徹底・個別対応」という面では、徳武スキームとよぶ4段階の個別ニーズ徹底対応システムも同様で、歩行にやっかいな問題を抱えている高齢者や障害者の、歩行の喜びを得たいという事前期待を、すべて、徹底的に個別対応して解決する事業スキームが、どんな事前期待も徳武産業のサービスで充足してしまう体制になっています。

このように、標的顧客とその事前期待を絞り込んで、「悉皆・徹底・個別対応」のスキームを確立することは、有力な利用価値共創の仕組みの目標像となりえます。

4. 利用者と提供者の間の相互作用の刺激

③「顧客への働きかけ」においては、森ビル／チームラボのように、あえて顧客の意に任せて全く働きかけをしないものや、阿智のように3つのエリアだけを提示し、あとは顧客に選ばせるものは稀で、最前線企業の大半は、積極的かつ能動的に提供サイドが顧客に対して働きかけています。

　ビースタイルは、頻繁に主婦層に対する顧客アンケートを仕掛けてニーズの発信を「誘引」、クラダシは、通常のフードシェアリングの仕組みに、料金の一部の寄付が社会貢献になるという仕組みを「提案」して、社会貢献志向の顧客のエシカル消費意識に訴求します。SKIYAKIのBitfanは、ファンのアーティストとの関係は自由な選択にゆだねられますが、一旦選択が行われると、一気に多様なアーティストとの関係の選択肢が提示され、アーティストとのより強いつながりへの「推奨」によって、インセンティブが刺激されます。

　④「顧客からの働きかけ」においては、これらの事例企業では、単にサービスの提供に対する通常の反応とは別に、顧客サイドからの自発的な働きかけを生み出す取り組みが目立ちます。

　最も際立っているのは徳武産業のケースです。介護シューズへの需要は、高齢者や障害者の自身の歩行の個別的な問題についての自発的発信なしにはあり得ません。この自発的な発信は、徳武スキームがあるために、顧客の声には必ず対応してもらえるという徳武産業に対する信頼感に支えられているものと思われます。

　同様に、信頼感が鍵になって顧客の自発的な反応があるのは、顧客から「つばめさん」と呼ばれるつばめタクシーも同じで、その信頼感が、介護や警護という顧客の玄関の内側に入るサービスの、継続的な利用の拡大につながっています。また、ビースタイルの「しゅふJOB」の場合、働く主婦の立場にたって「扶養枠内」「ブランクOK」「家庭や子どもの用事でお休み調整可」などの柔軟な働き方を開発してきた実績に対する働く主婦の信頼が厚く、しゅふJOB総研が頻繁に行うアンケートに対しては、自発的に日常の業務にすぐにも役立つ内容の豊かな自由回答が寄せられています。

　このように顧客からの自発的な働きかけが際立つこれらの事例ですが、その背景には、弛みない信頼形成への努力があることが看過されるべきではありません。

　相互作用の刺激の仕組みとしては、もう1つ⑤「第3者への働きか

け」を介した相互作用の刺激の仕組みがあります。

　パート主婦も多く働く「しゅふJOB」は、しゅふJOB総研を通じて、「アラフィフ主婦の採用積極化キャンペーン」や、出産、育児でブランクのある主婦を採用、戦力化する「ウェルカムインターン行動宣言」などの社会的なキャンペーンを展開しています。働く主婦の先頭にたって、働く主婦のための市場開拓に挑戦していることは、多くの共感をよんでおり、このような「社会的共感」が、まわりまわって、顧客の信頼感を醸成しています。

　同様の現象は、フードシェアリングのクラダシにも見られ、人手不足で収穫できない農産物を学生インターンシップで支援する「クラダシ基金」、飲食店や卸の在庫食材を飲食店で販売するレストランマルシェ、フードバンクへの商品を提供するフードバンク支援事業などの取り組みは、同社の社会貢献志向への「社会的共感」を高め、信頼醸成に寄与するものとなっています。

　このような社会的な活動とは別に、SNSをはじめとするメディアを介する相互作用の刺激も重要なチャネルです。

　星野リゾートの年間6,000件にのぼるユニークな体験プログラムのメディア露出は、顧客による認知の重要な手段になっています。森ビル／チームラボの場合、館内写真撮影自由、対外発信自由のルールのもとで顧客によって世界中にSNSで発信された情報が、世界中からの初年度230万人の来場者の多くを生み出しました。

　特に、2010年代以降のSNS時代には、このようなデジタルプラットフォームを通じた相互作用の刺激手段の活用は不可欠になっています。

5．提供者と利用者の合意

　⑥提供者と利用者の間の「合意形成の仕組み」は、顧客の事前期待の可視化と相互作用の刺激の結果として図表3-5で見られるように、大半がデジタルプラットフォームのような「情報システム」の形をとるものです。

　この中には、森ビル／チームラボのように、顧客接点となっている
デジタルアートのシステムそのものからはじまり、コマツのように3D
クラウドプラットフォームの形をとるもの、meviyのようにAIの自動
見積もりシステムだけでなく、デジタルマニュファクチャリングのシ
ステムまで包含するもの、Ubieやスプリックスのように AI を活用す
るもの、ビースタイルやクラダシ、Bitfanのような通常のWebシステ
ムの形のものまで、極めて多様な形態があります。ただ、それらは従
来のアナログの仕組みをデジタル化したものであり、このことからも
昨今のサービスイノベーションにおいては、先端の情報技術の活用や
デジタルトランスフォーメーションがいかに重要かを示しています。

　ただ、徳武産業の徳武スキームや阿智の「天空の楽園ナイトツアー」
のように「事業スキーム」の形をとるものもあり、すべてがデジタル
であるわけではありません。

　以上、事例企業の利用価値共創の仕組みの創り込みへのアプローチ
としての6つのステップについて、サービスイノベーションの目標像
の策定に資する知見を見てきました。図表3-5からは、他にもいろい
ろな価値共創の仕組みの目標像の考察に資するヒントが引き出せると
思います。利用価値共創の仕組みの目標像策定に行き詰った時には、
この価値共創の仕組みの構造をふまえて作成された図表3-5をにらん
で見てください。何らかの突破口が見えてこないでしょうか。

❸ 満足度評価を事前期待形成につなげる

　満足度評価を事前期待形成につなげるステップを「イノベーション
の的」にしている事例は、つばめタクシーの「あんしんネットワーク」、
1,000店近い直営理美容店「IWASAKI」を運営するハクブン、イーグ
ルバスの「交通まちづくり」の3つを取り上げました。

　つばめタクシーは、30年も前から市民モニター制度を導入し、満足
度評価をサービス改善に役立てることで、多くの顧客から「つばめさ
ん」と呼ばれるほどの信頼関係を築いてきています。ハクブンは、電

話による利用者評価の仕組みを活かして、地方や過疎地のシニア層の満足度を徹底的に高めることで信頼感を醸成し、クチコミによって顧客が顧客をよぶエコシステムを成立させてきました。このように、満足度評価を事前期待につなげるに際しては、提供者と利用者の間の高い信頼関係を介することが鍵になっています。

　一方でイーグルバスが展開する路線バスは公共交通のため、「バスから電車への乗り換え時間が短すぎる」と高齢者から不満足評価を受けて乗り継ぎ時間に余裕を持たせると、今度は若い利用者から「接続に無駄な時間が多い」と指摘が入ってしまうという難しさがあります。顧客からの満足度評価を表面的にとらえてモグラたたきのように対応しようとしてもうまくいかず、満足度評価として得た情報をどう活かしたらよいか悩んでいるケースは少なくありません。

　埼玉県都ときがわ町では、施策が個々の利用者の満足に対応する個別施策から、町全体の人流や商流もにらんだ包括施策に変化すべきというイーグルバスの提案に対して、個別満足から全体満足に地域の利用者の満足度評価の基準を切り替えてもらうため、町長自らが先頭にたって何度も住民とのコミュニケーションを重ねたといいます。

　また、利用者数が少ない停留所に対して、データだけで即断せずに運転手にヒアリングしたところ、そこは地域の病院への通院に利用する高齢者が多い停留所とわかり、公共交通の使命として停留所を維持し、より利便性を高める改善を行う意思決定がなされました。このように、利用者の声の背後にある思いを考察し、声が届いてこない利用者のことまでも考慮することで、地域からのより深い事前期待に応えられるようにしています。

　このように、価値共創のサービスモデルの視点から見ると、企業にとって満足度評価はそれを行うこと自体が目的ではなく、それを次の事前期待形成にどうつなげていくかが重要です。利用者の評価がマイナスで不満であれば、二度とそのサービスは利用されないでしょうし、プラスであれば、より高次なサービスや、よりコストパフォーマンス

のよいサービスに対する事前期待が形成されます。具体的にどのように高い満足度評価をより高度な事前期待形成につなげているのかについては、最前線企業の事例からは、次の3つのアプローチが見出せます。

　第1は、顧客満足の「実感の重ね合わせ」です。つばめタクシーの場合、日ごろのタクシーサービスへの高評価に、ドライバーの資格取得の認知が加わったことで、あんしんネットワークという全く新しいサービスであっても、そのサービスの価値や品質の良さが容易に想像でき、結果として新しいサービスに対する事前期待も適切に形成されたと考えられます。

　同様のアプローチで事前期待を形成している事例として、たとえば時間革命を目指すミスミのmeviyや、コマツのスマートコンストラクションでは、サービスの概念的な紹介に加えて、サービス利用が進んでいる顧客の利用経験を実名や利用シーンの映像入りでネット発信しています。この重ね合わせにより、サービス利用の疑似体験や、より高次な利用方法のヒントが得られることで、全く新しいサービスに対する適切な事前期待形成をガイドしています。その結果、meviyは製造業、スマートコンストラクションは土木建設業において、業界全体の生産性を劇的に高めるサービスという事前期待を産業界に植え付けつつあります。つまり、既存のサービスの枠組みに新たな知識や情報を加えて、顧客満足の「実感の重ね合わせ」を行うことで、新たな事前期待の形成につなげています。

　第2は利用者と提供者の事前期待が交差するポイントへの、「効用の絞り込み」です。あえてサービスを限定的に行い、その「効用の絞り込み」によって事前期待を強化している事例です。ハクブンでは、業界で初めてセットメニューをやめて、必要なものだけを選択できるアラカルトメニューを打ち出しました。さらにはタイムサービスにより、顧客の来店時間に対する事前期待もマネジメントしています。これは、顧客の事前期待に幅広く応えるフルサービスではなく、過疎地

や離島といった厳しいビジネス環境の中でも持続可能な美容サービスを実現するための選択とみることができます。目指すは、美容師が子育て中や家族の介護中で働き方に制限があっても仕事が継続できることと、過疎地の顧客が価値を実感して高頻度にリピートしてもらえることの両立です。つまり、顧客と理美容師の両者の事前期待が交差するポイントへの「効用の絞り込み」によって価値を研ぎ澄ますことで、フルサービスでなくても高評価が得られ、その経験によってその事前期待が強化されていくのがIWASAKIのサービスといえます。

　同様のアプローチを取っているのが、ビースタイルのしゅふJOBです。あえて主たるサービス領域を「主婦」に限定して、主婦特有の事前期待と、主婦の持ち味を活かしたい企業の事前期待が交差するポイントに「絞り込み」をしてサービスを展開しています。それにより、主婦はもっと自分たちの事前期待に合致する仕事や働き方を形成しようと、ビースタイルが行うアンケートの自由記入欄を通してさまざまな要望やアイデアを発信してくれるようになります。企業も、主婦の持ち味を活かすために、新たな求人要件や従業員の働き方を工夫するようになります。こうした主婦に特化したサービスの利用経験が、主婦と企業の事前期待をより強化しているのです。

　第3は、「成果の見える化」です。イーグルバスは、地域と連携をした観光興しによる「創客」の実現を目指します。しかし、難しいのは、その取り組みを通して需要が創出できたと顧客が実感するまでには時間がかかるという点です。そこで活きるのが乗降センサーによる路線バス運行の「見える化」「最適化」の仕組みです。これまでブラックボックスだった停留所ごとの顧客数などの詳細データが「見える化」されているからこそ、取り組みを実行しながら小さな変化の兆しをとらえることができます。もちろん、その実態データに即した納得感の高い議論と意思決定が可能となるため、変化を拡大しやすくなります。つまり、目に見えないサービスにおける「成果の見える化」の仕組みがあることで、イーグルバスとなら創客に挑戦できるという自

治体の事前期待形成を確固たるものにしているのです。

　このように、サービスは目に見えないため、サービスの形やそこでの変化という「成果の見える化」アプローチも、事前期待を形成する有効な手段になり得るといえます。

　これはSKIYAKIのBitfanにおいて、ファンの熱量を計り、ファンとオーナーのつながり方やその変化を見える化する仕組みも同様といえます。熱量やつながり方という「成果の見える化」が行われることで、顧客であるファン自身も、さらにアーティストへの思いやファンサイト利用に関する事前期待を高めていくのです。同様に、クラダシにおける、会員の商品購入による社会貢献度をキズナポイントとして「成果の見える化」を行い、社会貢献団体への支援内容も表示する仕組みも、社会貢献に対する事前期待を高めているといえます。

　このように、自社のサービスイノベーションにおける「顧客満足度を事前期待形成につなげる」という目標像の策定に際しては、顧客満足度把握の仕組みを創り込んで、その結果の根底にあるものまで考察するという体制を確保することに加えて、新しいサービスの価値や品質の良さの「実感の重ね合わせ」によって事前期待を積み上げたり、「効用の絞り込み」によって事前期待を研ぎ澄ましたり、あるいはサービスの「成果の可視化」によって顧客に事前期待を確信してもらうという工夫を加えることで、事前期待形成を強化することを検討することが有意義であることがわかります。高い顧客満足度が、より高次の事前期待形成につながれば、顧客からの価値発信の中から、サービスの革新につながる気づきやアイデアを獲得しやすくなり、サービスの進化は加速していきます。満足度評価を通した事前期待の形成が、サービスイノベーションの種となるのです。

4 新たな着想・アイデアを提供サイドにつなげる ————

　利用サイドでの利用価値共創のサイクルが回ることによって、利用者は、必ず何らかの価値判断をしており、利用者と提供者のやりとり

のステージ、満足度評価のステージ、そして、それがクチコミやネット上でのつぶやきや映像や動画を通じて事前期待につながるステージと、いろいろな段階で、利用者の価値に対する考え方についてのメッセージが発信されています。このため、価値発信の把握においてはデジタルなマーケットインテリジェンスが重要であるという指摘を、第1章で行いました。

　この価値発信の把握を「イノベーションの的」とする事例としては、徳武産業とSKIYAKIを取り上げていますが、このうちSKIYAKIは、「システムを介するアプローチ」で価値発信の把握を行う場合の典型です。SKIYAKIのファンテックのサイトBitfanでは、アーティストなどのオーナーは、Bitfanの持つファンの熱量を測る仕組みを使って経済的な利益を獲得する手段としてファンとの関係を見ていくつながり方もできますし、経済的な側面より、もっとファンとの心理的なつながりを重視するようなつながり方にもできます。Bitfanの持つダッシュボード機能は、刻一刻と変化していくオーナーとファンとの関係をわかりやすく示してくれ、同時にファンがそのオーナーとどのようなつながりを持っているかを示してくれます。つまり、Bitfanのシステムそのものが、刻々とオーナーのファンとの１対多の関係やファン同士の関係などのつながり方を示してくれます。

　そして、それを分析するアナリティクス機能が、オーナーには、次にどのような方向に行く選択肢があるかを示してくれますし、ファンには、今後、どのようなファンでありたいかについての選択肢が提示される仕組みとして機能してくれます。つまり、Bitfanのシステムそのものが、価値発信の把握の仕組みとなっているわけです。

　同様に、システム自体が価値発信の把握をしてくれる事例としては、ゑびやのおはらい横丁を通る参拝者の通行量の変化や、来店客の男女別、年齢層別、出身地別のプロフィールなどを刻々と把握するTOUCH POINT BIのシステムや、Ubieの大量の論文や専門家の知見や実際の診断情報などから、AIが有益な情報を取り出してくれるAI

事前問診ユビーのシステムがあげられます。

このうち、TOUCH POINT BIの場合は、それらの情報から店頭や厨房のスタッフが変化を先取りして行動することで、サービスの効果が発揮されますが、Ubieの場合は、AIのシステム自体が学びのプロセスを自動化し、生産性を向上させてくれます。ここにも、生産性の向上に関心を持つサービス産業が、なぜ、もっとAIの導入に関心を持つべきかが示されています。

価値発信の把握を「イノベーションの的」とする、もう1つの事例である徳武産業の徳武スキームは、SKIYAKIのようにシステムを介するアプローチの他に、「人を介するアプローチ」もあることを示しています。

徳武産業には、際立った特性があります。それは、前節で述べたように徳武スキームが必ず自分たちに「歩く喜び」を与えてくれるはず、という「信頼感」に支えられた利用者の自発的な価値発信があるということです。

この信頼感と、全製品にアンケートハガキを付け、返信には手書きのまごころハガキで応じるという、徳武産業の真摯に顧客の声に耳を傾けようとする姿勢は、営業スタッフが顧客に聞きに回るのでなく、顧客が自分たちの困りごとやよかった点を自発的に徳武産業に伝えてくれるという流れを生み出しています。これが、年間2万件というアンケートハガキへの返信や、「ありがとうと伝えたくて〜心に響く感動のものがたり〜」という冊子ができるほどの累計3万件の顧客からの感謝のメッセージとなっています。

これは、顧客接点での相互作用を形成する「顧客からの発信」の重要な要素でしたが、この顧客による自発的発信の仕組みは、同時に、次の価値提案につながる着想やアイデアを獲得して、提供サイドにつなげる価値発信把握の手段としても重要です。

この目覚ましい実績こそ、徳武産業が価値発信の把握を「イノベーションの的」とする典型事例である理由なのです。このような顧客が

自発的に発信してくれる仕組みが、新たな価値提案につながる着想やアイデアの獲得に貢献する事例は、徳武産業だけではありません。たとえば、ビースタイルのしゅふJOB総研は、毎年、たくさんの主婦向けアンケートを実施していますが、それに対する回収率は非常に高く、回答者の主婦は協力的で、自発的に質の高い自由回答記述を行なってくれるという実績があります。「週3日勤務」や「10〜14時での勤務」といった、次の価値提案につながる斬新な働き方のアイデアも、そのようなアンケートの成果が提供サイドに伝えられて実現しました。

　少し趣は違いますが、コマツには、スマートコンストラクションを実際の導入を経験した土木建設事業者に対して、Web 1頁ものの「スマートコンストラクション導入事例の紹介」というフォーマットを用意して、企業名・実名・本人写真入りで、導入経緯、工事詳細や導入効果などを簡単に説明してもらい、インターネット上に発信してもらうという仕組みがあります。ここで顧客が自発的に発信してくれる「操作がテレビゲームのように楽しく簡単」や「管理結果の見える化で生産性向上を実感」、「縦列施工のリスク回避へ」といったメッセージは、営業活動に寄与するだけでなく、重要な今後の改善のヒントになります。このような顧客の自発的な発信の背景には、コマツIoTセンタでのサービスの可視化と体験プログラムの存在、スマートコンストラクション・コンサルタントの丁寧なサポートなどで醸成された顧客の信頼感があるものと思われます。

　このように、価値発信の把握へのアプローチは、システムを通じるものと、人を介するものの2つのアプローチがありますが、システムを通じるものでは、価値共創のサービスモデルの構造を反映することの重要性が指摘されますし、人を介するものでは、信頼感の醸成と一体になった顧客の自発的発信を提供サイドにつなげる仕組み創りが鍵になっていることがわかります。自社で「どのようなサービスイノベーションを起こすか」を検討する際にも、このような知見が参考になります。

5 提供サイドの価値共創の仕組みを創り込む ──────────

　次の価値提案につながりそうな着想・アイデアの把握に成功すれば、
そこから新たな価値提案につながりうるサービスコンセプトを創出す
るための仕組みづくりが必要です。価値発信の把握としての新たな着
想・アイデアが、企画や営業・マーケティング研究開発部門などに蓄
積・共有されている知識・スキルに出会い、両者のダイナミックな相
互関係の中で新たなサービスコンセプトが生成されています。

　本節の提供サイドの提供価値共創を、「イノベーションの的」とす
る事例としては、地域の魅力を掘り起こし新たな体験プログラムを提
案する星野リゾート、第3の塾形態である自立学習REDを開発した
スプリックス、AI活用の事前問診システムのUbieの3つがあります。
これらはそれぞれ、提供価値共創の仕組みの創り込みを、①組織体と
して、②事業スキームとして、③情報システムとして、行うアプロー
チを代表したものとなっています(図表3-7)。自社で「どのようなサー
ビスイノベーションを起こすか」を検討するに際しても、これらのど
のアプローチをとるかの選択が大きな分かれ目になります。

　第1の①「組織体」としてのアプローチを代表する星野リゾートの
毎年400もの体験プログラムを創出する計画的・体系的な取り組みは、
日本サービス大賞の第1回、第2回の委員長をつとめた野中郁次郎一
橋大学名誉教授の、組織の知識創造についてのSECIモデルを用いて
より深く理解することができます(図表3-8)。各拠点の四季折々の魅力
を、滞在全体の演出につなげようと、イノベーション志向のスタッフ
が、地域の潜在的な観光資源に日常的に目配りし、地域コミュニティ
とのつながりを深める中で形成している暗黙知を、毎年1,000にのぼ
るホテル顧客向けの宿泊体験のアイデアという形式知に変える「表出
化」が行われ、そのアイデアの形の形式知は、魅力会議への準備段階
で具体的な体験プログラムというより、高次の形式知へと「連結化」
されます。シーズン毎に定期的に開催される魅力会議に持ち寄られる
体験プログラム案は、日頃から根付いているフラットな組織風土の中

図表3-7　最前線企業の提供価値共創へのアプローチ

	組織体	事業スキーム	情報システム
A. 改善 Improve	大里綜合管理 星野リゾート	阿智 つばめタクシー ハクブン	ビースタイル
B. 改革 Reform	セコマ	徳武産業	SKIYAKI
C. 創造 Create		クラダシ コマツ スプリックス	ミスミ Ubie

図表3-8　事業組織における知識創造プロセス（SECIモデル）

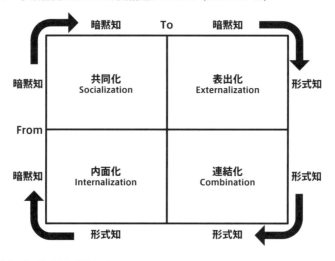

出所：野中郁次郎「組織的知識創造の新展開」DIAMONDハーバードビジネスレビュー（1999年1-2月号）

での自由闊達な議論を通じて、最終的に約400の体験プログラムのサービスメニューに仕立て上げられ、形式知の評価がスタッフの中に学びの体験として、暗黙知となる「内面化」が進みます。そして、マルチタスク制度のもと、ホテル事業のすみずみまで理解したスタッフによる企画から始まる体験プログラムの実際の運用は、個々の暗黙知を、会社全体で共有する暗黙知へと進化させる「共同化」を進めます。こ

の全プロセスを、魅力会議という会議体が、提供価値共創の仕組みとして推進しているのです。

　また、大里綜合管理の場合は、外房の九十九里地域で展開される300種類を超える「地域活動」を生み出し、そのプロセスを従業員教育も兼ねてナノビジネスなどとして仕組み化している企業組織全体が提供価値共創の仕組みとなっています。

　セコマの場合は、通常のフランチャイズチェーン形式のコンビニのビジネスモデルの真逆をいく北海道全域への立地や、6次産業化、全道サプライチェーンといった従来のコンビニモデルにこだわらない(むしろ真逆の)ユニークな組織づくりが、何年にもわたって全コンビニ中、顧客満足度No.1を続ける提供価値共創の源泉です。

　第2の提供価値共創を「イノベーションの的」とする事例であるスプリックスでは、教材開発の分野ではAI活用のeフォレスタが講師と生徒に対する「学習誘導」、REDナビ・リファが、教室運営分野の「業務改善誘導」の②「事業スキーム」という形で提供価値共創の仕組みとなっています。事業スキームは、魅力会議のような組織体という形をとりません。事業スキーム自体が、次の価値提案につながるサービスコンセプトを生み出します。

　このような事業スキームの典型としては、徳武産業の徳武スキームがあげられます。これは、高齢者や障害者の歩行に関する困りごとを、ひとりとしてとりこぼさず対応しきる仕組みですが、この既製のあゆみシューズ➡パーツオーダーシステム➡裏メニュー対応➡ドイツマイスターのアドバイスという流れを逆行することによって徳武産業の提供価値共創の仕組みが動いています。つまり、裏メニュー対応のうち比較的頻繁に取り上げられるメニューは、その上のパーツオーダーシステムの定常メニューに組み込まれます。また、パーツオーダーシステムで頻繁に取り上げられるものは、中国に量産ラインを持つ既成のケアシューズのラインナップに入ることによって、より高い生産性でビジネスに貢献することになります。

同様な事業スキームが提供価値共創の仕組みになっているケースとしては、阿智の50社にのぼるマーケティングパートナーとの連携、つばめタクシーの丁寧な自前の人材育成システム、新たな利用形態や、顧客の生産性向上の手段、次の革新へのヒントなどを生み出し続けているコマツのコマツIoTセンタ、SCサポートセンタ、SCコンサルタントを組み合わせた事業スキーム、クラダシの「三方よし」のシステムなどがあげられます。

　第3に、提供価値共創を「イノベーションの的」とする第3の事例、Ubieは、事前問診システム「AI問診ユビー」という新事業の③「情報システム」自体が、日常的に学びを進化させる手段となっています。「AI問診ユビー」は、それが使われれば使われるほど進化していき、新たな応用領域をひろげていく糸口をつくっていきます。

　同様に情報システム自体が提供価値共創の仕組みとなっているものとしては、AI自動見積もりとデジタルマニュファクチャリングという先端技術をカタログの情報システムにつなげて顧客の開発システムの革新を誘うミスミ、ダッシュボードとアナリティクス機能でたえずオーナーとファンそれぞれに居心地のよいつながり方を生み出すBitfanのSKIYAKIがあげられます。情報システムとしては通常のWebシステムですが、それぞれ日常的な改善の源泉となっている「しゅふJOB」のビースタイル、ゑびやもこのカテゴリーに入ります。

　以上のような、新たな会議体としての組織、周到にデザインされた事業スキーム、革新的な情報システムはそれぞれが、「創造」はそう頻繁には無理だとしても、それぞれの企業が、常に新たな「改革」活動や「改善」活動のサービスコンセプトを生み出す源泉となっています。自社の提供価値共創の仕組みの目標像を生み出そうとする際にも、組織体、事業スキーム、情報システムという選択肢からどう選び取っていくかについては、280頁の図表3-7を、縦にたどりながら第2章の各最前線企業の事例を検証していくことが有益な知見を提供してくれるはずです。

◼6 学習度評価で新たな知識・スキルを蓄積・共有する───

　サービスモデルにおける「学習度を評価して知識・スキルを蓄積し全社で共有する」ステップは、次のラウンドの価値提案につながるサービスコンセプトが、実際にその組織において実現可能性、競争優位性や価値共創性をそなえているかを検証し、その検証を通った知識・スキルをその組織の知識・スキルのストックに加え、全社で共有するステップで、いわば、提供価値共創の後工程にあたるものです。

　学習度評価は、顧客接点におけるサービスの実践の中から出てくる次の価値提案につながりそうなサービスコンセプトが、提供価値共創の結果として実際にその組織において、実現可能性や競争優位性があるものかどうか、価値共創は適切に行われているかを組織として評価するステップです。第2章でも指摘したように、学習度評価については、17の最前線企業からはこれを「イノベーションの的」にしている事例をあげることができませんでした。

　ただ、この「学習度を評価して知識・スキルを蓄積し、全社で共有する」というステップの事例が全くないわけではありません。このような事例の典型となっているものとしては、サービス産業生産性協議会の現在の副代表幹事の松井忠三良品計画元社長が推進したMUJIGRAMの仕組みがあげられます。MUJIGRAMは、無印良品の2,000ページを超える店舗運営のマニュアルですが、このマニュアルの中身は、全世界の無印良品の店舗運営の現場からの提案によって常にほぼリアルタイムに更新が続けられています。

　このマニュアルは、ほこりをかぶってオフィスのロッカーにしまわれているマニュアルではありません。特定の部署でなく、全世界の関連する全部署がその作成に参加して、現場発の改善点の提案が行われます。それらは本部に集められますが、しっかりした評価組織が定期的に評価しており、採用されたものは、すぐさまマニュアルに反映されます。

　つまりこのマニュアルは、日々生きているマニュアルなのです。現

場の学びの最新の姿を示す更新提案は活発に行われており、ある年には現場からの提案は約2万件あったそうです。それに対する学習度評価も厳正に行われており、その年に採用された更新は、443件[23]。その結果として、2,000ページを超えるマニュアルには、珠玉の現場運営の最新の知識・スキルが蓄積され、全世界で共有されていることになります。この厳しい評価の仕組みの詳細は公開されていませんが、これを可能なかぎりロジカルなものにしていくことが学習度評価の確立につながります。このように、MUJIGRAMは、学習度評価の仕組みであると同時に、知識・スキルの蓄積・共有の手段ともなっており、それがまた全世界の店舗で共有されることによって、生産性を向上させるとともに、世界中どこででも、無印良品店舗が持つ独特の空気感が維持されることになります。

このような仕組みでなく、会議体の形をとる星野リゾートの魅力会議も、組織の学習度を評価する仕組みになっています。その評価のプロセスでは、かならず本部のスタッフと現地のマルチタスクで鍛えられたスタッフが入って評価を行なっていく結果、約400の新たな体験プログラムが実行に移されることになり、それが、同社のメディア露出につながっています。

次に、何らかの学習度評価の結果を全社的な知識・スキルの蓄積・共有につなぐステップを「イノベーションの的」にしている最前線企業はゑびやで、TOUCH POINT BIという情報システムがその手段となっています。これは、従来の課金決済やPOS分析などを行う業務システムに用いられるIT（情報技術）に、Webカメラを使ったリアルタイムの画像情報やその分析ツール、天気予報や政府公開情報などのネット情報、食べログや各種地域イベント情報などのスマホアプリ情報など、厨房を含むレストラン業務の現場で必要とされるあらゆる情報をつないで、店内オペレーションを可視化し直近の予測が可能になる実践的な情報システムです。

TOUCH POINT BIは、ゑびやの机上の空論ではない実践的な経営

革新や店舗オペレーションの知識・ノウハウの最新の状態をすべて組み込んであるシステムであり、従業員全員がその知識・スキルを、システムを通じて共有することによって、このサービスイノベーションが実現しています。そしてそこには、TOUCH POINT BIの開発が経営革新や店舗オペレーションの鍵になると考え、開発を先頭にたって推進していった小田島社長の強いリーダーシップがあります。

　また、学習度評価で取り上げた無印用品のMUJIGRAMが、同時に最新の知識・スキルの蓄積・共有の手段ともなっていることは、先述しましたが、同様に徳武産業の徳武スキームも、その4段階のそれぞれの製品カタログやパーツオーダーシステムのメニュー自体が、知識・スキルの最新の状況を全社に示すものとなっています。

　星野リゾートの場合も、最新の知識・スキルは、毎年更新されていく体験プログラムのメニューに表現されていますし、6,000件にのぼるメディア露出は、公開される形で、最新の動向を共有できる情報になっています。

　前節で星野リゾートの魅力会議について、SECIモデルを用いて説明しましたが、このモデルに準拠すると、価値創造のサービスモデルにおいては、革新的な経営者によって牽引されるイノベーション志向の経営を、知識・スキルの蓄積を介して、顧客接点での革新志向のメンタルモデルの形で共有するのが、経営レベルの暗黙知を事業組織レベルに転換する「共同化」というプロセスです。図表3-9が両者の対応関係を示していますが、それに続く革新志向のメンタルモデルの共有の中から、新たなイノベーションにつながりうる着想を生み出すのが「価値発信の把握」というステップです。この暗黙知が形式知化されるプロセスが「表出化」です。またその着想をより具体的なサービスコンセプトにまで生成していくのが、「提供価値創造」というステップですが、この過程で形式知がより高度な形式知に進化していくのが「連結化」のプロセスでした。そして、それに対して実現可能性、競争優位性や価値共創性を組織的に評価する「学習度評価」を行なって、

すでに蓄積されている当該組織の知識・スキルのストックに新たな知識・スキルを加え、イノベーション志向の経営の核にするのが、形式知を暗黙知化する「内面化」です。

したがって、学習度評価は、提供価値共創のプロセスにおいて形成されてきた、次の価値提案につながる形式知が、組織の暗黙知に転換されるいちばん厄介なプロセスにあたります。

このこともあって残念ながら学習度評価の分野は利用サイドの満足度評価の分野に比べて、サービソロジーの中でもまだ発展途上の分野であり、理論的な研究やそれをふまえたマネジメントノウハウや、ツールなど、これからの発展が待たれる状態にあるということは、再度強調しておきたいと思います。したがって、自社の学習度評価を知識・スキルの蓄積・共有につなげるステップについての目標像を形成するのに資する最前線事例は多くありませんが、今後の展開の中で有益な

図表3-9 価値共創のサービスモデルとSECIモデル

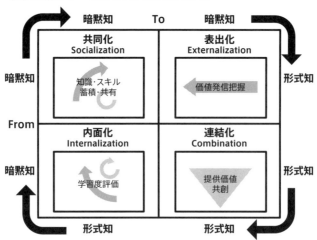

出所：野中郁次郎「組織的知識創造の新展開」DAIAMOND ハーバードビジネスレビュー（1990年1-2月号）
　　　に執筆者加筆。

事例が生まれてくる可能性もあり、広い範囲の目配りが求められます。

❼ 付加価値を適正に配分して付加価値を共創し拡大する──

　ここまでで顧客接点でのサービス、イノベーション志向の事業組織を見てきました。それに続く、企業経営全体の革新を行なってサービスモデルを完成させる、付加価値共創経営を「イノベーションの的」としている事例としては、大里綜合管理とセコマをあげています。

　大里綜合管理では、房総地方の別荘を中心とした不動産管理という本業には、従業員の労働時間の6割しか使われていません。もし、利益の最大化を重視する株主中心主義の経営をするとすれば、従業員数を切り詰めて人件費を最小化し、さらにピークロード部分は非正規労働を活用するとか、小集団活動をしてもっと労働生産性を上げて利益を最大化するというようなアプローチも考えられます。それに対して野老真理子会長が選んだのは、早朝の清掃活動にはじまり、駅前での朝の交通整理、沿道の花植え、学童保育、さらにはピアノコンサート、農産物・工芸品販売などの地域活動でした。

　このような活動を日常的に幅広く展開し、300種類を超える地域活動を実施しています。また、従業員に対しては、その人材育成の意味も込めて、年間粗利5万円程度という目標値を設定するとともに、しかし赤字にはしないという原則のナノビジネスの仕組みも導入しており、年間約30件の事業プログラムが開発されています。これらの地域活動は、6割の本業に比べると従業員1人当りの付加価値、つまり労働生産性は低くならざるをえません。このように、収支だけを考えると引き合わない地域活動に、就業時間の4割を割いています。それは、地域社会というステークホルダーとの価値共創を、株主への貢献よりも重視する経営を選択しているからです。だからといって大里綜合管理の業績が悪化しているわけではなく、結果としての企業業績は、創業以来、ずっと黒字を続けています。

　もう1つのセコマは、やはり北海道という地域を大切にする経営を

行なっている企業ですが、地域の生活者という顧客とだけでなく、食品加工業の経営も取り入れて6次産業化することによる取引先や地元産業界との価値共創にも踏み込んだ、ひとまわりスケールの大きい価値共創を達成しています。

　また、顧客との関係においても、利益を最大化するよりもその経営理念であるサステナブル経営に対する徹底した志向性を堅持しています。通常のコンビニ経営においては、仕入れコストに期待利益を載せて価格設定するというアプローチが取られますが、たとえば、セコマの人気プライベートブランド商品の「100円惣菜」では、まず北海道の生活者の惣菜に対する支払意向価格を100円と設定し、これに合わせた原価および利益を設計していく、原価企画のアプローチが取られています。ここには、利益を最大化するのではなく、顧客満足を優先する価値共創の発想があります。ただし、それは、「顧客満足至上経営」ではなく、6次産業化によるサプライチェーンの最適化によって、提供者サイドの応分の利益も確保する価値共創的なアプローチです。

　セコマは、通常のコンビニのロイヤリティより低いロイヤリティで成り立つ経営を目指しており、加盟店は、創業当時から16時間労働を基本としていて、一時期騒がれたコンビニ24時間の加重労働の弊害を最初から回避しようとしています。店舗側は、24時間でもそれ以下でも需給の実態に合わせて自由に営業時間を決定する権利を持っています。また、フルタイムを原則としている工場の製造ラインにおいても、短時間の製造ラインを設けることによって働きやすくする工夫など、店長や従業員の働きやすさに対する配慮も行き届いており、昨今の人手不足対策にもなっています。

　また、食品残渣のバイオ燃料化、牛乳パックや段ボールのリサイクル、プラスチック使用量低減型の容器開発など、地球環境保護に向けての活動も活発で、顧客、従業員、取引先、地域コミュニティから地球環境まで、付加価値の創出と分配に関与するすべてのステークホルダーとの価値共創を追求する、いわゆるステークホルダー経営を志向

しており、しかも株主への配分の原資となる売上利益率も常に10%前後を維持するバランスのとれた経営を実現しています。現在、過度な株主中心の経営への反省から、多様なステークホルダーの利害を尊重する経営への転換が世界各地で模索されはじめていますが、セコマの「サステナブル経営」は、まさにそのような次世代の経営を先取りしているものといえます。

　付加価値共創を「イノベーションの的」としている大里綜合管理とセコマは、いずれも地域コミュニティとの関係を大切にする企業としての特性で共通していましたが、この2社以外にも、株主至上主義的な企業経営と距離を置くことによって、付加価値共創を志向する事例があります。1つが、つばめタクシーに代表される「人材開発型」の事例です。つばめタクシーは、タクシーにできることは、移動サービス以外にもっとあるはずと考えて、介護や警備のサービスもつばめタクシーが行う「あんしんネットワークサービス」というサービスメニューを開発しました。その際、介護や警備の資格取得はアウトソースすることもできましたが、つばめタクシーでは、施設を含め研修・教育のすべてを、自社で自前の人材開発投資を行なって実施しています。

　つばめタクシーでは、これ以外にもAIによる顧客需要予測システムを導入しており、過去の乗車実績データと携帯電話の位置情報や天気やイベントなどの情報を組み合わせて、どこにどのくらいの乗車需要があるかをAIに分析させて、ドライバーが乗客を見つける確率を上げるのに寄与しています。

　このような取り組みによって従業員の労働生産性が向上しましたが、同時に従業員の「稼ぐ力」も向上し、愛知県のタクシー業界の平均年収に比べて10%以上高い平均年収を実現しています。その意味では、つばめタクシーは「人材開発型」ですが、同時に「従業員共創型」でもあります。

　このように、より広く従業員への付加価値配分を意識的に進める「従

業員共創型」のアプローチとしては、理美容師出身の創業者が経営するハクブンの事例があげられます。ハクブンの経営は、理美容師が腰をかがめないで施術できるようなシャンプー台の開発や、94％の店舗をバリアフリー設計にしたりする投資だけでなく、シャンプーをセットメニューから分離してアラカルトメニューにして手荒れを少なくしたり、午前中の顧客を優遇するタイムサービスを歩合給が下がらない形で導入するといった、シニアの理美容師が働きやすい環境をつくりだす「従業員共創」的なアプローチとなっています。ハクブンの理美容師も、つばめタクシーと同様、業界平均を大きく上回る平均年収を確保しています。

　これまであげた地域共創型、従業員共創型の企業のひとつの共通点は、非上場企業であるということです。常時、株式市場からの厳しいチェックを受けるということがないことが、これらの付加価値共創的な経営を可能にしているという側面は否定しきれないと思われます。しかし、上場すると、サービスイノベーションを行いにくくなるとすれば、何のための株式上場制度、資本主義システムなのでしょうか。

　ただ、上場している大企業や、さらに厳しいベンチャーキャピタルの目にさらされながら資金調達を行うベンチャー企業にも、付加価値共創型の経営を展開する企業がないわけではありません。

　一見、土木建設機械分野とは無縁に見える、ドローンや３Dクラウドや５G技術の開発活用に特段の経営努力を傾注するコマツのような先端技術志向の「研究開発型」や、AIを活用する自動問診のシステム開発に社運をかけるUbieのような「システム開発型」のアプローチがそれにあたります。これらはいずれも、研究開発、システム開発、人材開発といった「未来への投資」の持続的な推進が企業経営の中にしっかりと組み込まれている付加価値共創の事例です。現在の付加価値の配分を、現在の株主へ行うだけでなく、未来の経営者、未来の従業員、そして未来の株主にも行うことを重視する経営です。

　このような経営を実現するためには、短期的な株主還元中心の純利

益最大化を目指す経営でなく、より長期視点にたって「未来への投資」
をいとわず、従業員の高いモチベーションを引き出し、地域コミュニ
ティや社会との関係にも配慮するステークホルダー重視の企業経営が
求められます。

　このような株主中心主義の見直しとステークホルダー経営志向の機
運は、新型コロナ危機を経て、むしろ強化される傾向にあるともいえ
ます。価値共創のサービスモデルの理想的な姿を示すニコニコ図では、
このような企業経営の基本的な立脚点の変化が必要であるという認識
の上に立ち、企業経営における価値の実現のあり方については、売上
と利益との関係で考えるのでなく、多様なステークホルダーが付加価
値を適正に配分し、新たな価値提案を実現して付加価値を拡大する形
で共創するプロセスとして考えます。しかしながら、このように株主
中心主義からステークホルダー主義へと経済全体が転換するにはまだ
時間がかかると思われます。

　したがって自社で「どのようなサービスイノベーションを起こす
か」を検討するに際して、ステークホルダー主義の経営への転換を前
提にするのは、時期尚早であるかもしれません。しかし、サービスイ
ノベーションの全面展開を志向するニコニコ図においては、通常の事
業運営の中に、新しいサービスコンセプトを新しい価値提案へと具体
化するための「未来への投資」を適正に埋め込む必要があります。そ
のためには、すくなくとも付加価値の適正な配分が必要であり、普段
からの付加価値共創による付加価値の拡大を志向する経営革新が望ま
しいと考えるのです。このプロセスについての自社の企業経営のあり
方についての目標像があって初めて、顧客接点での利用価値共創が、
事業組織の提供価値共創につながり、それを企業経営における付加価
値共創につなげる、サービスイノベーションのサイクルを持続的なも
のにすることになるのです。

2 サービスイノベーションをどのように起こすか

1 サービスイノベーションの3つのパターン──────

　一般にサービスイノベーションに関わる実務的な書籍では、目の覚めるような鮮やかなサービスコンセプトの提案や、具体的なサービスメニューの特性を示したり、そのサービスのビジネスモデルをいかに高度化させて儲かる仕組みにするかについて述べるというものが多いようです。本書のこれまでの検討でわかってきたことは、このようなサービスイノベーションは、価値提案、ないしは価値提案と利用価値共創の前工程だけに関わるものであるということです。第2章の日本のサービスイノベーションの最前線事例の示すところによれば、サービスイノベーションの対象となる経営革新は、それよりはるかに広いスコープを持ったものであるということです。

　第3章第1節では、そのそれぞれの実現の仕方について実際の事例から学んできました。サービスイノベーションは、革新的で優れた価値提案を生み出す以外に、星野リゾートやUbieのように、提供価値共創の仕組みを創り込むことによってもはじまりますし、つばめタクシーやハクブンのように、顧客の満足度を極めそれを事前期待形成につなげることによっても可能です。そして、それぞれの経営革新には、それぞれの会社の経営に合った進め方があることもわかりました。

　そして、このような経営革新に成功して、森ビル／チームラボのように、それが世紀を画するほどの「創造」であれば、その価値提案だけで十分競争優位性を発揮できることもわかりました。同時に、このような価値提案の新規性だけでサービスイノベーションが完了するような事例は、むしろ例外的で、多くの最前線企業は、7つの経営革新を複数実施し、それらを関係付けることで、サービスイノベーションの全体像を形成しています。では、その複数の経営革新の関係付けには、どのようなパターンがあるのでしょうか。

　それを整理したのが、図表3-10です。これまで検討してきた自社の
複数の経営革新のうち、「イノベーションの的」にあたる経営革新を
選定して、ひたすらそれを推進するというアプローチは、図の「1.
標的を定める」というイノベーションのパターンになります。自社で
「どのようなサービスイノベーションを起こすか」を検討してきた結
果として、それぞれの経営革新について、おそらく複数ある経営革新
の中から標的となる「イノベーションの的」を定めることが、自社で
「サービスイノベーションをどのように起こすか」の出発点となりま
す。

　自社で「サービスイノベーションをどのように起こすか」を検討す
るためのこの図では、「1.標的を定める」の対象はたまたま価値提案
T1 を標的とするという例示になっています。ただ、森ビル／チーム
ラボのように、「イノベーションの的」となる1つの経営革新でサー
ビスイノベーションが完結するのは稀だというのが17の最前線事例か
ら学んだことでした。であるとすれば、単一の経営革新だけでなく、
他の経営革新をつなげることで、単一の経営革新では不十分なサービ
スイノベーションを強化するというアプローチが必要になります。

　それが、サービスイノベーションの第2のパターン、「2.連結して
強化する」というアプローチです。これは特に「改善」や「改革」に
おいて重要です。図表3-10では、「利用価値共創の仕組みの創り込み」
T2 と、「提供価値共創の仕組みの創り込み」 T5 を、「価値発信の把
握」 T4 が連結するというパターンが例示されています。この連結は、
このパターンだけでなく、たとえば、「革新的で優れた価値提案」
T1 と「利用価値共創の仕組みの創り込み」 T2 を連結するケースや、
さらにそれと「満足度評価を事前期待形成につなげる」 T3 という3
つの経営革新をつなぐなどさまざまなパターンもあり得ます。また、
例示のようなパターンでも、「利用価値共創の仕組みの創り込み」
T2 をさらに「満足度評価を事前期待形成につなげる」 T3 に連結す
るケースもあり得ますし、「提供価値共創の仕組みの創り込み」 T5 を、

図表3-10　サービスイノベーションの３つのパターン

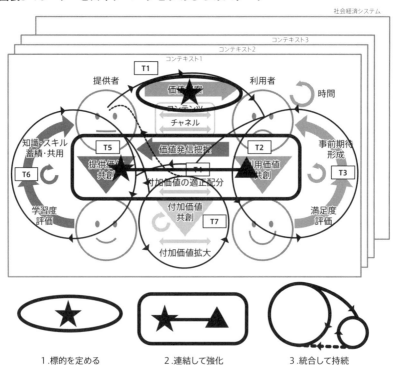

出所：村上輝康、新井民夫、JST/RISTEX編『サービソロジーへの招待～価値共創によるサービスイノベーション』東京大学出版会(2017)を一部修正。

「学習度評価を知識・スキルの蓄積・共有」[T6]に連結するケースもあり得ます。また、「学習度評価を知識・スキルの蓄積・共有につなげる」[T6]を、企業経営の「付加価値共創の仕組みの創り込み」[T7]と連結するケースもあり得ます。

　いずれにしても、このように「２.連結して強化する」取り組みの連結性を高めることによって、多様なパターンで、単独の経営革新を強化することができます。

　第３のサービスイノベーションのパターンが、「３.統合して持続さ

せる」というアプローチです。価値共創のサービスモデルの本質に立ち戻って考えると、ニコニコ図の最大の利点は、利用価値共創と提供価値共創と付加価値共創の仕組みがつながると、これが、サービスイノベーションの持続的なサイクルを形成しはじめるということでした。この３つをつなぐことによって、顧客接点と事業組織と企業経営のサービスイノベーションを連結し、イノベーションがイノベーションを生む構造を確立することができるのです。

　３つのどのアプローチでも、自社で「サービスイノベーションをどのように起こすか」に取り組むための出発点は、標的となる「イノベーションの的」を決めることからはじまります。

２ 標的となる「イノベーションの的」を定める──────

　第２章で日本のサービスイノベーションの最前線を見てきてわかったのは、どんなサービスイノベーションにも、必ずそれを革新的で優れたものにするに際してなくてはならなかった経営革新や、イノベーション全体の起点となる必要不可欠な経営革新がある、ということでした。それを本書では「イノベーションの的」とよびました。サービスイノベーションを起こそうとする企業がまずやるべきなのは、その「イノベーションの的」を定めることです。

　実際に「イノベーションの的」を定めるのは、そう簡単にできることではありません。では、標的となる「イノベーションの的」は、どのように定めればよいのでしょうか。

　第３章の冒頭で、自社で「どのようなサービスイノベーションを起こすか」を検討するに際しては、「改善」「改革」「創造」のどのレベルのサービスイノベーションに挑戦するかが重要であるという指摘をしました。そして、自社で「どのようなサービスイノベーションを起こすか」の目標像を定めるために、第３章第１節では７つの経営革新のそれぞれについて、詳細な検討を行なってきました。この過程で、自社がこれから挑戦しようとしているサービスイノベーションが、「改

善」「改革」「創造」のどこに焦点をおいたものになるかについては、基本スタンスが固まってきているものと思われます。自社についてその戦略的決定を行なっていれば、いくら個々の経営革新の選択肢が多くなっていても、それらの中には、おのずと自社にとっての優先順位が付けられているはずであり、実際に推進しようとしている経営革新は相当絞り込まれているはずです。

　したがって「イノベーションの的」を定めるに際して重要なのは、むしろ、T1からT7までの７つの「イノベーションの的」の選択肢の中で、どの経営革新を「イノベーションの的」として選択するか、ということになります。その決定には、やはり第２章の最前線企業の事例がヒントとなる知見を与えてくれます。

　第２章では、それぞれの最前線事例の末尾にサービスモデルの特色を述べましたが、その中で、３枚のニコニコ図を掲げました。「部分的」なサービスイノベーションとして森ビル／チームラボの事例(78頁)、「連結的」なものとしての徳武産業の事例(176頁)、「統合的」なものとしてのコマツの事例(99頁)の３枚です。

　加えて、第２章の17の最前線企業が、それぞれ「イノベーションの的」をどのように定めているかを示します(図表3-11)。この図は、17の組織それぞれの「イノベーションの的」が、「革新的で優れた価値提案」T1から、「付加価値の最適配分で共創し拡大」T7までの経営革新のどれにあたっているかを示すとともに、「革新的で優れた価値提案」T1から「顧客満足を事前期待形成につなげる」T3は、「顧客接点」に関わるもの、「価値発信の把握」T4から「学習度評価を知識・スキルの蓄積・共有につなげる」T6までは「事業組織」に関わるもの、「付加価値共創」T7は、「企業経営」全体に関わるものであることを区別して示しています。７つの経営革新のそれぞれは、顧客接点、事業組織、企業経営という３つの異なったレイヤーに属していることを理解しておくことは、「イノベーションの的」を定める際だけでなく、その後の連結・統合のプロセスにおいても有益だからで

図表3-11　最前線企業の「イノベーションの的」と価値共創のサービスモデル

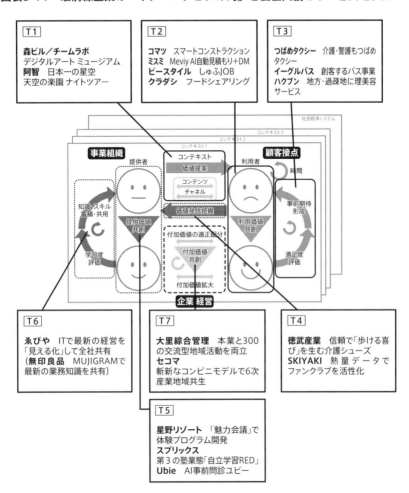

T1
森ビル／チームラボ
デジタルアート ミュージアム
阿智　日本一の星空
天空の楽園 ナイトツアー

T2
コマツ　スマートコンストラクション
ミスミ　Meviy AI自動見積もり＋DM
ピースタイル　しゅふJOB
クラダシ　フードシェアリング

T3
つばめタクシー　介護・警護もつばめ
タクシー
イーグルバス　創客するバス事業
ハクブン　地方・過疎地に理美容
サービス

T6
ゑびや　ITで最新の経営を
「見える化」して全社共有
（**無印良品**　MUJIGRAMで
最新の業務知識を共有）

T7
大里綜合管理　本業と300
の交流型地域活動を両立
セコマ
斬新なコンビニモデルで6次
産業地域共生

T5
星野リゾート　「魅力会議」で
体験プログラム開発
スプリックス
第3の塾業態「自立学習RED」
Ubie　AI事前問診ユビー

T4
徳武産業　信頼で「歩ける喜
び」を生む介護シューズ
SKIYAKI　熱量データで
ファンクラブを活性化

※注）無印良品のMUJIGRAMは、事例として用いられるが、受賞組織ではない。
出所：村上輝康、新井民夫、JST/RISTEX編『サービソロジーへの招待～価値共創によるサービスイノベーショ
ン』東京大学出版会(2017)を一部修正。

す。

　では、この３枚のニコニコ図と、最前線企業の「イノベーションの的」を示す図表3-11を用いて、自社の「イノベーションの的」をどう定めるかのアプローチについて示していきます。

　本書では、第１章３節２項で、「イノベーションの的」を、「サービスイノベーションの起点となり、そのサービスイノベーションにとって必要不可欠な、他にあまり類例のない経営革新」と定義しました。「イノベーションの的」は、①そのサービスイノベーションの起点となる「起点性」と、②そのサービスイノベーションにとって必要不可欠な「不可欠性」と、③そのサービスイノベーションをあまり他に類例のないものとする「独自性」という３つの特性を兼ね備えた経営革新として規定される、ということです。この定義からは、自社が行おうとするサービスイノベーションの起点となる「イノベーションの的」を定めようとしているのですから、「起点性」は前提とすると、最も重要なのは、「不可欠性」があるかということであり、それが、「独自性」を持っていることを確認することが、「イノベーションの的」を定めることであると考えることができます。つまり、候補となる経営革新から、「不可欠性」を持ち、「独自性」をそなえた経営革新を見つけることが、「イノベーションの的」を定めることであるということです。

　まず、78頁の森ビル／チームラボのニコニコ図を見てください。このニコニコ図には、T1の「革新的で優れた価値提案を行う」、T2の「利用価値共創の仕組みの創り込み」、T3の「満足度評価を事前期待につなげる」という３つの経営革新が含まれています。この中で、このサービスイノベーションに不可欠な経営革新はどれでしょうか。それは、いうまでもなく、身体ごと作品に没入する双方向の映像アート体験を提供する21世紀型の「デジタルアート　ミュージアム」を創出したT1の「革新的で優れた価値提案を行う」です。これがなければ、T2の顧客に自発的なさまよい、探索、発見をさそう相互作用も生まれてきませんし、T3のＳＮＳによる拡散も生まれません。その意味

で、不可欠性を持つのは、[T2]の要素も価値提案の一部として含まれ
ている[T1]だということがわかりますし、それが独自性を持ったもの
であることには、疑いの余地がありません。逆に、[T2]の顧客との相
互作用や、[T3]のＳＮＳによる拡散は、このサービスにユニークなも
のではありません。したがって、[T1]を、「イノベーションの的」と
定めることができます。

　これと似たようで、異なった「イノベーションの的」の定め方が必
要なのは、２つ目のコマツの事例です。コマツの場合も、[T1]の多様
な先端的な情報技術を縦横に組み合わせたデジタルプラットフォーム
は、十分な不可欠性をもったものです。しかしながら、第２章のコマ
ツの事例紹介において指摘したように、[T1]のデジタルプラット
フォームは、それだけでは、このサービスイノベーションを幅広く普
及させていくことは困難でした。このデジタルプラットフォームは、
その利用者にあたる大半の中小の土木建設事業者にとっては、あまり
なじみのない、多くの行動変容を迫るハイテクソリューションでした。
それが普及していくためには、このプラットフォーム上で、コマツ
IoTサポートセンタ、ＳＣサポートセンタとＳＣコンサルタントによ
る、潜在顧客に丁寧にドローンや３Ｄクラウドソリューションの体験
を案内するという事業スキームが、必要不可欠でした。

　[T3]の事前期待形成、[T4]から[T6]に至る提供価値共創のサイクル
は、いずれもこの必要不可欠な潜在顧客との相互作用のプラット
フォームを補強するものです。[T7]の経営サイドのコミットメントも
同様の補強要因であると考えられます。

　また、独自性という面では、ドローンや３Ｄクラウドのデジタルソ
リューションは、もちろん高い独自性を持っていますが、コマツのス
マートコンストラクションというサービスイノベーションに抜きんで
た独自性を与えているのは、デジタルソリューションと、コマツIoT
サポートセンタ、ＳＣサポートセンタとＳＣコンサルタントの事業ス
キームの一体的な組み合わせであるといえます。[T3]から[T7]までの

経営革新も、他に類例をさがそうと思えば探せるでしょうが、T1とT2の組み合わせには、いまだグローバルに見ても類例はありません。

　場合によっては、自社の「イノベーションの的」として最終的に設定すべき対象としての経営革新が複数出てくるかもしれません。その場合は、さらにそれらの経営革新の間に不可欠性と独自性というものをさしあてて、自社の「イノベーションの的」を設定してください。

　このようにして、不可欠性と独自性という2つの軸を用いて、コマツの「イノベーションの的」がT2であるということは比較的容易に判断できます。一方で図表2-23(176頁)の徳武産業の場合は、コマツほど容易ではありません。徳武産業の価値提案T1自体はさほど新規性の高いものではないということは、第2章でも述べました。徳武産業の価値提案は、徳武スキームの4段階の個別ニーズ徹底対応システムがあってはじめて傑出したサービスイノベーションとなっているのです。しかしながら、この徳武スキームという事業スキームの4段階のそれぞれをみると、特段独自性を持ったものではありません。この4つの段階を、強固に連結しているのは、T4の信頼感に支えられた顧客ハガキ、モニター情報、店舗訪問などによる顧客の個別ニーズの自発的発露を開発サイドに伝える、価値発信把握の仕組みです。このため、徳武産業の「イノベーションの的」は、T2ではなくT4であるとしています。それが、年間2万件のアンケートハガキや、累計3万件の感謝のメッセージという他にあまり類例を見ない顧客関係となって表れています。T3や、T5、T6の提供サイドの価値共創の仕組み、強い「顧客志向」と「研究開発志向」の経営のT7は、いずれも、T4がT2とT5をつなぐ構造を支えるものとなっています。

　自社がこれから行おうとしている経営革新の組み合わせの中から、「イノベーションの的」を定める取り組みは、このように不可欠性と独自性という2つの軸を用いて行なっていきます。必要であれば、以上の3社以外の最前線事例の第2章の「サービスモデルの特色」の分析と、図表3-11を対照することによって、さらに豊かな知見を引き出

すことができるはずです。

❸ サービスイノベーションを連結して強化する ─────

　自社が取り組もうとする多様な経営革新の中から「イノベーション
の的」が定まってくれば、次は、「2. 連結して強化する」、そして「3.
統合して持続させる」というステージになります。では、具体的に、
どう「イノベーションの的」を連結して強化し、統合して持続可能に
すればよいのでしょうか。

　図表3-12は、17の最前線企業のサービスイノベーションのパターン
を3つのパターン別に分類してみたものです。第1節では、個別の「イ
ノベーションの的」にあたる経営革新の進め方について検討してきま
したが、「標的を定める」だけで、サービスイノベーションが完了し
ている事例は、稀であるということが、ここには示されています。

　森ビル／チームラボの事例が目の覚めるような価値提案によるサー
ビスイノベーションであることは、これまで何度も強調してきました。
ゑびやも標的を定めるだけのサービスイノベーションですが、この場
合は、「改善」のケースで、そのサービスイノベーションは、いわゆ
るITの導入による業務効率の向上によるもので、それ自体で一定の
生産性向上が図りうることはよく知られているところです。ゑびやの
ケースは、そのようなアプローチの模範事例といえます。

　17の最前線事例のこの2例以外の事例は、いずれも「イノベーショ
ンの的」単独でなく、それと他の経営革新を連結してサービスイノベー
ションを強化する「2. 連結して強化する」か、「3. 統合して持続さ
せる」かの事例となります。

　本節では、まずどう「連結して強化する」かについて、最前線事例
から学んでいきたいと思います。このタイプの典型事例としては、第
2章で、ニコニコ図を示した3つの事例のうちの1つ、徳武産業を取
り上げます（徳武産業は、連結して強化するだけでなく、その構造を企業経営
が持続可能にする仕組みも備えたものなので、表では「3.統合して持続させる」

図表3-12　サービスイノベーションをどう起こすか

	1. 標的を定める	2. 連結して強化する	3. 統合して持続させる
A. 改善 Improve	ゑびや	阿智 ビースタイル 星野リゾート	大里綜合管理 つばめタクシー ハクブン
B. 改革 Reform		イーグルバス SKIYAKI	セコマ 徳武産業
C. 創造 Create	森ビル／ チームラボ	クラダシ スプリックス ミスミ	コマツ Ubie

に分類されています）。

　図表3-13に徳武産業のニコニコ図を再掲します。ただし、利用価値共創のT2には▲印が、提供価値共創のT5には★印が付いており、両者は、価値発信把握のT4でつながれています。

　徳武産業の「イノベーションの的」は、前節で説明したように、T4の「価値発信の把握」で、信頼感に支えられた顧客ハガキ、モニター情報、店頭訪問などによる高齢者の歩行の悩みの自発的で積極的な開示を全社で受け止めるという経営革新を実現することでした。この信頼感に支えられて、顧客が進んで自分の歩行についての困りごとと率先して店頭や電話、インターネットなどで開示しに来てくれる体制を確立したことが、まさに徳武産業の「イノベーションの的」だったわけですが、それだけでは、事業が成り立ちません。T2の利用サイドの徳武スキームという徳武産業と顧客との価値共創の仕組みの創り込みがあってはじめて、これらの自発的なニーズの開示が行われます。

　また、T4の成果である個別ニーズは、従業員の3割を占める開発部隊などが徹底的に充足するT5の提供価値共創の仕組みが受取ります。つまり、「イノベーションの的」であるT4が、T2と連結し、さらにT5と連結することによって、徳武産業のサービスイノベーションは具体的な形をとります。さらに、T2は、T1の価値提案とT3の事前期待の出会いの場をつくり、T5はT6の個別ニーズ徹底

図表3-13　「連結して強化する」徳武産業のサービスモデルの例

T4	革新につながる価値発信を把握する

T4 革新につながる価値
発信を把握する
信頼感に支えられた顧客ハガキ、モニター情報、店頭訪問等による高齢者の個別ニーズの自発的で積極的な開示を全社で受け止め、開発サイドに伝える

T1 革新的で優れた
価値提案を行う
高齢者・障がい者の歩行の困りごとに徹底して応える販売、アドバイスを行う

T2 利用価値共創の
仕組みの創り込み
4段階の徳武個別ニーズ徹底対応スキームで高齢者のあらゆる悩みに原則、悉皆で対応

T6 学習度評価して知識・
スキルを蓄積・共有
最新の知識・スキルを、徳武個別ニーズ徹底対応スキームで蓄積し、全社で共有する

T7 付加価値の適正配分で
付加価値を共創し拡大する
顧客のニーズに徹底対応することに真剣に関与する顧客志向を、開発に従業員の3割を配する研究開発志向の経営が支える

T3 満足度評価を事前
期待に繋げる
高齢者のあらゆる歩行の困りごとに徳武なら必ず徹底対応してくれるという信頼の事前期待

T6 学習度評価して知識・
スキルを蓄積・共有
個別ニーズ対応を評価して徳武個別ニーズ徹底対応スキームを逆行し、要望の多いカスタマイズはパーツオーダー、更には量産で効率向上

T5 提供価値共創の
仕組みの創り込み
自発的な個別ニーズに、3割を占める開発部隊等が4段階で徹底対応し、新サービス開発

T3 満足度評価を事前
期待に繋げる
全商品にアンケートハガキ、モニター、感謝の手紙等をフル活用して満足度評価

　対応の４段階を逆行する学習度評価で、一段階上の新サービスを生み出すことができます。それができれば、T6のもう１つの側面である知識・スキルの蓄積・共有につながり、新サービスは、徳武スキームの一部として情報が蓄積され、全社で共有されます。
　さらに、徳武産業のサービスイノベーションは、その顧客重視、研

究開発重視の付加価値共創によって⟨T7⟩につながっていくので、徳武産業は、同時に「3.統合して持続させる」事例でもあるのです。これについては、次節で詳しく述べます。

　同様の、連結して強化する連鎖を生み出すメカニズムは、図表3-11にある「2.連結して強化する」の、阿智からスプリックスまで、連結の長さや形は異なりますが、同じような動きを示します。

　たとえば、阿智の場合の「イノベーションの的」は、日本一の星空を単なる星空観察でなく星空エンターテイメントとする価値提案です。それがないと阿智のサービスイノベーションはあり得ませんが、それだけで阿智のサービスイノベーションが実現するわけではありません。スタービレッジ阿智誘客促進協議会という情報発信の母体と多様なメディア発信を生み出して、顧客に魅力を伝える利用価値共創の仕組みの創り込みも重要です。そして、それは、村役場や村民、温泉旅館、観光事業者、さらには50社にのぼる村外のマーケティングパートナー企業をとりまとめて、さまざまな誘客の新機軸を生み出す提供価値共創の仕組みとも連結していきます。つまり、徳武産業とは出発点である「イノベーションの的」は異なりますが、同じように、多様な経営革新を連結して、利用価値共創と提供価値共創の仕組みをつないでいくパターンをとるということでは、阿智も同じです。

　1つひとつは述べませんが、「2.連結して強化する」グループの9社は、多かれ少なかれ徳武産業と同様に標的となる「イノベーションの的」の経営革新をしっかり生み出しています。そして、そこを起点として関連する多様な経営革新を連結してイノベーションを強化し、最終的には顧客接点での利用価値共創と事業組織での提供価値共創をつなぐ強固な仕組みを生み出すことによって、サービスイノベーションを起こしているのです。

▌4 サービスイノベーションを統合して持続可能にする──

「イノベーションの的」を定め、その経営革新を実施し、さらに他の

経営革新を連結して強化できたら、最後にやるべきことは、そのサービスイノベーションを持続可能にすることです。それが、「3．統合して持続させる」というアプローチです。この第3のアプローチは、顧客接点の利用価値共創の仕組みと事業組織の提供価値共創の仕組みが連結された構造のもとで、企業経営レベルで付加価値の配分構造を適正にし、付加価値共創の仕組みを創り上げることによって、サービスイノベーションを持続的にするものです。どんなサービスイノベーションも、利用価値共創と提供価値共創がつながって生み出されるサービスイノベーションを、一度は何らかの経営的コミットメントで具体的なサービスメニューやサービススキーム、SLA（サービスレベル・アグリーメント）などに具体化する、単発の付加価値共創の取り組みをともないます。それがないといくらすばらしいサービスコンセプトが生まれても、具体的な価値提案に結実しないからです。ただしそれは、一度限りの革新的で優れた価値提案です。そうであっても、阿智の日本一の星空のナイトツアーや、スプリックスのサービスモデルのように、それ自体がひとつの完結したサービスイノベーションになり得ます。

　それに対して、この「3．統合して持続させる」アプローチは、サービスイノベーションを生み出す「プロセス自体を再生産する」可能性を企業経営の仕組みの中につくり込むことを意味します。これを可能にするには、創業者をはじめとした経営層のコミットメントが不可欠です。企業経営レベルで付加価値の配分構造への働きかけを行い、多様なステークホルダーとの付加価値共創を起こすことによって、顧客接点と事業組織が結合して強化された結果を持続可能にして付加価値の拡大をもたらします。図表3-12に示されるように、この「3．統合して持続させる」アプローチを行う最前線企業事例としては、つばめタクシーからUbieまで7社があげられていますが、それらは付加価値共創するステークホルダーによって、いくつかのタイプに分かれます。

　つばめタクシーは、「従業員共創型」です。天野社長は、「人材育成

が趣味」といわれる程従業員の研修に情熱を傾けているので、前節では「人材開発型」と称しましたが、この姿勢は、企業のイニシアティブによる人材開発投資で従業員の生産性を上げ、稼ぐ力を向上させることにつながっていきます。もし、このような動きが全産業的に広がっていくと、長期の労働分配率の低迷によって傷ついている消費者の購買力を向上させていく可能性があります。いくらすばらしい価値提案が行われても、購買力がともなわなければそのサービスイノベーションは実現しません。人材開発投資の活発化によるマクロ的な従業員の稼ぐ力の向上は、このような好循環を生み出す源泉でもあるのです。

ハクブンも同じ、「従業員共創型」です。岩崎社長の「美容師を、心から大切にする会社であり続けたい」という経営理念のもと、新たなサービスメニューを開発する際も、常に理美容師の働きやすさに配慮する経営は、付加価値の従業員への配分を重視して、80％以上という高い従業員定着率を生み、業界平均を大きく上回る平均年収を実現しています。

大里綜合管理は、「地域共創型」であり、千葉県外房の九十九里地域の限られた地域ながら、しっかりと地域コミュニティとの連携を深め、従業員の労働時間の4割は、多様な地域活動にあてるユニークな経営を行なっており、しかも創業以来ずっと黒字経営を続けています。

同じ「地域共創型」でもはるかにスケールが大きいのが、セコマです。コンビニ経営の常識とみなされているドミナント経営の真逆を行く、直営中心で高度なサプライチェーンマネジメントに支えられる6次産業経営のユニークなビジネスモデルを確立することによって、北海道全域、人口カバー率99.8％の顧客に対して継続的に高い知覚価値を持つ商品・サービスを提供しています。

徳武産業は、「顧客共創型」のカテゴリーに入ります。歩行に困りごとを持つ高齢者・障害者を誰一人としてとりこぼさないという並々ならぬコミットメントは、徳武スキームを生み出しました。徳武産業の顧客の困りごとを解決したいという徹底した姿勢は、通り一遍の顧

客志向や顧客重視の経営とは一線を画するものとなっており、それが、年2万件の顧客ハガキや、すでに2冊目が発刊されている『ありがとうを伝えたくて～心に響く感動のものがたり』に表れており、それが介護シューズ金額シェア38％、数量シェア55％の実績となっています。

　そのような経営が、従業員の3割を開発要員に割くという資源配分を生んでいます。徳武産業のどちらかというと現在の顧客に対する研究開発面の対応に対して、「未来への投資」として、将来に向けての研究開発投資に経営として強いコミットメントを示す「研究開発型」の代表は、コマツです。常に売上高研究開発費比率を3％以上、時には4％以上に保つこの国際企業は、これまでもKomtraxやICT建機などの建設機械分野の新機軸を生み出してきました。建設土木業界全体の業界構造を根底から変えかねないスマートコンストラクションへの経営のコミットメントは強く、「未来への投資」を惜しまないだけでなく、既存事業とのカニバリゼーションも厭わず事業を推進し、グローバル化にも強い熱意が感じられます。

　同じ「研究開発型」のUbieは、コマツに比べると比較にならない小規模企業ですが、研究開発に対する阿部、久保両共同代表取締役のコミットメントには、並々ならぬものがあります。変化の激しい医療分野のベンチャー企業としては、当然ともいえますが、新型コロナ危機勃発後の「COVID-19トリアージ支援システム」、クリニック向けの「AI問診ユビー forクリニック」、自治体向けの「ワクチン接種Web問診システム」と、矢継ぎ早に新規サービスをリリースしていくスピードは、群を抜いています。

　ここまで見てきたように、「3.統合して持続させる」付加価値共創の仕組みの組み込まれた企業経営は、従業員との共創、顧客との共創、地域との共創、そして未来のステークホルダーとの共創による「未来への投資」をしっかり組み込むことによって、そのサービスイノベーションを持続可能なものにするのです。

3 サービスイノベーションの全体像

これまで述べてきた「サービスイノベーションをどのように起こすか」という問いかけに対する、本書の価値共創のサービスモデルを介した取り組みの全体像を示したのが、図表3-14です。最後にもう一度、「サービスイノベーションをどのように起こすか」を振り返っておきましょう。

サービスイノベーションへの取り組みは、7つの経営革新のそれぞれの、自社にとっての具体的なイメージを固めることからはじまります。自社にとっての7つの経営革新の目標像が明確になれば、次にやるべきことは、「イノベーションの的」を定めることです。「イノベーションの的」を定める際には、イノベーションのレベルをどの水準に設定するかが重要です。イノベーションのレベルは、「改善」「改革」「創造」と3つの段階があり、それぞれは、価値共創のサービスモデルで定義されています。もちろんサービスイノベーションは目の覚めるような「創造」ができるに越したことはありません。ただ、それを天才的なイノベーターの存在を前提にせずに行う時は、非常にハードルが高いものになります。一気に「創造」をねらうだけでなく、自社の現実をふまえたイノベーションをねらうことが肝要です。最初からあまり過度に新規性を追求すると、同じイノベーション努力を行なっても、十分な競争優位性を得られず失速してしまう場合もあります。「イノベーションの的」が定まったら、まずはその経営革新を実現しなければなりませんが、最前線事例から学べるマネジメントノウハウについては、第3章第1節に、7つの経営革新別に示しました。その「イノベーションの的」は、顧客接点で起こす場合もありますし、事業組織の場合もあり、企業経営レベルの場合もあります。

次にやらなければならないのは、隣接する経営改革を起こして、イノベーションを連結していくことです。最前線事例で見る限り、「1.

図表3-14 サービスイノベーションの全体像

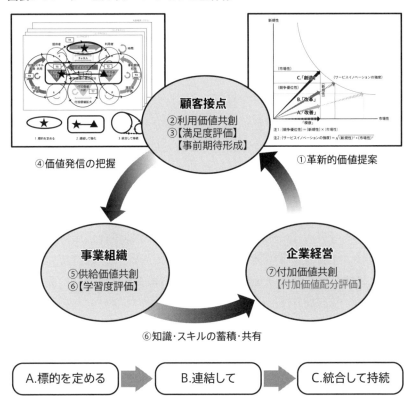

A.標的を定める　　　B.連結して　　　C.統合して持続

標的を定める」だけのサービスイノベーションは少なく、通常は、「2.連結して強化する」アプローチを行い、顧客接点における利用価値共創と事業組織における提供価値共創を連結する形のサービスイノベーションに仕上げていきます。

　さらに、連結して強化することによって、生まれた新たなサービスコンセプトを、企業経営レベルで少なくとも一回は、具体的な価値提案に仕上げる取り組みが必要です。それで、一通りのサービスイノベーションは完成しますが、さらに、そのサービスイノベーションのプロ

セスが再生産できるようにして持続的なサービスイノベーションのサイクルを生み出すためには、企業経営レベルでの「付加価値共創」の仕組みの創り込みが必要です。それによって、図表3-14に示されるようなサービスイノベーションの全体像ができ上がります。

このように、サービスイノベーションのサイクルは、①革新的価値提案からはじまりますが、それは、イノベーション志向の企業風土や経営者のリーダーシップといった企業経営の中で醸成されます。サービスイノベーションには、革新的で優れた価値提案が不可欠ですが、価値提案だけでは不十分で、それを補強する②利用価値共創の仕組みの創り込みが必要です。利用価値共創の成果は、必ず③満足度評価されなければなりません。その結果がよければ新たな事前期待が形成されます。顧客接点での利用価値共創と、事業組織の提供価値共創をつなぐのは、④価値発信の把握です。企業は、感性を研ぎ澄まして価値発信を把握して、新たな価値提案につながりうる着想・アイデアを生み出さなければなりません。

その着想・アイデアは、その企業がそれまでに蓄積・共有している知識・スキルのストックと出会い、⑤提供価値共創の仕組みの中で、新たなサービスコンセプトに精製されていきます。その成果は⑥学習度評価されて、十分な実現可能性、競争優位性、そして価値共創性を持つと評価されれば、その企業の知識・スキルのストックに加えられ、全社で共有されます。

そのサービスコンセプトは、少なくとも一度は、イノベーション志向の付加価値分配が行われ、研究開発や従業員のスキル向上によって、次期の価値提案として具体化されていきます。それで、1つの新たなサービスイノベーションのサイクルが回るわけですが、このようなイノベーションのサイクルを再生産可能をするためには、サービスイノベーション志向の付加価値共創の仕組みを創り込む必要があります。

これは、通常であれば、ビジネスモデルを磨き上げていくことによって毎期の売上と利益、特に株主還元の原資となる税引後純利益を成長

させるために、利益の最大化を目指して行われる経営に対して、株主だけでなく、顧客、従業員、取引先、地域コミュニティ、そして未来のステークホルダーへの、価値共創のサービスモデルを最適化するという意思を持った配分の決定、つまり⑦付加価値共創によって実現します。

これから新型コロナ危機を抜け出る日本企業の経営が、これまでの株主中心主義に戻るのか、ステークホルダー経営に変わっていくのか、それとも第3の形になっていくかは、現在、予断を許さない状況かもしれません。しかしながら、本書の価値共創のサービスモデルを拠り所とするサービスイノベーション実践の方法論は、持続的なサービスイノベーションを追求しようとする場合には、付加価値共創によるステークホルダー経営の採用を推奨しています。

ただ、ステークホルダー経営は、まだ日本の産業界にあまねく広く普及しているわけではありません。多様なステークホルダーの間で、どのように付加価値の配分をすべきかについての考え方も確立しているわけではありません。図表3-14では、付加価値共創の結果は、利用価値共創が満足度評価で評価され、提供価値共創が学習度評価で評価されるように、付加価値共創は、「付加価値配分評価」という第3の評価のステップを必要とします。これまでも強調したように、日本企業においては、顧客満足度評価の仕組みは、通常のサービス産業の経営プラクティスとして定着していますが、学習度評価の方は、まだその方法論が確立したわけではなく、先にも述べた通り、今後のサービソロジーの重要研究課題の1つです。それに対して、「付加価値配分評価」は、まだその兆しすらないステップです。このため、現在の価値共創のサービスモデルを表すニコニコ図は、この8番目の項目を明示していません。日本生産性本部のサービス産業生産性協議会では、持続的な議論が行われていますが、ステークホルダー経営や、付加価値拡大による1人当たり付加価値の向上を経営目的とする「生産性経営」の確立は、そう容易ではありません。今後も、この検討と合意形

成への取り組みは続けられていきますが、日本経済における「生産性経営」の定着がいつになるかはわかりません。

　しかしながら、本書のスタンスは明快です。日本や世界の資本主義がステークホルダー資本主義になろうとなるまいと、持続可能なサービスイノベーションを追求する企業は、本書で展開してきた付加価値共創に向けた決断をすべきであるということです。そして、その勇気ある決断をした企業は「サービスイノベーションの最前線」を走る企業として、確実に存在しており、それぞれの業界でますます存在感を強めつつある、ということを強調しておきたいと思います。

おわりに

　本書では、サービスイノベーションのメカニズムと実践について、その最前線である第3回日本サービス大賞を受賞したサービスを題材にして考えてきました。

　革新的で優れたサービスの事例を、「価値共創のサービスモデル」の要素に沿って1つひとつ丁寧にひも解いてみると、サービスイノベーションはある日突然、奇跡的に起きるのではなく、論理的に組み立てて、着実に取り組むことができるのだと、感じていただけたのではと思います。そのためのシンプルだけれどもパワフルな原理原則が「価値共創」の考え方であり、そのうえに立ったサービスイノベーションのメカニズムが「価値共創のサービスモデル」である「ニコニコ図」です。

　私はこれまで、とても幸いなことに、日本サービス大賞には第1回から選考専門委員として関わらせていただきました。そこで出会うサービスの数々は大変すばらしく、何度も鳥肌が立ち、胸が熱くなりました。日本にはこんなに優れたサービスがあるのだと、もっと多くの方に知ってもらいたい。そしてそれらのサービスが優れている理由とその本質をひも解いて、業種を越えてサービスの進化に活かしてもらいたい。そんな思いでこれまで、日本サービス大賞の受賞サービスを題材にした「日本の優れたサービス」という書籍を2冊上梓しました。1冊目は価値を高めるサービス設計を、2冊目はサービスの変革ストーリーを中心に、受賞サービスをひも解きました。しかし、何かがまだ足りません。受賞サービスに携わる方々とお話すると、明るく、エネルギーに溢れ、自分たちの芯を持ちながらも変化に柔軟で、学びに貪欲で、苦労を歓迎する雰囲気を感じます。精神論や根性論ではなく、サービスを進化させてきた経験や考えに裏付けされた「前向きな力強さ」を感じるのです。このサービスイノベーションの底力ともいえる「前向きな力強さ」は、どのように生み出されるのか。その答え

が、ニコニコ図には込められています。自らの手で価値共創のサイクルを回して、サービスを進化させてきた経験こそ、「前向きな力強さ」の源泉になるのだと確信しています。

さまざまな企業のサービス改革を支援する中で、「“サービス”は目に見えないために、いったい何から手を付けたらよいかわからない」という相談をたくさんいただきました。よいと思うことに闇雲に取り組んでしまったり、サービスを一律の型にはめてしまったり、提供者都合のサービスを顧客に押しつけてしまったり。「生産性が低い」「イノベーションが必要だ」「モノからコトへシフトしろ」。そんなことはいわれなくてもわかっているけれど、具体的にどうしたらよいかわからず悪戦苦闘している企業が実に多いものです。これまで経験やセンスに頼る部分が多かったサービス経営革新やサービスイノベーションに、ロジカルにアプローチできれば、その実現可能性は格段に高まりますし、一過性ではなく持続的にサービスを進化させられます。サービスイノベーションは壁の連続です。壁にぶつかって迷うとき、くじけそうなときほど、拠り所となる原理原則があれば、粘り強く壁を乗り越えることもできるのです。まさに、前向きな力強さをもって、サービスイノベーションに挑むことができるのではと思います。

本書は職種や業界によらず、どの企業でも実践可能なサービスイノベーションの原理原則のメカニズムを明らかにしたものです。本書が、実務家の方々のサービスイノベーション推進の拠り所となり、日本経済の未来を拓くサービスイノベーションの全面展開の一助となれば幸いです。

本書では、第3回日本サービス大賞の受賞サービスを取り上げさせていただいたおかげで、理論だけでは感じられないサービスイノベーションの本質を、臨場感を持って整理することができました。事例として掲載させていただいた受賞組織の皆様には、各組織のサービスイノベーションの細部に至るまで丁寧にご教示いただき、また、第2章

の関連部分にはお目通しいただいたうえで貴重なコメントをいただきましたこと、深くお礼申し上げます。

　また、本書は第3回日本サービス大賞の委員長である村上輝康氏との共編著という形で参画をさせていただく大変光栄な機会となりました。多大なるご指導と気づきをいただき、サービスイノベーションのメカニズムの全体像へと目線を上げるチャンスとなりました。また、第3回日本サービス大賞の選考専門委員である三﨑冨査雄氏、大舘健児氏、岡田幸彦氏、小倉高宏氏、山藤佳子氏、竹中毅氏にも、本書の執筆においても、多大なるご尽力と気づきをいただき、まさに価値共創とはこういうことなのだと体感しながら、ワクワクする取り組みとなりました。この場を借りて心からお礼申し上げます。サービス産業生産性協議会の野沢清氏、相見健司氏、手塚和宏氏、菅沼祐一氏、道家麻衣子氏、鈴木彩華氏、日本サービス大賞の関係者の皆様、日本生産性本部の皆様、日ごろから多くの気づきを与えてくださるサービス学会や各研究会の皆さま、そしてサービスイノベーションへの取り組みをご一緒させていただいている皆様にもお礼申し上げます。特に、協力者であるサービス産業生産性協議会と著者と受賞組織の間を粘り強くつなぎ続けていただいた道家麻衣子、菅沼祐一両氏には、編著者より深くお礼申し上げます。そして、今回の執筆の機会を与えていただき、多くのアドバイスやきめ細やかなサポートをしていただいた生産性出版の米田智子氏もありがとうございました。

　本書ができあがる過程は、まさに価値共創の連続であったと実感しております。「価値共創は最高に楽しい！」、価値共創が多くの企業で生み出され、だれもがサービスイノベーションの主体者になれる、そしてよりよい社会の未来に貢献できる。そんな期待を込めて、本書を送り出したいと思います。

2021年9月

松井 拓己

［巻末注釈］

1　村上輝康　新井民夫　JST/RISTEX編『サービソロジーへの招待〜価値共創によるサービスイノベーション』東京大学出版会(2017)　p6-7

2　村上輝康 新井民夫 JST/RISTEX編(2017)、p7-8

3　サービス産業生産性協議会「労働力喪失時代の『スマートエコノミー』をめざして」日本生産性本部(2018)

4　2008年には、サービスドミナント・ロジックのFPは、10個となり、アクターとしての社会的アクター、経済的アクター、A2A(アクター・トゥ・アクター)や、資源としてのオペランド資源とオペラント資源といった従来の企業経営で用いられてこなかった概念が用いられるようになり、企業経営の枠組みの中のサービスから、社会システム全体の中でのサービス一般を扱うようになった。2014年には、さらに議論は抽象化の度を高め、4つのFPが4つの公理に格上げされ、さらに2016年には、制度(Institution)という概念が導入されて、公理が5つとなり、サービスドミナント・ロジックは、社会システム全体の中でのサービス一般を抽象化して再定義しようとするものとなった。

5　村上輝康　新井民夫　JST/RISTEX編(2017)、p21-47

6　経営理論とフレームワークの違いについては、入山章栄著、『世界水準の経営理論』、ダイヤモンド社(2019) pp17-23参照。

7　本書では、社会科学的な方法論として、いわゆる演繹法でも帰納法でもない、アブダクション(仮説生成)という方法をとっている。このアプローチは多くの経営書にみられるもので、多様な社会現象における結果から、仮説として規則性を見出し、それを事例に適用するものである。このアプローチは、厳密に詰めていくと、どこかに例外が出てくる可能性をはらんだものである(吉川弘之、一般デザイン学、岩波書店、2020.2．pp21-42参照)。したがって、検討結果については、自社の経営環境や経営資源の実態をふまえて、多面的に評価してみることが重要である。

8　詳細は、村上輝康　新井民夫　JST/RISTEX編(2017)　p25-47を参照。その後、コンテキストの一番外側に「社会経済システム」が加わったため、構成概念(ＣＣ)は、18となっている。また、事前期待は「事前期待形成」に、価値発信は「価値発信把握」に、経験価値共創は「提供価値共創」に、知識・スキルは「知識・スキルの蓄積・共有」に、コストは「付加価値の適正配分」に、交換価値は「付加価値共創」に、リターンは「付加価値拡大」にそれぞれ表現が変化している。

9　村上輝康　新井民夫　JST/RISTEX編(2017)　p1-55

10　これらが、実際にどのようなサービスサイエンス研究開発プロジェクトにあたっているのかは、村上輝康　新井民夫　JST/RISTEX編(2017)の第Ⅱ部、p49-183参照。

11　新井民夫　下村芳樹「サービス工学—製品のサービス化をいかに加速するか」一橋ビジネスレビュー(2006) Vol54, No2

12　コミュニケーションの3要素については、Richard S. Wurman, (1993) Instruction Anxiety (邦訳:「理解の秘密」松岡正剛監訳、NTT出版) 参照。

13　チャールズ・A・オライリー　マイケル・L・タッシュマン著『両利きの経営』東洋経済新報社(2019)

14 チャールズ・A・オライリー、マイケル・L・タッシュマン(2019)

15 久米是志　三輪敬之　三宅美博著　清水博編著『場と共創』NTT出版(2000)。

16 ジェフリー・パーカー、マーシャル・ヴァン・アルスタイン、サンジート・ポール・チョーダリー、妹尾堅一郎監訳、渡辺典子訳『プラットフォーム・レボリューション』ダイヤモンド社(2018)。

17 坊 美生子
超高齢社会の移動手段と課題〜「交通空白」視点より「モビリティ」視点で交通体系の再検証を〜 (2020年7月13日)
https://www.nli-research.co.jp/report/detail/id=64925?site=nli

18 Insider Intelligence (2020) AI in Healthcare Administration Report.

19 「医師の働き方改革に関する検討会　報告書」厚生労働省(2019)。

20 イノベーションの強度は、原点と矢印の双曲線との交点を結ぶ矢印の長さで表され、この枠組みを用いると、その値は新規性と市場性の二乗和の平方根で表される。新規性の大きさは、ベクトルの角度で示され、競争優位性は、新規性と市場性の積である。

21 日本生産性本部サービス産業生産性協議会 (2018)　pp22-23.

22 このような異なった機能や要素の組み合わせ方の変革によって新たな機能やサービスを創造する方法については、創造学、創造工学、シネクティクス等の名称で、1960年代以来、活発な研究が行われた経緯があり、日本創造学会という独立の学会組織もある。野村総合研究所総合研究本部編『創造の戦略―創造化時代のマネジメントノウハウ』野村総合研究所(1990)参照。

23 松井忠三著　『無印良品は仕組みが9割』角川書店(2013)　pp23参照。

組織・サービス名　索引

索引

頻出図表

図表1-5 価値共創のサービスモデル(ニコニコ図)

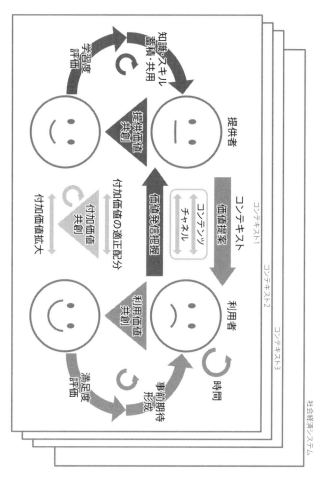

出所：村上輝康、新井民夫、JST/RISTEX編『サービソロジーへの招待〜価値共創によるサービスイノベーション』東京大学出版会(2019)を一部修正

321

図表1-6　価値共創のサービスモデルの10のSC(構造概念)

SC1	【価値提案】サービスの提供者は、特定のコンテンツを特定のチャネルを通じて、利用者に価値提案する
SC2	【コンテキスト】サービスの提供者による価値提案は、顧客接点において常に特定の社会経済システムのもとで、特定のコンテキストを求めて行われる
SC3	【利用価値共創】サービスの利用者は、提供者の価値提案を受けて、自らの事前期待を満たす利用価値を提供者と共創する
SC4	【満足度評価】サービスの利用者は、価値共創の結果に対して、必ず満足、あるいは不満足という満足度評価を行う
SC5	【事前期待形成】サービスの利用者は、サービス価値共創の結果を、次のサービスに向けての事前期待形成につなげる
SC6	【価値発信提】サービスの提供者は、顧客接点における、次の価値提案につながりそうな利用者の価値発信を全力で把握し、提供サイドに伝達する
SC7	【提供価値共創】サービスの提供者は、利用者からの価値発信を受けて、新たな価値提案につなげる価値を、事業組織の中で共創する
SC8	【学習者評価】サービスの提供者は、利用者との間での価値共創の結果に対して事業組織の中で学習評価を行う
SC9	【知識・スキルの蓄積・共有】サービスの提供者は、学習度評価の結果を、次の価値提案の源泉となる知識・スキルとして蓄積し、全社で共有する
SC10	【付加価値共創】企業経営における付加価値の最適配分により付加価値を共創し、未来への投資を行なって付加価値を拡大させ、サービスを持続可能にする

※注)SC: Structural Concept 構造概念(CC: Constituent Concept 構成概念)
出所:村上輝康、新井民夫、JST/RISTEX編『サービソロジーへの招待～価値共創によるサービスイノベーション』東京大学出版会(2017)を一部修正。

図表1-8　持続的なサービスイノベーションのサービスモデル（ニコニコフロー図）

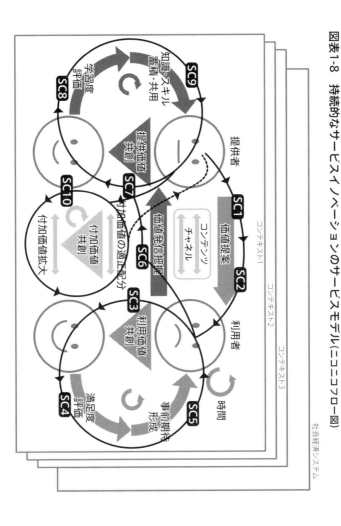

出所：村上輝康、新井民夫、JST/RISTEX編『サービソロジーへの招待～価値共創によるサービスイノベーション』東京大学出版会（2017）、一部修正。

323

図表1-9 「イノベーションの的」となる7つの経営革新

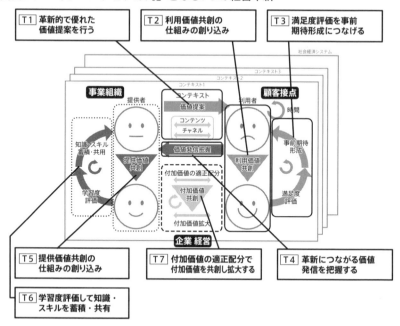

T1	革新的で優れた価値提案を行う	サービスの提供者は、革新的で優れた特定のコンテンツを、特定のチャネルを通じ、特定のコンテキストを束ねて、利用者に価値提案する
T2	利用価値共創の仕組みの創り込み	サービスの提供者の価値提案が利用者の事前期待に出会い、両者の動的な相互関係のもとで、利用価値を効果的に共創する仕組みを創り込む
T3	満足度評価を事前期待形成につなげる	サービスの提供者は、価値共創の結果に対して満足度評価を行い、その結果を次のサービスにむけての利用者の新たな事前期待の形成につなげる
T4	革新につながる価値発信を把握する	サービスの提供者は、顧客接点で利用者が行う多様な価値発信の中から、次の革新につながりそうな価値発信を全力で把握し、提供サイドに伝える
T5	提供価値共創の仕組みの創り込み	サービスの提供者は、価値発信の把握結果と、自らの蓄積する知識・スキルとの動的な相互関係のもとで、提供価値を効果的に共創する仕組みを創り込む
T6	学習度評価して知識・スキルを蓄積・共有	サービスの提供者は、提供価値共創の結果に対して学習度評価を行い、次の価値提案の源泉となる知識・スキルを知識・スキルの蓄積に加えて共有する
T7	付加価値の適正配分で付加価値を共創し拡大する	企業経営における付加価値の適正配分によって、付加価値を共創し、未来への投資を行って、付加価値を拡大させることによって、サービスを持続可能にする

図表3-11　最前線企業の「イノベーションの的」と価値共創のサービスモデル

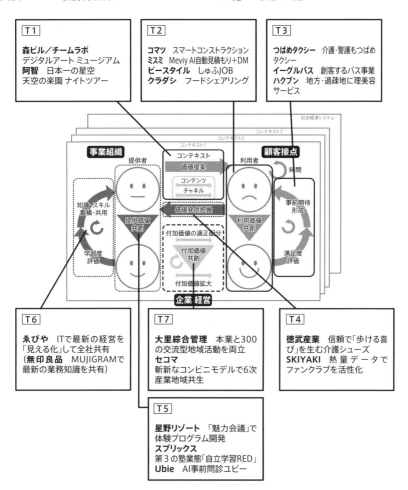

T1
森ビル／チームラボ
デジタルアート ミュージアム
阿智　日本一の星空
天空の楽園 ナイトツアー

T2
コマツ　スマートコンストラクション
ミスミ　Meviy AI自動見積もり＋DM
ビースタイル　しゅふJOB
クラダシ　フードシェアリング

T3
つばめタクシー　介護・警護もつばめ
タクシー
イーグルバス　創客するバス事業
ハクブン　地方・過疎地に理美容
サービス

T6
ゑびや　ITで最新の経営を
「見える化」して全社共有
（**無印良品**　MUJIGRAMで
最新の業務知識を共有）

T7
大里綜合管理　本業と300
の交流型地域活動を両立
セコマ
斬新なコンビニモデルで6次
産業地域共生

T4
徳武産業　信頼で「歩ける喜
び」を生む介護シューズ
SKIYAKI　熱量データで
ファンクラブを活性化

T5
星野リゾート　「魅力会議」で
体験プログラム開発
スプリックス
第3の塾業態「自立学習RED」
Ubie　AI事前問診ユビー

※注）無印良品のMUJIGRAMは、事例として用いられるが、受賞組織ではない。
出所：村上輝康、新井民夫、JST/RISTEX編『サービソロジーへの招待～価値共創によるサービスイノベーショ
ン』東京大学出版会(2017)を、一部修正。

執筆者一覧

[はじめに]

村上　輝康　産業戦略研究所　代表

[序　章]

松井　拓己　松井サービスコンサルティング　代表

[第1章]

村上　輝康　産業戦略研究所　代表

[第2章]

村上　輝康　産業戦略研究所　代表

大舘　健児　アランド・コンサルティング　代表

岡田　幸彦　筑波大学社会工学域 准教授／人工知能科学センター サービス工学分野長

山藤　佳子　ポジティブリレーションズ　代表

竹中　　毅　産業技術総合研究所　人間拡張研究センター　研究チーム長

松井　拓己　松井サービスコンサルティング　代表

三﨑 冨査雄　野村総合研究所　コンサルティング事業本部　シニアパートナー

[第3章]

村上　輝康　産業戦略研究所　代表

松井　拓己　松井サービスコンサルティング　代表

[おわりに]

松井　拓己　松井サービスコンサルティング　代表

──────────── 【編著者紹介】 ────────────

村上 輝康 むらかみ てるやす

産業戦略研究所 代表

1968年野村総合研究所入社。1991年研究理事、1996年取締役、2001年代表取締役専務リサーチコンサルティング部門・国際部門・研究開発担当を経て、2002年、野村総合研究所理事長。2008年野村総合研究所シニア・フェロー、2012年4月より、現職。ベネッセホールディングス社外取締役(2008-2013)、NTTドコモ社外取締役(2013-2020)。

2000年より、経団連等の経済団体、IT戦略本部等の政府委員会委員、サービス産業生産性協議会副代表幹事を歴任後、現在、サービス産業生産性協議会幹事、日本生産性本部理事。

情報学博士(京都大学)、公共国際問題修士(ピッツバーグ大学)、経済学士(京都大学)。日本学術会議連携会員2006-2012(情報学)。慶應義塾大学SFC総合政策学部特別招聘教授(2006-2011)。サービス学会顧問(2012~)。

著(共著)書に『ユビキタス・ネットワーク』『未来萌芽』『仕組み革新』『創造の戦略』『共感の戦略』『産業創発』ほか(野村総合研究所)。『知識サービスマネジメント』(東洋経済新報社)。『日本のサービス産業のグローバル化』(生産性出版)。『サービソロジーへの招待』(東京大学出版会)。『Global Insecurity』(Houghton Mifflin)。Strategy for Creation(Woodhead)。Serviceology for Smart Service System(Springer)ほか。

松井 拓己 まつい たくみ

松井サービスコンサルティング 代表

1981年、岐阜県生まれ。株式会社ブリヂストンで事業開発プロジェクトリーダー、約170名の専門家が集うワクコンサルティング株式会社の副社長およびサービス改革チームリーダーに従事したのち、現職。サービス改革の専門家として、業種を問わず数々の企業を支援。また、国や自治体、業界団体の支援や外部委員、アドバイザーを兼務。日本サービス大賞の選考委員、東京工業大学サービスイノベーションコースの非常勤講師、サービスに関する研究会のコーディネーターも務める。業種を越えたサービスの専門家としてメディア取材を受けるなど、さまざまな方面で活動。

著書に『日本の優れたサービス』『日本の優れたサービス2』(生産性出版)ほか。

価値共創の
サービスイノベーション
実践論

「サービスモデル」で考える7つの経営革新

2021年10月8日　初版 第1刷発行©

編著者　村上 輝康　松井 拓己
発行者　髙松 克弘
発行所　生産性出版
　　　　〒102-8643　東京都千代田区平河町2-13-12
日本生産性本部
電話03-3511-4034
https://www.jpc-net.jp/

印刷・製本　サン
装丁・本文デザイン　田中 英孝